课程内容的
文化选择

李 亮 著

KECHENG NEIRONG DE
WENHUA XUANZE

人民出版社

序

巢 宗 祺

  李亮送给我一份书稿，并要我为它写点东西。我饶有兴味地从头读到尾，颇感惊喜。之所以惊喜，是因为这份书稿多少有点出乎我的意料，好些语文教研员在语文教育实践中很有成绩，但是也常常听到他们自叹理论水平不够，可这份书稿显示了一位教研员的理论追求和素养。之所以会"饶有兴味"，是因为这本著作讨论的是"课程文化"的问题，而"文化"是我原本就感兴趣并且一直关注的论题。

  纵观数千年的历史，我们深切地体会到，国家的进步与落后、民族的兴旺与衰亡，总是与其文化的特质及发展状态密切相关的。环顾当今世界，我们可以发现，许多纷争不完全是因利益而引起的，具有不同思维方式和言语行为方式的文化群体之间相互排斥与敌视，就可能导致冲突和杀戮。一言一行、一事一物皆文化，"文化"是一个非常有必要深入思考和高度关注的问题。对待异质文化不妨多一点理解、尊重和包容，对待新型文化需要多一点关注、宽容或扶持——即使我们对它们不接受、不认同，这样，我们的世界会变得更加灿烂。在这日新月异的全球化大发展时代，我们应该具有这样的意识、胸怀和态度，也需要有更多的文化自觉。

  "中华文化"画卷上的斑斓色彩，有的是遵循某种规律、意念的挥洒，也有许多是纯属偶然的涂抹。这画卷上的颜料不是单质而"纯粹"的，也不是一成不变的。被称为"传统"的东西其实往往是不断被颠覆、不断被创造出来的复合体。世上的文化多种多样，面对不同样式的文化，选择是绝对必要的。各个时期的中华文化是人们千百年来经过一次又一次的选择而形成的，是多种多样的文化经过继承、借鉴、融合、变异与创造而集成的"四不像"。中华优秀传统文化是值得继承和讴歌的，但是中华传统文化中也不全是优质的成分，所以，在对"传统文化"强调继承之时，必须有所鉴别，有所筛选，必须认清"优秀文化"。由56个民族构成的当代中华民族又在经历一次新的文化整合。中华文化必须摒弃"传统"中的不良因子，弘扬优秀文化，积极吸收世界上各个文化群体的精华，应时代之所需，推动文化的创新发展。有些学者也许就是基于对时代变化的认识和对文化发展的思考，提出新轴心时代和文化建设的命题。的确，中华文化、人类文化有待重建。

　　课程文化是人类文化、中华文化在课程、教育中的投射，是人们基本的思维方式、言语行为方式在课程、教育中的表现。推进课程文化建设，从长远来看，其实就是推进中华文化的发展与建设，推进人类文化的发展和建设。因此，研究课程文化及其选择的问题非常有意义，绝对有必要。语文课程在文化建设中的作用和地位是众所周知的。所以，《普通高中语文课程标准（实验）》中强调："高中语文课程必须充分发挥自身的优势，弘扬和培育民族精神，使学生受到优秀文化的熏陶，塑造热爱祖国和中华文明、献身人类进步事业的精神品格，形成健康美好的情感和奋发向上的人生态度；应增进课程内容与学生成长的联系，引导学生积极参与实践活动，学习认识自然、认识社会、认识自我、规划人生，实现本课程在促进人的全面发展方面的价值追求。"

　　这本《课程内容的文化选择》是李亮在他博士论文的基础上修改而成的。因为受其他事务的牵扯，这本著作我断断续续读了一遍，发现不少很有见地的论述。这样的书还真是值得多读几遍。这是一部从思想方法和文化发展状况的角度，融合小学语文课程内容选择的教学实践，探索课程内容之文化选择相关问题的理论著作。这一实践性的问题一定源自他参与语文教科书编写的经历，是一个有着深厚实践根基的问题，而他所寻求的理论解答尽管不能直接兑现为改良的方案，但非常有助于更深入地认识这一问题本身，这恰是解决问题的思想基础。书中通过对问题生发的时代背景、运行机理及历史状况的考察，以批判的眼光审视了教学文化、教材文化与教育文化的选择问题，这对于理解实践中的课程文化选择理路，尤其是选择背后的文化运作机理，很有现实意义。

梳理一下看，这项研究从课程选择的文化背景展开，面对文明间的冲突与融合日益频繁的外部环境，提出必须在课程而不仅仅是大众文化的层面上思考不同文化的相遇、传统文化的继承，以及中国文化的世界责任等问题。通过梳理近现代文化发展状况，作者提出，"继承传统、改造传统、借鉴西方的思想等，这些事情看起来是相互分离的部分，甚至还会有些冲突，但在理想状态下，它们应当在同时做一件事情，就是思想的创作与更新"。这是他思考整个问题的背景，也是一种思想方法。

沿着上述的两点启示，书中还尝试提出了一种分析框架，即"文化选择"不仅仅包括泰勒原理中静态的"课程"文化选择，还包括了在教学互动过程中对学生具有课程意义的"教学文化"以及两者间的互动对学生所施加的文化影响。前者涉及的是"静态的内容呈现"，后者关涉的是"动态的教学释放"，这是全书始终关注的两个问题层。这一分析框架的优势在于，它不仅考虑静态的文化状况，也考虑在教学交往互动中所能够释放出的动态的文化生态，这样的框架设计旨在超越知识论的局限，考虑人与文化互动的创造性，使得对问题的分析更有活力。这表现了作者的实践旨趣，让课程内容的文化选择在自身的结构之中呈现出丰富的张力。

　　建立这一分析框架后，作者以此梳理了先秦时期、秦汉以降以及近世以来三个历史阶段中的社会文化、课程文化以及教学文化的大体状况，并进一步分析了教材文化、教学文化和教育文化的问题。

　　在尝试解决这些问题的过程中，作者提出了一些观点，有些让我印象颇为深刻，也可能是一种更新语文教学实践的思路。比如书中提出，"政治"是历来文化选择的第一立足点，这其实是一种"关系"的视角，因为一种好的政治就是定义了一套好的关系，先秦诸子"向后看"的思路都是去周礼中寻找好的关系加以改造。而现时的文化状况要求我们必须更换一种思路，当我们无法通过定义一种好的关系来保证个体和民族的存续时，就必须通过好的（更强大的）个体去创造未曾有过的好的关系。因此，当下的选择必须同时考虑"关系"与"个体"两个逻辑前提。这类涉及哲学、思维的批判性思考不时地在提示我们，语文教学中的一些问题，需要被不断地重新认识、重新建构。类似这种很有启发的观点不止这些，此处不一一列举，相信这些理论层面的认识，也能够部分地成为苏教版小学语文教科书建设与发展的思想资源。

　　关于课程文化还是有许多问题需要进一步探讨和推敲，课程文化的建设，"选择"只是其中一个方面，其他方面的研究也是大家所关注和期待的。书中有的章节还可以写得更加厚实一些，特别是如何把一些有价值的理论认识谨慎地运用于实践操作，还值得再反复琢磨后呈现于书。这些都有待李亮在今后的教育改革实践和理论思考中进一步深化和推进。

　　李亮为人爽直，真诚而重情义，多年来追随张庆、朱家珑先生，与一批热爱母语教育的志同道合者，共同奉献出一套一流的小学母语教材，他自己也随着教材一同成长。他身为江苏的小学语文教研员，推动教学改革，帮助青年教师成长。如今他完成研究生学业，顺利获得教育学博士学位，在学术上又得到重要的提升，真是可喜可贺。

　　我虽不是真正的语文教育专家，但是和李亮却因语文而相识，二十多载，我俩已是忘年之交。他和他的伙伴们的名字，与张庆、朱家珑先生一起，总是和一个团队紧密相连——苏教版人——苏教版小学语文教材编写组，如今已扩展为一个一百多人的研究所，我和其他许多朋友一样，对这个团队始终充满了赞赏和敬意。这个团队值得称道，除了一套优秀的小语教材等成果以外，还有他们的"团队文化"——有追求、有思想、有气度、有办法，朝气蓬勃，富有凝聚力和人情味——是的，课程内容需要文化的选择，团队的构成和发展也需要文化的选择。

　　（作者简介：汉语语言学专家，语文课程教学专家，国家基础教育语文课程标准研制组召集人，华东师范大学教授，博士生导师）

目　录

绪　论

一

关注课程内容的文化选择问题，既有时代的影响，也源自个人的经历与感受。

一、"文化转向"的背景使得课程与文化的关系问题变得日益突出

文化或者文明已经成为全球语境中被讨论的最多的问题之一。在理论研究领域，一个明显的趋势是，20世纪中期以来，哲学、社会学、人类学等学科都出现了明显的文化转向。转向研究文化差异的问题和由文化差异所引发的一系列深层问题。当代课程研究也出现了向文化研究转向的趋势，主要表现为课程研究范式的转变，即从"课程开发"转向"课程理解"。在"课程开发"的视野中，课程是一种经过特殊工艺加工而成的产品，是一个最终的定型；而"课程理解"则将课程看作一个开放的文本，是价值复杂的意义世界，因此课程开发就成了一种意义的建构，这种意义建构经由教师、学生、文本、环境之间的相互作用，经由教师与学生对文化知识的不断反思而不断生成。

如此，课程研究的文化取向，将课程与文化的关系问题转变为一个重要问题。课程的文化负载使它在传承文明的基础角色之上，又被赋予了新的价值。这种新的价值或许可以表述为"文化的创造"，而文化中最具有创造性的部分，往往也最具基础性。因此，今天的课程选择了怎样的文化基础或者说是文化核心，直接影响着未来公民的文化素养，所以文化基础就成为课程必须考虑的问题。

二、对"文化基础"未来性的思考

人类的存在从某种角度上来说就是文化的存在，人类创造了怎样的文化，就决定了人怎样去生存。但是，"人类如何存在""人类文化如何存在"这样的基本问题，在文化不足够发达、不足够复杂、不足够成熟之前是显现不出来的。因为如果文化不足够丰富，就不会涉及文化基础的问题。也就是说，如果文化内部的情况简单明了，它的基础就不会成为问题，就好像早期的哲学问题都喜欢关注一些宏大的主题，而当我们用文化之眼去看世界，就会发现这些所谓的大问题有很多实际上只是纯粹的智力解题游戏。

当文化的问题成为大问题之后，人们在探索涉及文化的问题时往往会假定有一个固定的、深层的基础存在，即所谓"文化基础"，将它看成生发出文化枝叶的根基（这里对文化基础的解释，采用较为直观的理解，就是"文化发展所赖以存在的前提"）。比如顾明远先生在《中国教育的文化基础》一书中认为，对中国传统文化和教育的态度应是"取其精华，去其糟粕"和"古今融合"。"精华"也就是文化的基本精神和宝贵财富，如天人协调、自强不息、贵和尚中、矢志爱国、敬老爱幼等是我们的文化基本精神；有教无类、德育为先、因材施教、学思结合等是我们教育的宝贵财富；书院教育是我国特有的优良传统；《学记》是我国教育思想中的瑰宝，等等。这些传统文化的基本精神和教育精华正是今天的教育传统得以继承和发展的基础。① 这是一种思路，但可能不是唯一的思路。

在"向后总结"的思维方式中，文化基础是既成性的，似乎文化的本源就是文化的基础。这从文化的历史性来看本没有错，但却是远远不够的。文化的本源只表明我们有了什么，却不能表明我们还会有什么，尤其不能证明本源就是基础。在文化发展的历程中，发展已有的东西只是解决文化问题的一个方面，而更为重要的是那些已有的东西给我们造成的难题。可以说，发展本身必定产生难题。文化的活力就表现在面对难题的解决上。一方面，这些难题总是可以归结为文化基础的难题，显然，一种文化模式不能解决它自身造成的难题，这就意味着基础至少存在着某些困难；另一方面，对基础难题的解决必定是创造性的，它所需要寻找的不是已有的、既成的基础，而是还没有的基础，这表现为它对基础的重塑与改造。因此可以这样说，文化这种存在并没有一个像土地那样结实的基础，它不断按照它发展的需要去构造与其相匹配的基础。那些已存的文化的本源尽管是一切发展的出发点，但却不是文化所需要的存在基础。文化的基础是文化所准备创造或设计的，它具有未来性。②

如果这个前提成立，那么课程内容的文化选择，尤其是基础教育阶段所选择并呈现出来培育孩子的"文化"，就会通过影响孩子文化世界的构成从而影响未来社会文化的发展与走向。所以，基础教育阶段课程内容的文化选择就显得极为重要，虽然它不可能与未来的文化基础完全同构，但显然，它不是仅仅为了保存、优化、传递过去的某些东西，它更深层的价值在于创造，确切地说是在为"未来的创造"打基础，为

---

① 顾明远：《中国教育的文化基础》，山西教育出版社 2004 年版，第 68—80、133—139、139—145 页。

② 赵汀阳：《一个或所有问题》，江西教育出版社 1998 年版，第 26—27 页。

解决文化发展的问题，以及人类生活中所不断出现的新问题奠定文化的基石。

三、个人的工作经历与实践感受

师范毕业以后，我就从事了小学语文教学的工作，教学、教研以及教科书编写等，让我对语文教育的认识一步步加深。尤其是在参与编写小学语文教材的过程中，对语文教材的文化构成问题产生了浓厚的兴趣，"把最美好的世界献给孩子"这句动人的口号，如何落实在语文教材的编写上？语文教材该如何编选已有的文化？语文课程所选取的文化作为课程内容又该如何呈现？这些问题一直萦绕着我，尽管阅读了一些文化与课程方面的文献，但问题仍然让人纠结。

课程改革十年的过程中，语文教材的多样化得到了发展，课程理念的更新也给教材的不断创新提供了条件，比如苏教版小学语文教材的"词串识字"就为识字教材的编写提供了一些新思路。但是，在语文教学的过程中，由于教材的编写体例是以篇章的选文为主，课程内容具有一定程度的隐秘性，导致了教学上不可避免的盲目。这一点已经引起了相关学者的关注。也就是说，教师在教学过程中，往往缺乏一种透过教材内容把握课程内容的依据，因此也就给教材编写过程中的课程内容的选择与呈现提出了直接的问题。一套教材究竟该选择何种文化的样态才符合课程的、社会的和儿童的要求，这种文化的样态又该以何种方式呈现才能更好地为语文教学服务等，这些逐步成了教材编写者绕不过去的问题。

当前在小学语文教学的一线，很是流行儿童之"读经"，强调"幼学如漆"，鼓励背诵、积累。很多学校成了这方面的典型。我不禁疑惑，我们的孩子真的需要如此的经典吗？那些不加理解的记忆，真就能为他们打下合理的文化基础吗？即使打下一些什么基础，是否失去的更多呢？如果只会知识的存储与提取，没有了自主、求真、反思、批判、理性，那些死的知识还能成为"文化"吗？这种扛着"文化"旗帜的"读经"现象，是否恰好在做着非文化、去文化，甚至是反文化的事情呢？

以上几点现实触动与困惑，触发了我对文化以及课程内容的文化选择与建构这一问题的兴趣。以课程内容的文化选择为切入点，剖析课程与文化间的关系，了解选择的发生机制以及当前的问题和可能的解决方向，是我选择这一论题的主要原因。

二

展开研究之前，需要对其中的一些基本概念进行简要的界定。

一、课程和课程内容

在中国，"课程"一词始见于孔颖达《五经正义》中把"奕奕寝庙，君子作之"（《诗·小雅·巧言》）注为"教护课程，必君子监之，乃得依法制也"。这与我们现在所说的意思相去甚远。到了宋代，朱熹、杨应之、吕祖谦、真德秀等人的著作中，都有"课程"一词出现。朱熹在《朱子语类》中不止一次使用"课程"一词。如"宽着期限，紧着课程""小立课程，大作工夫"等。[①] 这里的"课程"为应修习的课业，与"功课"义近。[②] 在西方，英国哲学家、教育家斯宾塞在 1859 年发表的一篇署名文章《什么知识最有价值》中，最早提出了"curriculum"（课程）一词，意指"教学内容的系统组织"。该词源于拉丁语"currere"，这是动词，意为"跑"，"curriculum"则是名词，意为"跑道"。根据这

---

① 陈侠：《课程研究引论》，《课程·教材·教法》1981 年第 3 期。
② 陈桂生：《新课程改革对教育学的呼唤》，《全球教育展望》2005 年第 7 期。

个词源，西方学者通常把"课程"界定为"学习的进程"。

　　教育学从学校教育的角度出发，认为课程是"学生所应学习的学科总和及进程和安排"，广义的"课程"指"为了实现学校培养目标而规定的所有学科（即教学科目）的总和，或指学生在教师指导下各种活动的总和"，而狭义的"课程"就指某一门学科。①

　　从教育社会学的角度对课程概念的定义也有狭义与广义之别。吴康宁教授认为课程是"法定文化"或"法定知识"。② 吴永军教授认为"课程是社会建构的提供给学校师生藉以互动的法定知识"。③ 由此可见，教育社会学学者把课程看成学校或教师选择社会文化的过程，并强调社会对于课程知识的选择、传递、评价的作用。④ 张华教授将对课程的解释划分为三类：⑤ 一是课程作为学科，二是课程作为目标或计划，三是课程作为学习者的经验或体验。总之，人们对课程的解释是多种多样的。

　　本研究的课程既包括法定知识的静态课程，也包括教学实践中的经验与体验，并侧重于"课程作为文化的一种选择"的属性。⑥ 比较困难的是，讨论中似乎无法避免"课程"与"课程内容"内涵的交叉。因此，试对课程内容的概念做一界定与说明。

　　"课程内容"是构成课程的基本要素，它反映课程背后的价值、结构与设计。有观点认为，"课程内容是根据课程目标，有目的地选择的一系列直接经验和间接经验的总和，是从人类的经验体系中选择出来，并按照一定的逻辑序列组织编排而成的知识体系和经验体系"，它的基

---

① 王道俊、王汉澜：《教育学》，人民教育出版社 1989 年版，第 154 页。
② 吴康宁：《教育社会学》，人民教育出版社 1998 年版，第 311 页。
③ 吴永军：《课程社会学》，南京师范大学出版社 1999 年版，第 29 页。
④ 吴永军：《课程社会学》，南京师范大学出版社 1999 年版，第 28 页。
⑤ 张华：《课程与教学论》，上海教育出版社 2000 年版，第 66—68 页。
⑥ ［英］丹尼斯·劳顿（Denis Lawton）：《课程设置的两大类理论》，吴棠摘译，《外国教育资料》1982 年第 4 期。

本性质是知识,包括"直接经验"(如社会生活经验)和"间接经验"(理论化系统化的书本知识)两种形态。① 笔者赞同这种观点,但在本研究中,有一点与之持不同取向。

本研究中的课程内容,不仅包括以上两个方面的知识,还包括"学习的经验",虽然这样的界定会给课程设计带来较大困难,但笔者期望呈现的是:从学习者的角度来理解课程。因此,本研究中的课程内容可以概括为:依据课程价值取向、课程目标,有目的地从人类的经验体系中选择并组织而成的知识体系和经验体系,以及这种体系在教学实践过程中真正为学生所体验到的学习经验,这种"学习经验"不仅仅是预先限定的,还是经由教学的过程所实际生成的。

之所以使用"课程内容"的概念,是为了涵盖教学过程中的文化选择范畴。即这里的"课程内容"不是作为课程的子项,而是相互有交叉。在讨论静态的课程时,课程似乎足以涵盖课程内容,但是当引入教学时,课程与教学产生的互动以及这种互动生成的文化状况,都作为一种被学生实际体验到的课程内容而存在,因此,这里的"课程内容"既有法定知识的选择,也有课程与教学相互作用形成的教育文化,而后者不能完全被"课程"所涵盖。

二、文化

中国的《易经》有"观乎天文,以察时变;观乎人文,以化成天下",即用礼乐来教化,是天下文明。在西方,泰勒在1871年出版的《原始文化》一书中提出,"文化或文明,就其广泛的民族学意义来说,乃是包括知识、信仰、艺术、道德、法律、习俗和任何人作为一名社会

_____

① 全国十二所重点师范大学联合编写:《课程论》,教育科学出版社 2011 年版,第139—141 页。

成员所需获得的能力和习惯在内的复杂整体。"① 克鲁柯亨和凯利认为，文化是历史上所创造的生存式样的系统，既包含显性式样，又包含隐性式样；它具有为整个群体共享的倾向，或是在一定时期中为群体的特定部分所共享。② 本尼迪克特认为文化具有地域的整合性，一种文化就如一个人，是一种或多或少一贯的思想和行动的模式。③

当前一般把文化的概念区分为广义和狭义两种。《辞海》中广义的文化指"人类社会历史实践过程中所创造的物质财富和精神财富的总和。狭义指社会的意识形态，以及与之相适应的制度和组织机构"。《中国大百科全书》将广义的文化定义为"总括人类的物质生产和精神生产的能力、物质的和精神的全部产品"。④ 我国学者郑金洲从教育文化的角度认为，广义文化是指人类后天获得的并为一定社会群体所共有的一切事物。它包括三个层面：物质层面、制度层面和精神层面。狭义的文化是一定社会群体习得且共有的一切观念和行为。把文化更多地看成一个受价值观和价值体系支配的符号系统。⑤

诸种对文化的定义，存在几个共同点：一是认定文化是人类创造的，并为人类所特有。一切自然生成的都不是文化，只有经过人类的加工、改造和创造的才是文化。文化是人类特有的现象，是人区别于动物的标志。二是断言文化是后天习得的，是一个动态的过程。与生俱来的

---

① ［英］泰勒（Tylor，Sir Edward Burnett）：《文化之定义》，顾晓鸣译，载庄锡昌等主编：《多维视野中的文化理论》，浙江人民出版社 1987 年版，第 98—99 页。

② ［美］克鲁柯亨（Clyd Kluckhohn）：《文化概念》，高佳等译，载庄锡昌等主编：《多维视野中的文化理论》，浙江人民出版社 1987 年版，第 119 页。

③ ［美］本尼迪克特（Ruth Benedict）：《文化的整合》，傅铿译，载庄锡昌等主编：《多维视野中的文化理论》，浙江人民出版社 1987 年版，第 125 页。

④ 中国大百科全书出版社编辑部：《中国大百科全书·哲学卷（II）》，中国大百科全书出版社 1987 年版，第 924 页。

⑤ 郑金洲：《教育文化学》，人民教育出版社 2000 年版，第 4 页。

不是文化，只有在人类社会环境中学习得来的才是文化。三是认为文化具有群体的特征，是类的存在。不存在某一个体独有的文化，只有属于一定群体的文化，只有当群体的特征表现于个体的身上，或个体的行为、思想为他人接受，才能称之为文化。四是主张文化是多方面的复合体，表现为不同形态的特质。文化涵盖了物质、精神，因为所有的人造物都渗透了人的精神，所以，文化是物质和精神的统一。文化都有特定的表现形态，如语言、工具、艺术、道德、信仰、法则、秩序等。它们不仅表现为一种存在，而且表现为一系列的活动，如制造工具、艺术表演与欣赏、道德实践、信仰仪式等。①

本研究中的"文化"既包括物化或者说是符号化的人类精神财富，如知识、道德、习俗等，也包括行为方式、生活方式所内隐的价值取向和思维方式。

三、文化选择

在本课题中，"文化选择"特指课程内容层面的选择。它包括了这样一个过程：依据特定时代的教育价值观，从人类经验的总体中选取并组织成符合课程目标的内容体系，并在教学过程中借助与教学文化的互动，以经过选择的教育文化生态影响学生的学习体验。筛选、释放和体验是文化选择过程的三个阶段。

三

关于这一主题的研究，国外学者主要关注了以下两个方面。

---

① 范兆雄：《课程文化发展论》，广东高等教育出版社 2005 年版，第 41 页。

一、关于课程与文化关系的讨论

关于课程与文化的关系，一般认为文化是课程的母体，课程是对文化在一定标准下选择的结果，或是课程是对文化的一种精选。这样课程就成了反映、复制和传递社会文化的工具。但对此二者关系的认识，似乎也有一条若隐若现的脉络。

（一）哲学视域里的课程文化观

19 世纪的英国社会学家斯宾塞发出了"什么知识最有价值"的疑问，他以实证主义的哲学思想和庸俗进化论的政治思想作为其论述教育思想的理论基础，通过批判重虚饰轻实用的知识价值观，确立了是否有利于完满人的生活为尺度的知识价值观。他进而断言："什么知识最有价值，一致的答案就是科学。这是从所有各方面得来的结论。为了直接保全自己或是维护生命和健康，最重要的知识是科学。为了那个叫作谋生的间接保全自己，有最大价值的知识是科学。为了正当地完成父母的职责，正确指导的是科学。为了解释过去和现在的国家生活，使每个公民能合理地调节他的行为所必需的不可缺少的钥匙是科学。同样，为了各种艺术的完美创作和最高欣赏所需要的准备也是科学。而为了智慧、道德、宗教训练的目的，最有效的学习还是科学。"① 斯宾塞的问题引起了人们一系列的思考，也是课程研究的重要里程碑。从那时起直到 20 世纪中叶，科学主义和技术理性占据了课程研究的主导思想，课程研制呈现出一种工艺学取向的、线性的、封闭的模式，科学的知识选择与课程编制是课程的文化选择中最为突出的特征。最为突出的代表是博比

---

① ［英］赫伯特·斯宾塞：《斯宾塞教育论著选》，人民教育出版社 1997 年版，第 91—97 页。

特、查特斯与泰勒。

科学和技术的取向尽管"有效"，但也不能让人满意，比如它破坏了世界整体的有机性，破坏了知识的整体性。后者是怀特海认识论的主张之一。怀特海的认识论认为，每一个现实的存在都在另一个存在之中，每一个事件也都是另一个事件的构成要素。这些要素相互交织，成为一个有机联系的内在整体。①因此，对于探索知识的教育来说，既有相对稳定的规律，也有动态发展变化的秩序，更有秩序之外的无序。从这个角度来看课程文化，则能够见出其中的过程性、整体性、联系性与多样性。

英国课程论专家劳顿 1983 年出版的《课程研究与教育规划》一书说到，课程就是"文化选择"，这个定义扩展了课程研究的视野。他认为教育不可能与价值无涉，不同的价值系统或思想会产生不同的课程，即使是纯科学课程，也要接受社会文化的选择。任何社会都会面临如何把其生活方式或文化传授给下一代的问题，教育关注的就是将社会文化中最有价值的方面传授给下一代，但学校的资源和时间有限，所以，必须认真规划课程，以确保对文化的适当选择。

对科学取向的课程研究提出挑战的，来自于新教育社会学派的观点。

（二）社会学观照下的课程文化观

二十世纪五六十年代，西方学者开始了课程文化的研究。有代表性的为以下几种观点。

1. 课程作为"文化代码"

20 世纪 60 年代末，伯恩斯坦用编码理论对文化传递、语言类型与

---

① A.N.Whitehead, *Process and Reality*, New York：The Free Press, 1978, p.50. 转引自杨丽等：《怀特海的认识论及其对中国教育学发展的启示》，《教育研究》2013 年第 8 期。

儿童社会化的关系等课题进行了有益的探讨。他认为，学校是阶级再生产的机构，学校教育传递了对阶级关系、阶级文化的再生产具有关键意义的阶级意识。社会权势集团的文化再生产是通过"模型传递"，即通过其结构化，并且具体表现在通过家庭、教育工作和闲暇等制度化形式得以传递的，传递过程要受到各种原则或"编码"的影响。

但是，课程作为"文化代码"决定了课程只能如实地反映社会现实文化，而不能"制造"与"创新"文化。课程只是处于中介的地位，课程始终被赋予社会文化工具的角色和品质，从而导致课程文化主体性的缺失。

2. 课程作为"文化资本"

布迪厄将"文化资本"的理论应用于教育研究，认为教育是文化的再生产的工具，它再生产了社会的财富和权力的不平等，并使之合法化。教育制度需要一种文化能力，而这又不是教育本身所能够提供的，这就是"文化潜在"部分，只能从家庭中获得。它有利于来自良好家庭教育的儿童，因为这些家庭具有"文化资本"。来自中上层家庭的学生学业优异，是由于家庭中通过社会化接受了与教育的文化基本一致的文化所致。而享受这种社会化过程，并赋予文化资本的是统治阶级的子女。社会统治阶级的文化似乎的确决定着教育知识的基本结构，教师的权力也是由统治阶级的文化所赋予的。并不是像人们设想的那样，学生们被授予差异性的课程，也不是教师对其学生抱有偏见，而正是共同的课程、有效的接受，才使得其本身成为有偏见的教育形式。其他的一些学者，如鲍尔斯、金蒂斯、马斯格雷夫等学者也分别从"符应"和其他的视角探讨了课程作为一种文化资本的意义。① 把课程视为"文化资

---

① [美] S. 鲍尔斯、H. 金蒂斯：《美国：经济生活与教育改革》，王佩雄译，上海教育出版社 1990 年版，第 28 页。

本"，学校以及整个社会对于学生发展状况的评定主要以学生对这种文化资本的占有水平为依据，作为个体受教育程度及接受教育资格的标志和依据的学历证书和学业成绩单，无非是个体对文化资本的占有水平的一种凭证。这实际上也是课程工具论的观点。

3. 课程作为"开放的知识文本"

亨利·吉鲁的批判教育学将文化研究引入了教育领域，他认为，在信息社会、后工业社会中，文化呈现出多样性的特征，即使在学校的文化空间里，主流的文化知识也应当为多元性预留空间。因此，由知识构成的文本就不再局限于书本、纸媒，还应当包括新兴的电子媒介，以及各种形式存在的知识。这些多样化的文化成为年轻人建构自己文化身份的依据。① 所以，文化视角的研究需要重新认识课程文本的含义，原本在课程范畴之外的大众文化等亚文化范畴，以及学生的生活经历都需要考虑进来，从而构成一个新的课程与知识的范畴。

4. 课程作为"文化霸权"

社会统治阶级通常采用两种方式实现其对整个社会的主宰和支配，其一是强制，即军队镇压、警察拘禁、法律制裁等；其二是认识和道德方面的引导，即被统治者同意、信服、服从统治阶级的价值观念、行为规范、法律制度等，而且这两种方式都具有合法性和权威性。前者一般被视为国家的镇压机器，而后者则被葛兰西称为"文化霸权"。在葛兰西看来，现存的社会结构的维护和延续，除了依靠镇压机关的力量外，还依靠"文化霸权"的作用，使得被统治者除了无条件接受、同意、服从统治者的文化规范之外别无选择。因此，"文化霸权"具有强制性和外塑性的特点，不管是主动的还是被动的，"文化霸权"只关心是否

---

① Henry A. Giroux, *Doing Cultural Studies*：*Youth and the Challenge of Pedagogy*，2004年7月22日，见 http：//www.gseis.ucla.edu/courses/ ed253a/Giroux/Giroux1.html。

"同意"。

以葛兰西为首的"文化霸权"的观点揭示了课程社会控制的另外一个层面：学校课程除了通过作为文化资本这种机制，以较为"含蓄""柔和""隐蔽"且较容易使人接受的方式完成其社会教化、社会控制的职能以外，还通过另外一种较为明确、强硬的、专断性的方式而使个体必须接受、掌握、认同现实的社会主流文化，这就是课程作为"文化霸权"的机制。无论是"文化代码""文化资本"还是"文化霸权"，这些课程文化的研究都被控制在社会的主流文化框架之内。我们不仅会发现课程的工具性特点，更能够明晰课程在历史发展中的被动性、他律性、依附性和保守性的根源所在。

（三）人类文化学背景中的课程文化观

全球化背景下的文化变革对课程改革的影响也已引起了世界各国的关注。玛丽·A. 赫伯恩认为，美国课程改革的讨论和政策需要把民主社会中的多元文化教育的基本问题提高到重要位置。她认为教育工作者和决策者不能只看到教育为适应高技术所必需的智力条件，必须考察社会的多元基础以及人口的不断变化。20 世纪 90 年代以后，开始有论者对多元文化课程的种族价值观提出质疑，提出多元文化教育存在新种族主义倾向。英国有学者提出，英国自 1985 年以来在课程领域存在文化身份与课程关系的讨论。试图通过检讨文化与身份的概念来对最近多元文化论证的矛盾之处做出评论，提出一个反对文化传输、赞成文化超越的课程改革模式。日本有学者提出，随着冷战的结束，国际社会面临着全球政治、经济和文化的变革，国家的身份不断形成和改变，甚至形成新的身份。近代以来，建立在种族、民族认同基础上的国民教育制度和课程面临着文化认可的挑战，日本课程改革应重新审视课程的知识基础，以有利于公民身份的形成。

　　20 世纪 60 年代，西方国家自上而下课程改革的失败引发了一些研究者对不同群体的文化冲突与成功的课程实施之间关系的思考。哈格里夫斯研究了自上而下与自下而上两种课程改革策略的实施与教师文化变革的关系。在他看来，教师文化的现状是一种强调教师工作自主性、教师中心的个人主义文化，这种文化导致教师强调个人经验的重要性，无论是在自上而下的变革还是在自下而上的变革中，课程的实际变革都收效甚微。哈格里夫斯认为，课程改革要取得实效，教学文化必须改变，即从个人主义文化转向合作文化，教师将经历经验的重构与生存方式的转换。没有教学文化和教学工作的变革，实践课程的变革无法收到实效。教师的价值文化支配着教师的实践。新的课程观念可能威胁着教师的生存价值与技艺价值之间的平衡，甚至威胁着价值本身。他们具体研究了亚太经合组织 13 个成员国的科学、数学与技术教育课程改革对教师文化提出的挑战与应对的方法。劳顿认为，学校文化由行为、基本信仰和态度三种水平构成，行为文化是学校文化的表层，基本信仰是学校文化的深层结构，态度介于二者之间。课程改革需要考虑到学校文化的三种成分的变化。

（四）后现代主义思想影响下的课程文化观

　　后现代主义课程理论与其他各种课程理论不同，它所基于的后现代主义思想，从根本上否认现代主义的基础：科学和理性。

　　而其他所有的课程文化思想都是构筑于现代理性主义和科学主义传统的基础之上的。即使有对现代社会课程状况的批判，比如批判理论、多元文化主义等课程文化观，也仅仅是从现代性的某些缺陷出发进行剖析的。它们批判的是现代课程文化中的思想、内容、方法等方面的问题，揭露现代社会的各种不平等、虚伪和欺骗在课程中的反映。多尔指出，存在于稳定状态宇宙观之中的统一化标准概念是现代主义的核心，应予以彻底批判。他说，现代学校课程披着现代主义科学的外衣，强调为社会服务的确定的外在目标，以客观的、永恒的、真理的现代知识为内容，以与目标相联系的、客观的、机械的、定量的知识与智力测量作为评价标准。效率和标准化成为课程运行的基础。"端正、准时和勤奋"是学校教育的核心品质。① 多尔认为这种工厂化模式的课程应该终结了，他提出了"4R"来取代泰勒原理，即丰富性、回归性、关联性、严密性。② 这种取向使得"课程开发"转向了"课程理解"，即不满足于按照流水线的方式开发出的先于教学过程的课程，而是非常重视教学情境中生成的意义，重视在与环境的相互作用中关注意义生成的过程以及对过程的反思。

二、关于课程文化结构的讨论

（一）课程知识的社会性

迈克·扬认为对知识的分析不能只着重于它与现有文化的相互关系，而应把现有文化模式看作学校环境中不断发展的事物，所以人们应采用课程内容挑选原则与社会结构相联系的整体研究框架。在他看来，新教育社会学不应该只是向年轻一代传授传统观念和价值，而应该积极解决学校中的社会问题。伯恩斯坦则宣扬教育机构中的知识和符号结构与整个社会中的文化有着密切联系，他提出课程社会学研究应关注课程知识的控制与管理以及课程知识与权力分配的关系。课程社会学家虽然主要是从课程与社会的关系、课程的社会价值等角度进行研究，但是他们所提出的问题、所运用的研究方法和得出的结论都对课程文化研究具

---

① ［美］威廉姆·E.多尔：《后现代课程观》，王红宇译，教育科学出版社 2000 年版，第 66—74 页。

② ［美］威廉姆·E.多尔：《后现代课程观》，王红宇译，教育科学出版社 2000 年版，第 248—261 页。

有重要的意义。

（二）教科书的文化分析

对于教科书的文化研究涉及教科书内容所反映的文化意识、阶级、阶层、民族、群体特征和性别角色，揭露教科书中所存在的主流文化中心主义、上层中层文化占主导地位、男性支配等，批判教科书中存在的种种偏见。但是根据这种批判的理想，似乎要使所有的文化都在课程中有一席之地，实际上这是不可能的，因为在一定的时代，文化的价值是不等的，有些文化对于非同一群体的学生根本没有接受的必要。而且教材性别文化反映的主要是社会的性别角色，如果我们承认学校本身受社会文化的制约，那么期望通过教材文化变革来改变性别文化的偏见显然是缺乏现实可能性的。

四

国内的相关研究，笔者主要考察了以下两个方面。

一、关于课程与文化的研究

我国学者开展课程文化研究的时间并不长，但不少著名学者都对其有专门的讨论。

顾明远教授从宏观上提出了要"正确对待教育现代化与中国传统文化的关系"和"正确对待外国的教育思想和经验"。[①] 靳玉乐教授与

---

① 　顾明远：《民族文化传统与教育现代化》，北京师范大学出版社 2004 年版，第 20 页；顾明远：《中国教育的文化基础》，山西教育出版社 2004 年版，第 310 页。

陈妙娥从文化哲学的角度分析了课程建设的文化基础，提出在新课程改革的历史条件下应致力于"营建一种合作、对话与探究的课程文化，实现课程文化模式的转型"。①

裴娣娜教授认为"学校课程文化是指按照一定社会对下一代获得社会生存能力的要求，对人类文化的选择、整理和提炼而形成的一种课程观念和课程活动形态"。她认为对课程的文化学研究，既能拓展课程理论研究的视野，又能引导我国基础教育课程的开发与建设，主张在我国多元一体的文化背景下进行基础教育课程改革，要积极倡导科学与人文相结合的课程理念和课程新文化。②

钟启泉教授发表了《"学校知识"与课程标准》《研究性学习："课程文化"的革命》等论文，倡导适应我国的基础教育课程改革需要，建设新的课程文化。他认为学校知识是从一定的历史背景的文化体系中，根据某种价值判断做出选择并赋予教育价值的，"课程可以界定为教育价值的组织"，包括价值观、态度、技能、知识等的教育价值在社会中占一定的地位，维持着一定的社会关系。在"应试教育"背景下，学校知识被商品化，学生"掌握知识的过程与作业始终处于以他人为敌的竞争之中"。素质教育区别于"应试教育"的一个标尺就是关注"方法论知识"和"价值性知识"。③ 素质教育改革必须转变学生的学习方式，因此，他努力倡导一场以研究性学习实施为主题的课程文化革命。④

吴永军教授从课程文化选择入手，主张在一个社会中课程既要强调共同文化，又要注意到各阶层文化的差异所引发的意识形态压力，注

---

① 靳玉乐、陈妙娥：《新课程改革的文化哲学探讨》，《教育研究》2003 第 3 期。
② 裴娣娜：《多元文化与基础教育课程文化建设的几点思考》，《教育发展研究》2002 年第 4 期。
③ 钟启泉：《"学校知识"与课程标准》，《教育研究》2000 年第 11 期。
④ 钟启泉：《研究性学习："课程文化"的革命》，《教育研究》2003 年第 5 期。

重对学校环境进行全面分析和评估。他提出一种文化选择的"双元取向"：文化选择中既要考虑共同文化，又要考虑亚文化，首先把两者作为相对独立的部分，然后再考虑其融合的问题。①

郑金洲教授在《教育文化学》中明确提出了课程文化的概念，认为课程文化有两个方面的含义：一是课程体现一定社会群体的文化；二是课程本身的文化特征。他揭示了课程作为一种文化载体和文化形式的两个方面的文化特质。这是课程文化研究的一种突破，指出了课程作为文化本体的意义。但他认为狭义的课程文化主要指教材文化，并只对教材进行了文化分析，未涉及课程文化本体和课程亚文化。在归纳了国内外的教材文化研究的基础上，他认为课程是主流文化的体现者，通过教材的编制、出版、发行、审查和教师对教材内容的选择，"课程的主流文化特征就从根本上得到了保证"。②

还有一些学者从不同角度相继开展了课程文化的研究。郝德永先生主要研究课程与文化的关系，而且是从后现代的视角来观照课程与文化的互动。他认为现代课程作为传承文化的工具，致使课程发展呈现出了清一色的文化锁定现象。这种以传承文化为旨归的现代课程应该彻底批判。他运用后现代主义的理论和思维逻辑，将现代课程称为"茧式文化"和"单向度课程"，这种"茧式文化"和"单向度课程"附庸于社会文化的品性，使课程改革的实践陷入不断失败的恶性循环之中。这种状况不能再继续下去了，"课程面临着一场深刻的文化革命，那种旨在一劳永逸地传授某种文化的教育，那种完全受现实文化驱控与锁定的毫无批判与创新性的课程必将被超越。"他主张接纳后现代理论否定真理性、普遍性等观点，并预言随着时代的变化，"昔日那种价值无涉的认

---

① 吴永军：《课程社会学》，南京师范大学出版社 1999 年版，第 133 页。
② 郑金洲：《教育文化学》，人民教育出版社 2000 年版，第 288—314 页。

同性课程无论是从逻辑上还是从现实性上都已不具备充分的合理依据。"在他看来，后现代课程必将彻底摒弃现代性的工具意识与机制，以一种崭新的文化主体形态，"融入未来的文化发展与建设中"。①

胡定荣博士从价值文化、制度文化和行为文化三个方面对课程文化进行了比较深入的研究，提出了现实社会历史文化对国家课程改革、课程决策的影响，指出了文化对课程改革影响的特点、原因、途径和条件，课程改革应如何进行文化的变革等。②

黄忠敬先生对课程文化具有"两个方面涵义"的现象，进行了更为深入的分析。他以基础教育课程文化作为对象，围绕知识、权力与控制这条主线研究了课程文化本体的特征、课程与文化的关系以及基础教育实践中课程文化的具体表现等问题。他认为，从本体论上看，意识形态控制、课程管理的权力结构、课程内容的学科地位等反映了社会的权力结构，是价值负载的，"有必要对课程进行批判与反思"；从关系论上来看，课程体现着主流文化，存在着阶级阶层偏见、种族民族偏见和性别偏见，课程建设应该克服这些偏见，"走向多元的课程文化"。③

黄甫全教授也从文化哲学的视角切入，揭示"特定的伦理意识结构是每一时代和民族赖以做出具体的课程价值判断的基础"，他认为现代课程文化中的伦理意识应包括"热爱学习、崇尚学习生命和形成学习自律"。④

范兆雄博士对课程文化发展的标准问题和课程文化的研究框架进

---

① 郝德永：《课程与文化：一个后现代的检视》，教育科学出版社 2002 年版，第 6—10 页。
② 胡定荣：《课程改革的文化研究》，教育科学出版社 2005 年版，第 34 页。.
③ 黄忠敬：《知识·权力·控制——基础教育课程文化研究》，博士学位论文，华东师范大学教育系，2002 年。
④ 黄甫全：《当代课程评价的价值准则：文化哲学的观点》，载《第五届两岸三地课程理论研讨会论文集》，西北师范大学 2003 年。

行了比较深入的研究，他认为斯宾塞的"什么知识最有价值"和阿普尔的"谁的知识最有价值"的问题其核心都涉及课程知识的选择标准，回答学校到底应该采用什么知识时，需要追问为什么采用这些知识而不是其他知识。他提出了一个课程文化研究的框架：课程文化研究涵盖了课程与文化的关系和课程文化特质两个方面。前者涉及功能主义、多元文化主义、文化分析理论、批判理论等课程观，揭示了课程与文化之间的矛盾与适应；后者包括对学生、课程知识和教材等课程文化要素的研究，探索了课程各要素的文化特质及其在课程发展中的功能。这两者相互联系，体现在我国课程改革探索的现实之中，推动着课程文化的创新。① 郑家福博士还对新中国基础教育课程改革进行了文化的检讨。②

也有一些学者提出了课程文化研究当下所面临的难题。比如陈时见与朱利霞认为，当代课程设计在课程内容的文化选择上面临着一个难题，即一元文化与多元文化、文化普遍主义与相对主义的矛盾。论者认为，尽管多元文化已成为课程改革必须面临的客观事实，但实施多元文化课程本身又存在诸多悖论和实际操作上的困难。建议在课程设计上保持一元与多元的张力。③ 王艳霞和陈慧中认为，课程的文化选择存在着不同的价值取向，它们相互交织构成了课程选择的困境，影响着课程的内容、组合和评价。这一困境主要体现在三方面，即课程要服务于意识形态还是促进个人发展；课程内容要传播主流文化知识还是地方文化知识；课程功能是利于社会再生产还是社会流动，并进而提出我国新一轮

① 范兆雄：《课程文化发展论》，广东高等教育出版社 2005 年版，第 5—6 页；范兆雄：《课程文化研究框架分析》，《教育理论与实践》2005 年第 9 期。

② 郑家福：《新中国基础教育课程改革的文化检讨》，博士学位论文，西南师范大学教育系，2003 年。

③ 陈时见、朱利霞：《一元与多元：论课程的两难文化选择》，《广西师范大学学报（哲社版）》2000 年第 2 期。

课程改革需要对这些文化选择问题进行深入的探讨和思考。①

二、关于语文课程文化的研究

要理解当下我国语文课程与文化的关系与状态，需要首先了解世界范围语文课程改革的主要方向，进而考察对本国语文课程的相关研究。

（一）各国母语课程改革总体趋向

朱绍禹先生在《母语教材研究（第五卷）》的导论中指出，各国语文课程（即母语课程）的理念可做如下概括：第一，各国均把母语课程置于核心地位；第二，各国无一例外地体现母语课程的特有功能，即语言功能乃至文学的功能，强调母语学习在人际交流和沟通中的特殊性和重要性；第三，各国母语课程理念中都包含着语言和思维密切相关的认识，进而要求训练语言的同时，也促进思维的发展；第四，注重继承本民族的文化传统，造就有文化素养的公民；第五，发展学生的人格，培养合格的公民。

语文课程的目标取向也呈现出多元化的状态。随着人们对语文课程性质认识的逐步深化，各国语文课程目标已经从最初单纯地习得听说读写言语能力转向多元化目标发展。语文课程目标多元化主要表现在以下几个方面。

第一，语言文字的实际应用能力依然是主要目标。美国各州的语言课程标准十分强调听说读写要看对象、有目的，从而突出语言交际能力，满足更贴近生活的理解与表达要求，更注重对现代社会信息的搜集

① 王艳霞、陈慧中：《课程文化选择问题的探讨和思考》，《教育发展研究》2007年第20期。

和处理。① 第二，在语言训练中培养学生的思想感情和道德情操，丰富学生的精神生活。各国语文课程改革都十分重视和发挥语文课程的教育功能。第三，发展学生的思维能力。在基础教育阶段，各国语文课程都特别重视学生思维能力的培养，这是全面提高人的素质的需要。创造性思维能力的培养，对于现代人来说更为重要。② 第四，注重文学熏陶。在文学作品教学中培养学生对语言艺术、文学特性的认识，培养学生的审美情趣和审美能力，是各国语文课程目标的共同取向。③ 为此，在培养学生语言实际运用能力的同时，对学生进行必要的文学教育，已经成为各国语文课程目标的共同要求。

由此可见，各国都非常重视语文课程与文化的联系，重视语文课程在塑造学生文化世界上的作用。就语言文化素养而言，语文是人类文化的重要组成部分，语言是人类文化的"遗传密码"。通过学习语文，语言文字中的文化内涵转化为学生的基本文化素养，影响着学生思想感情、审美情趣的形成。这一点已是共识。

（二）语文课程与文化的关系

不少学者对语文课程与文化的关系进行了讨论，大致涉及以下几个方面。

第一，用文化的视角回顾中国百年母语课程。倪文锦教授以教材为依托进行了文化选择的回顾。他认为教材发展的本质是文化选择。在中国百年语文教材发展史上，不同的历史时期，语文教材所反映的文化

---

① 巢宗祺等：《全日制义务教育语文课程标准（实验稿）解读》，湖北教育出版社 2002年版，第 11 页。

② 倪文锦、欧阳汝颖：《语文教育展望》，华东师范大学出版社 2002 年版，第 54 页。

③ 朱绍禹、庄文中：《国际中小学课程教材比较研究丛书·本国语文》，人民教育出版社 2001 年版，第 548 页。

虽然具有很大的不同，但文化选择则是它们所面临的共同问题。他借助《中国百年语文教材编制思想评析》一书，从宏观上简要梳理了百年语文教材的文化选择概况，"民族文化是一种取之不尽的宝贵资源，越是民族的就越是世界的。重视民族文化的独特个性，是抵制文化霸权主义，弘扬民族优秀文化，培养民族精神的重要举措。"除此之外，"如果说新中国成立之前文言与白话之争是语文教材建设中的一个热点问题，那么，新中国成立之后的半个多世纪，语文教材选文的时代性与经典性之争则是一个从未间断过的话题，即我们的语文教材建设始终面临着一个对时代文化与经典文化的选择问题"。[①] 石兰荣认为，现代化与科学化，是百年语文课程文化的价值诉求。语文课程是传播社会文化的工具，具有社会语言重建功能与文化创造的功能。综观百年语文课程文化演变的轨迹，可以看出语文课程文化的发展受当时社会文化形态的影响，并沿袭文化变迁的路径运作，使课程铭刻着文化的印记。百年语文课程没有向传统语文课程那样去刻板传承道统的传统文化，在社会变革的文化场中，从某种角度而言，语文课程文化对新质文化的形成起到了导引作用，成为社会文化共生的土壤，对社会文化的变革与重构起了积极的推动作用。[②]

第二，对语文课程文化的内涵进行了探讨。吕映认为，课程与文化的关系是语文课程文化研究的核心问题。一直以来，语文教师都遵从这样一个"定律"：语文课程是文化传承的载体，是文化传承的工具。这一"定律"不仅曲解了课程与文化的关系，更重要的是导致语文课程文化本体地位的缺失。事实上，课程与文化是相互依存、互为作用的。一方面，文化造就了课程，决定了课程的内容与范畴，没有文化，课程

[①] 倪文锦：《中国百年语文教材的文化选择》，《中学语文教学》2008 年第 8 期。

[②] 石兰荣：《百年语文课程文化的价值诉求》，《中国教育学刊》2012 年第 6 期。

就成了无源之水、无本之木；另一方面，课程又形成着文化，为文化的传播、发展和创新提供了途径，没有课程，文化便成为一潭死水，终将枯竭。并且，课程一旦形成，就具有了独立的文化品质，它与文化之间不是"工具—实体"的关系，而是"部分—整体"的关系。① 孟祥英等认为，语文课程作为"人类文化的重要组成部分"，作为人类文化传承与发展的一种有效手段，具有丰厚的文化内涵。依照新的课程观，以文化为切入点，提出语文课程的文化内涵可以从教师与学生、语文教材以及语文课程的实施三个维度加以阐释。②

第三，从各个方面对语文课程文化进行了追问与反思。王荣生教授在其博士论文中用专门的章节讨论了语文课程的文化意识，他将文化意识界定为与听、说、读、写四项基本技能都有不可分割的联系的"第五个维面"，从"古与今""中与西"两个侧面考察了整体感知、"对话理论"以及与之相连的"感受性阅读"问题。③ 吴永军教授运用课程社会学的分析方法，就现代化形态下的语文课本的价值取向问题，对香港和内地的语文教材进行了研究与分析，他提出学校的"语文"课本是社会对学生进行祖国语言文字教育、培养思想品德的基本材料，它不可能包容所有的文学遗产，而只能是依据某种标准撷取"精华"（或通称优秀作品）。因此，选择哪些课文作为教材，通过这些特定的教材的教学使学生获得什么，这其中便明显地含有价值取向。他借助这一分析，为内地的语文教材建设提出了重要的建议。④ 此外，他对

---

① 吕映：《语文课程的文化研究：一种新的视角与方法》，《教育理论与实践》2007年第16期。

② 孟祥英、王娟：《论语文课程的文化内涵》，《山东教育学院学报》2006年第3期。

③ 王荣生：《语文科课程论建构》，博士学位论文，华东师范大学教育系，2003年，第120—148页。

④ 吴永军：《中国大陆、香港九年义务教育初中语文教科书价值取向的比较研究》，《教育理论与实践》1999第11期。

语文课程需要培养学生怎样的"语文基础"这一问题展开了讨论，他认为当前语文教学中要培养学生的创新精神及其能力，必须坚决摒弃过去那种由死记硬背、机械训练而得到的僵硬的毫无价值的基础，重新设定新的基础，它包括三个层面：一是知识与技能层面，即让学生掌握必备的有价值的基础知识（如优美诗文的背诵）和有利于他们终身学习、可持续发展的基本能力和技能（如朗读、交流及合作、沟通）；二是精神（理念）层面，即"科学精神"与"人文精神"的培养，培养学生追求真理，实事求是的精神，精心呵护、培养学生的自由及自主、独立思考、反思和怀疑批判的精神以及热爱祖国语文的情感；三是行为习惯和方法层面，即从小培养学生良好的语文学习习惯以及自主学习语文的方法。① 他呼吁一定要"防止忽视基础为创新而创新。"②

任桂平的博士论文从文化的视角关注语文课程本体，在反思百年语文课程发展历程的基础上，重新确立语文课程的文化主体地位，架设语文课程文化重建框架。在语文课程的文化阐释过程中，他提出语文课程在不同社会历史时期形成了不同的课程文化观。中国古代社会的语文课程具有道德教化的文化属性，中国现代社会的语文课程具有知识工具的文化属性，而未来社会的语文课程应具有自觉本体的文化属性。语文课程文化观的演变轨迹说明了语文课程文化主体性的回归。同时，还重点批判了语文课程目标编制的"工艺学模式"、语文课程内容概念的缺席以及语文课程文化性的缺失，从而得出"语文课程不仅是文化工具的存在，而且还是文化主体的存在"的观点，并将语文课程视为一种文化，还原语文课程的文化实体地位，澄清语文课程的建构性和自主性文

---

① 吴永军：《我们究竟需要什么样的语文基础——从语文课程实质的争论谈起》，《中学语文教学》2009 第 1 期。

② 吴永军：《关于语文新课程实施中若干问题的思考》，《语文建设》2002 年第 12 期。

化品性。①

屠莉娅等认为，为了打破"单面"的"他者"文化的束缚，更为完整地帮助学生解读真实的世界、人性和生活经验，防止学生沦为缺乏反思与批判能力的文化奴仆，要从发现被隐藏的他者世界和人性开始，打破现有语文课程文化所存在的完人的模型、生活的镜像、发现生活选择的代价，进而完整地认识他者世界，并以此为中介，最终进入自传反思式的自我关照，实现课程文化和学生角色的"自我"转型，实现课程最终为学生自我的真实生活服务。②

傅建明先生通过分析人民教育出版社小学语文教材，探讨了这样几个问题：教科书中蕴含着哪些价值取向？这些价值取向在教科书中是以怎样的方式呈现的？国家为什么要对教科书价值取向进行控制？教材在价值取向和呈现方式上有哪些有待改进之处？③

第四，积极地探索语文课程文化的改革出路。杨启亮教授认为，不只是外国语文以其"国际"的霸权，冲撞着一向温文尔雅的中国语文，外国语文教学也以一种"国际"霸权，冲撞着源远流长的中国语文教学。不仅如此，就连外国的不是语文教学的教学模式、教学方法、教学策略，也毫不留情地冲撞起中国的语文教学来。他进而提出了"热爱语文"的课程教学文化观：中国的语文教学之本体回归，即要传承中国的文化人性，这正是我主张它要以热爱为目的以体验为方法的原因。这里的热爱语文即爱人、爱人的文化，爱中国人创造的中国文化；这里的

---

① 任桂平：《文化视野中的语文课程》，博士学位论文，华东师范大学教育系，2006年。

② 屠莉娅：《从"他者"到"自我"：试谈语文课程的文化转型》，《全球教育展望》2007第12期。

③ 傅建明：《我国小学语文教科书价值取向研究》，博士学位论文，华东师范大学教育系，2002年。

体验语文即体验人、体验人的文化，体验中国人创造的中国文化。①

　　吕映认为在语文课程的发展历史上，"应用"说一直占据着主导地位。它抹杀了语文课程丰厚的文化内涵和独特的人文价值，导致语文教育的平庸化、世俗化走向。其实，语文不仅是"应用"（应生活之用）之学，更是"应需"（应生命存在与表现之需）之学，"成人""立人"才是语文教育的本质与追求。同时，语文课程还要承担社会责任，以文化主体身份积极参与并推进社会文化建设。② 杨泉良提出，要搞好新课标下的语文教育，除了要充分挖掘语文课程自身的文化内涵之外，还必须致力于与语文课程文化相适应的社会文化环境建设，确立具体实施的文化策略。③

　　注重语文课程文化的本土化生成也是一种思路。语文课程文化的本土化包含"从外到内"和"从内到外"两个维度。在课程理论"全球意识"的观照下，以汉民族优秀的文化传统为依托，以本国的语文课程为基础，移植外域的先进理论，借鉴外国的研究方法，通过建立话语体系、开展对话交流、注重实验实践等策略，生成具有汉民族母语特色的、原生性的课程文化，显示出自己的价值和生命。这是让语文课程文化在母语学科方面的文化基质通过交流和融通得到凸显和锤炼的内在需要。④

　　此外，语文新课程应不仅传承文化，还能进行文化创新与建构，实现课程文化"人为的程序和为人的取向"的统一，使课程由文化的工具存在转变为文化的主体存在。因此，应吸收后现代课程观的精华，

---

① 　杨启亮：《困惑的语文：一种回归本体的教学期待》，《语文教学通讯》2005 年第 27 期。

② 　吕映：《语文课程的文化变迁与价值重构》，《江西教育科研》2007 年第 10 期。

③ 　杨泉良：《试论语文课程的文化内涵及实施策略》，《教育导刊》2007 年第 11 期。

④ 　邱福明：《论语文课程文化的本土化生成》，《山东师范大学学报（人文社会科学版）》2010 年第 2 期。

构建具有生命性、生活性、生态性的语文新课程的文化品质，使语文新课程成为自在、自律、自为的教育文化，从而解放人、发展人、提升人。①

第五，关注语文课堂文化的改变。目前，我国正在进行的新一轮基础教育课程改革，不仅是课程内容的变更，更是一场课程文化的变革，处于语文课程改革关键部位的语文课堂教学，其文化形态的变革更是首当其冲。新课程呼唤中小学语文课堂教学打破控制、守成、灌输和隔离的传统教学文化形态，构建质疑、体验和平等对话的新教学文化形态。② 李如密教授长期以来对课堂教学艺术、教学美学等问题开展的研究，可以视为对"课堂美学文化"的一种探索，这对语文教学课堂文化的改变提供了重要的视角。他认为"教学风格"是"教师在长期教学实践中逐步形成的、富有成效的一贯的教学观点、教学技巧和教学作风的独特结合和表现，是教学艺术个性化的稳定状态的标志"。③ 他对教学风格与教学艺术的系列研究，为语文课堂文化的改进，提供了重要的基础。

新课程背景下的语文课堂教学文化是一种充满生命活力的崭新的课堂教学文化，它关注的是人的"精神世界""情感世界""体验世界"和"价值世界"，注重课堂的生命意义和生命价值。为此，语文课堂教学应让课堂充盈文化精神，显示文化特质，发挥文化功能。④ 课堂文化是一种动态意义上的文化，更能体现语文课程的文化特征和品质。因此，要将理解贯穿语文课堂以实现人文化，将生成贯穿于语文课堂以创

---

① 沈巧明：《后现代视阈下语文新课程的文化品质建构》，《教育探索》2007 年第 4 期。
② 杨晋夫、范蔚：《新课程背景下语文课堂教学文化的重塑》，《教育理论与实践》2010 年第 6 期。
③ 李如密：《教学风格的内涵及载体》，《上海教育科研》2002 年第 4 期。
④ 许海霞：《新课程语文课堂教学文化构建的探索》，《教育理论与实践》2008 年第 11 期。

生文化。因为"语文课堂上的理解与生成，不仅在不断地继承这丰富的文化，更在不断地生成文化。在语文课堂教学过程中，教师与学生通过理解与生成进而与世界发生着广泛的文化联系"。①

值得一提的是，曹明海先生持续地对语文课程文化进行了广泛而深入的研究，② 他认为语文教育是一个文化的过程，具有文化的特性与功能，这主要体现在两个方面：一是语文是一种文化的构成和存在形式，它作为重要的文化符号，是人类进入文化世界的主要向导，是一种意义和价值体系，是存在的家园。语文与文化具有同构性，二者都是民族情感、精神和智慧的凝结。二是语文的工具性功能与人文性特质浑然天成，有如血肉同构的生命机体，二者是语文本体构成的基本要素，是相互渗透和融注的整合体。因此，语文教育不仅是知识获得的过程，也是陶冶人性与情操、唤醒心智与灵魂、促进生命成长的文化精神建构过程。这个文化过程具有形象体验性、内隐变通性、精神生成性。

五

综上所述：对国外及国内的相关研究进行梳理，不难发现国内外学者在课程的文化选择问题上都不太满足于"课程传递文化"的命题。不同的是，国外学者的相关研究中，社会学的色彩比较浓厚，他们更多地

① 潘冠海：《语文课程文化建构审视》，《教育评论》2008 年第 3 期。
② 详见曹明海先生的相关研究。曹明海：《本体与阐释：语文教育的文化建构观》，山东教育出版社 2011 年版；曹明海：《语文：文化的构成》，《语文教学通讯》2004 年 Z3 期；曹明海：《论语文教育的文化特性与情致》，《山东师范大学学报（人文社会科学版）》2005 年第 1 期；曹明海、史岩：《语文教育与文化精神的建构》，《山东师范大学学报（人文社会科学版）》，2003 年第 6 期；曹明海：《语文教育的文化过程特征》，《文学教育（下）》2008 年第 8 期。

探讨了课程与文化的互动所具有的社会影响和机制，而我国学者的研究则较多具有教育学意味，往往在教育与课程内部讨论文化选择的问题。

而对语文课程文化选择的相关研究，总体来说并不是语文课程研究的主要部分，国内的语文课程研究较多地具有实践关怀意味，并且语文课程的文化选择对老师来说是一种既定事实，带有不证自明的感觉，因此，往往并没有引起太多的关注。当然其中不乏一些基于实证统计与分析的文化研究，但总体上不占多数。

已有的相关成果在研究视角、内容、方法上都为本课题提供了宝贵的借鉴，但是也存在着一些不足的地方。

研究课程内容对文化的选择时，往往把"文化"泛化为人类总体认识的成果总和，即文化学意义上的文化概念，而忽视从教材文化、教学文化、教育文化等视角的分析。

对课程与文化的应然关系阐述较多，但是对课程选择文化的机制、过程、互动等，似乎关注得还不够，尤其是微观层面、实践层面的文化选择，缺少关注。因此，在谈论课程与文化的关系时，课程常常成为静态的知识或符号，缺少了文化自身的活力。

大部分研究直奔"永恒规律"，时代的意识不够充分，即课程文化的未来性被较少地考虑到。尤其是未来世界层面的文化状况，这其实是研究的更为宏大的主题，它虽然不能直接决定课堂中的文化选择状况，但却不可忽视。

较多地关注西方的课程理论，如新教育社会学、课程社会学、知识社会学等，它们的确为本土的课程研究提供了视角乃至方法论，将教育放在社会的背景中考察，可以呈现出更丰富的意义，但如何将这种视角及相关的方法，运用在本土的课程文化选择问题的分析上，还有待进一步讨论，尤其是符合学科特质的分析方法。

对课程文化选择的讨论可以尝试着更好地与具体学科相关联，因为文化分析的模式告诉我们，不同的亚文化差异对于文化选择十分重要，因此，学科自身所具有的"学科性质的文化"不应被遗漏。

这些不足为本研究提供了空间，希望在其中的一些问题上可以有所推进。

本研究总体上分为两个部分。前三章为第一部分，对课程内容的文化选择的研究做一些基础的探索，分别讨论了选择的背景、发生的机制及历史启示。在选择的背景部分，试图描绘一个"世界文化图景"作为解释背景。然后探讨课程发生的机制，包括静态的课程文化和动态的教学文化，以及一种融合教师风度和教学风格的文化释放结构。之后深入到历史的层面，回顾课程内容的文化选择的历史流变，着重从先秦、秦汉以降、近现代三个历史阶段，借助选择的发生机制的划分，从内容、互动、释放三个层面讨论三个历史阶段具有代表性的选择状况。

从第四至第六章为第二部分，这部分分别从教学文化、教材文化及教育文化三个维度来讨论它们如何作用于课程内容的文化选择问题。在教学文化方面提出"一个饱满的文化释放过程"需要将教学文化纳入课程内容的视野中；教材文化的建设则需要区分理论思维和工程思维，并提出用工程思维来建设教材文化；最后在教育文化的讨论中，提出要融合课程与教学，形成一种具有连续性的教育文化生态，并提出一些可能的路径。在此基础上，对语文课程内容的文化选择问题进行一些回应与探讨。

第一章 选择的背景审视

如果生活里没有选择，那么人生势必陷入绝望，而如果频繁地面临选择，人又容易产生恐惧。当面临重要选择的时候，它既意味着一种人作为主体的自由意志的发挥，也暗含了人在社会文化时空中的一种精神紧张，因为选择就必然要承受可能的代价，一个尚未可知的结果，总不免让人忧虑，所以想做出正确的选择往往是不易的。

如果要想选择的相对正确，或者可能正确，就需要全面地考虑问题，这不仅仅包括选择什么（对象）的问题，还包括选择的问题空间、价值判断的立足点，以及选择主体的心理、文化等诸多因素。

课程内容的文化选择面临怎样的问题？对这个问题的认识，我首先想到的是它发生的时代图景。

第一节 文明冲突：好问题与坏解答

一、冲突的启示

冲突，并非是文明间原生的状态。

大约在公元前五百年前后（即雅斯贝尔斯所谓的轴心时代），中国、印度、古希腊、以色列都同时出现了很多伟大的思想家,他们的思想创造至今都是人类思想文化的主要财富,而且是源头性的,比如古希腊的苏格拉底、柏拉图,中国的老子、孔子,印度的释迦牟尼和以色列的犹太教先知。这些不同地域的文化,原本都是独立发展起来的,并没有相互影响。生活在共同文化圈中的人们,虽然也有争斗,但大多是迫于生计的你争我夺,不涉及深层的文化价值。而在人类发展的过程中,随着人口的流动、经贸的交流,不同的文化和价值,注定要相遇。

可以想象,当今天的社会发展让各种文化的相遇变得越发容易、频繁、深层、全面时,问题的产生似乎就不可避免。20 世纪 90 年代初期,亨廷顿提出了"文明的冲突"论,他观察到诸如中东地区的巴以冲突、伊拉克战争、科索沃地区的冲突之中所包含的宗教的、价值的、文化的原因。虽然在这背后,也许是他看到了今日世界中非西方文化的日渐发展,看到了西方的霸权越来越受到挑战,对西方世界的文化的未来深感担忧,希望复兴西方文明,使其成为其他文明的主导等。如果撇开这些动机暂且不论,他的文明冲突论的提出,还是很敏锐、很有创见的。

可惜的是,他的问题虽好,解答却很糟,这显然和他的立场有关。一种西方的立场和思维方式,得出了这样的判断:新世界的冲突根源将不再侧重意识形态或经济,文化将是截然分割人类和引起冲突的主要原因。在世界事务中,民族国家仍然举足轻重,但全球政治的主要冲击将发生在不同的文化族群之间,文明的冲突将左右全球政治。而文明之间的断层线将成为未来的战斗线。① 无疑,战争不仅是政治的失效,也是

① [美] 亨廷顿:《文明的冲突》,中译文全文载香港《二十一世纪》第 19 期,香港中文大学中国文化研究所出版。转引自汤一介:《"文明的冲突"与"文明的共存"》,《北京大学学报(哲学社会科学版)》2004 年第 6 期。

文明的失败，因为它是对文明本义的践踏，毕竟人类就是依靠文明才走
出了野蛮的荒原。

那么，文明的冲突启示了什么？

必须思考文化相遇的问题。今日世界各国基本都迈入了现代文明
社会，在国家的内部，法制、公正等现代理念或者已充分发展，或者在
发展过程中。但是一旦把视野放到世界的层面，看看国家之间的相互关
系，就会发现世界的秩序还只是一种"无秩序"，还是一种接近无政府
的状态。尽管区域之间能够各自稳定发展，但只要某些区域失去了平
衡，敌人意识很快就会转化为战争可能。卡尔·施米特说，划分敌友是
政治的标准，① 这并不能准确描绘今天的世界，今天的政治盟友也并非
相安无事。盟国之间其实也少有信任。比如，斯诺登曝光的美国窃听事
件中，德国作为美国的盟友，其总理默克尔的电话也在监听之列。可见
所谓文明的各种积极方面似乎并未在世界层面普遍兑现。这种内外之别
部分地由于现代"民族—国家"的政治形式，各个政治单位或文化单位
只对内部的人们负责，而一旦对外就是利益至上，丛林法则，什么道
德、道义连暂时的粉饰都谈不上。这种情形下的文化相遇，如果再附加
上政治军事的冲突时，可能就是危险的。

必须同时思考文化的主体和主体间性问题。文化的初始发展是很
自主的，它由于各种地方性特色，在人们相互之间以及与自然的长期互
动中，伴随着诸多的偶然因素，它不需要去考虑另外的模样，就自然而
然地"自成其式"。可是文明间的交流一旦发生，无论是所谓弱势还是
强势文化，都不由自主地弱化、丧失或者强化，甚至霸权化地伸张它的
主体性。尤其是对于想要外推自己价值观的强势文化而言，这种强势输

---

① ［德］卡尔·施米特（Schmitt, C）：《政治的概念》，刘宗坤等译，上海人民出版社
2004 年版，第 106 页。

出的过程本身是主体性的一种不正当伸张，其实越是伸张，"他主"的色彩就越浓厚，以至于常常出现似乎"不得不挺身而出"维护世界秩序的乱象。面对强势的弱势文化，自身的生存竞争又显得尤为重要，如何维持以及促进自身的发展，是很多文明一直在思考的问题。

还必须要思考比冲突更为长远的问题。这也是亨廷顿判断错误的原因之一。如果当下文明冲突的确在一些地区引发了战争，根据人类理性的原则，人们总是能够找到停下来的办法，当利益划分达到某种均衡的时候，冲突总会以某种形式缓和下去，兑换为一种平和的方式。所以，发现文明冲突的问题是智慧的，把答案限定在战争却不是明智的，人类的智慧不可能满足于等待必将发生的灾难，新的思考总会成为一种不确定的因素，更新问题的构成。其实，在亨廷顿提出文明冲突论的第二年，包括我国学者汤一介在内的诸多学者，都批评了他所代表的美国霸权主义，以至于其在《文明的冲突与世界秩序的重建》一书中修正了自己的观点，承认"维护世界安全则需要接受全球的多元文化性"。[1]

如果战争不是文明冲突的"合理解"与"合法解"，那我们需要怎样的解？

二、合作与共生

这不是什么新的解法，甚至可以说只是一种历史经验的总结。表面上看，文化的交流与沟通是随着人活动范围的扩大而被迫产生的，其实从文化的内在发展机理上看，文化之间的沟通与融合，恐怕也是文化延续的必须。

---

[1] 汤一介：《"文明的冲突"与"文明的共存"》，《北京大学学报（哲学社会科学版）》2004 年第 6 期。

从消极的意义上来说，很多古老的文化，一直保持着较纯的发展脉络，但是它们在经历了繁荣之后就走向了衰败没落直至消失。据我国学者赵林先生考证，① 从第一个人类文明的轴心期存留至今的几个悠久文明，都经过了复杂痛苦的文化杂交，而没有经历这一过程的文化，如埃及文明、巴比伦文明在今天都已销声匿迹了。

而从现代来看，一些民族由于长期受到殖民统治或者相类似的其他原因，长期处于文化的压抑与剥夺之中，作为一种报复性反弹，它们生存下来之后，为了不再"重蹈覆辙"，文化开始变得非常保守，几乎与世界隔绝，强调自身文化的唯一正确性。这就是学者乐黛云所批判的"文化封闭（或割据）主义"。它们走上极端就是"原教旨主义"，它们要排斥一切外来的精神污染，甚至"不承认任何最低限度的普适性"，比如温饱等生理需求、安全的需要、生态意识等，结果导致的就是自身文化发展的停滞。如果再有极端的发展，就会认为军国主义和德国纳粹的反人类性也是合理合法的，这样不仅于己无益，也将极大地危害人类社会的共同发展。②

由此可见，想依靠人力去阻止文化的融通是螳臂当车、百害而无一利的。那么，是否文化的融合就能带来文化的繁荣呢？答案并不确定，因为历史无法重复实验，但似乎可以确定的是，文化的交融是延续和发展的一个重要条件。

从古至今唯一没有中断的华夏文明，就经历了不同时期的文化融合。春秋战国时期不同的地域文化，比如齐鲁文化、荆楚文化、吴越文化、中原文化等，经过融合而形成了整体统一的华夏文化。公元一世纪初印度佛教文化的传入，不仅没有发生激烈的战争，还在融合中被逐步

---

① 赵林：《中西文化分野的历史反思》，武汉大学出版社 2004 年版，第 327—352 页。
② 乐黛云：《文化自觉与文明冲突》，《文史哲》2003 年第 3 期。

本土化，成为与儒、道并存的文化形态，共同推进着中华文化的延续与发展。历史上蒙古族、满族的入侵，都没能够用文化统治华夏大地，相反，都在长期的濡染中被同化了。这固然反映出中国文化的"和而不同"，即不同文化也可以和睦相处，也反映出文明相遇时除了"冲突解"之外，还有更优的"合作解""共生解"。所以，亨廷顿的答案不仅不是唯一的，也不是最优的。

不仅如此，不少论者还提出质疑，在各种表面是文化冲突的背后，其实更突出的是经济利益、军事战略利益的冲突，比如对石油的掠夺等。这些冲突有些只是穿着文明的外衣，实则已经超出了文明的可及能力。但文化的奇特之处就在于，如果一种合适的文化观念在各国人民的心中逐步成熟，在一致的反对声中，又可以缓解甚至消除军事的紧张，这就是文化的特点。并非强而有力、立竿见影，但却如老子所说"玄牝之门，是谓天地根。绵绵若存，用之不勤"（《老子·第六章》）。它就像母体一般看不见摸不着，却具有深层无形的大作用，无尽无竭。当人们心中有一种成熟的文化共生观念时，我们就可以称之为文化主体的自觉。

文化主体的自觉要求强势文化要能够克服一种殖民的心态，承认他者文化的存在及合法性，甚至可以寻求从他者反观自身的一种视角，从而对自己的文化有不同的认识，一种文化普遍于天下的意识必须要让位于差异文化共生于天下的思想，弱势文化也需要克服自卑的心理，克服"割据的心态"。但这还不够，这只是自觉的一个方面，学者乐黛云强调要有"全面的文化自觉"。① 即要自觉到自身文化的短长，还要对传统文化进行新的现代诠释，使其更新，让自己的文化对世界文化的新建构有所贡献。

---

① 乐黛云：《文化自觉与文明冲突》，《文史哲》2003 年第 3 期。

　　这是非常有创见的，它启示一个良好的世界文化图景，需要构成整体的部分，即每个文化主体要有内部全面的自觉，这是前提。但是主体内部的自觉似乎很难覆盖到主体间的"空白地带"，换句话来说，当思考文化自觉问题时，如果思考的最大单位就止于"民族—国家"，可能还是不够的，我们似乎还需要一种"世界"层面的文化考虑，即把世界的整体文化作为思考的出发点，是"为着世界"而不是或不仅仅是"为着自身"的。虽然这种考虑在现在看来似乎还没有太多现实的紧迫性，但极有可能是非常必要的。因为文化的发展是一种具有自变量性质的状态，我们如何设计未来，如何猜想未来的文化，就极有可能创作出怎样的文化图景，我们会通过教育、借助课程，对未来几十年后的世界公民施加影响，这个背景虽然比较大，但仍然是值得考虑的前提。

　　那么，站在世界的立场，我们应如何想象？

三、世界文化想象①

　　全球化已经成为不可避免的趋势。文化虽然未必会像经济或政治一样走向一致性的全球合作，但是，今天的文化体之间的矛盾，有很多重要的问题是在现有的文化格局中所无法解决的。世界上的各个文化体无论多么不同，它们彼此正制造着越来越多的相互依存的关系，这是未来世界向一体化发展的必要前提。但正因为合作的深入，使得各种文化上的问题、矛盾和危机被放大，变得更具规模，也更加易感。这就不由得人们去设想，在"为自己（文明体）着想"的文化格局中是无法解

---

① 关于文化的世界层面的想象，深受一些学者关于"世界政治"的思考的影响，包括：[美] 温特（Wendt, A.）：《国际政治的社会理论》，秦亚青译，上海人民出版社 2008 年版；[美] 小约瑟夫·奈、[加] 戴维·韦尔奇：《理解全球冲突与合作：理论与历史》，张小明译，上海人民出版社 2005 年版等。

决这些文明体之间的矛盾的，而当各种文明体在利益上的互动和依存程度，大到了一个必须创造普遍一致的世界制度规则时，世界文化就有了生长的土壤。尽管这是一个未来问题，但关于世界文化的问题却已经出现。

这里我试着提出几条与当前"民族—国家"模式非常不同的理念。

（一）消除文化敌人的意识

这就意味着承认任何一个文明自主的地位，抛弃所谓的基于某种价值判断的比较而得出的先进与落后。文明之间的交往，需要剔除"先天敌人"的思维模式。"先天敌人"有点类似异教徒的思维方式，先验地把人分为信徒和异教徒，处于文明中的个体从出生开始就素未谋面，但却有可能在文化上成为一种敌我关系。其实，文明之间的可比较性一直都很可疑。在一个文明之中，人们的各种文化心理、思维模式以及思想传统，都是在长期的生活中，在当地的地理、经济、政治等发展过程中逐步形成的，其目的和价值就在于赋予其中的人们合适的行为模式。在文明体的内部，能够协调好各方面的关系，达到一种"治"而不是"乱"的状态。人们未必需要拥有多么先进的科技、物质水平，只要文化的资源能够帮助我们很好地应对生活，应该说它就是足够好的。近现代以来，让我们感受到文化的好坏主要是把政治、军事、科技等因素同时考虑进来的后果，用这些层面的先进与落后来左右对文化的判断。这种左右不仅带来了比较，还产生了文化的敌对。

因此，消除文化间的敌对意识，首先就需要承认每一个文明的合法地位。特别要放弃一些将我认为好的东西强加给你或者他的思维方式。强加不是文明对话的理性方式，而只是一种单边的输出，是单一立场的价值外推，这不仅不能够让别的文化变得更好，反而会激起文化间更为激烈的矛盾。近一二十年中的各种恐怖主义行动与某些强势文化的推行往往有着千丝万缕的联系。

(二) 近悦远来

那么，文化之间应当遵循怎样的交流模式呢？自愿性地相互学习。如前所述，当文化之间的交流变成人们的生活必需时，不可避免地会有文化的相遇。每个民族都有自己的文化优势，所以彼此相遇时就好像两个从未见过面的人，见到以后总不免互相打量，越打量就越发现对方都有好的东西。文化的交往自愿意味着，你有好的东西，别人可以来学习，但是你不能强行推销。这是基于主体意识的交往观，也是一种合理的共生策略。孔子就表达过这样的主张，叶公问政，子曰："近者悦，远者来。"（《论语·子路》）一种好的文化要让域内的人们欢愉无怨，能够感受到幸福，那么远方的人们自然会有所向往，会投奔而来。这就是孔子设想的文化交往状态。如果一种自认为好的文化观，将自己的某种价值主张强行外推，它不会像人们预料的那样，能在某一点或几点上改造他者文化，进而使其优化，而是会走向颠覆或毁灭他者的道路，从而不可避免地引起他者的反击。因为文化中的思想观念从来都不是单独存在的，它类似于一种观念集群，其中任何一个节点都与整体中的其他部分密切相关，所以一个思想观念的改变，往往涉及"全部"，这就是文化发展不像经济发展那么迅速而外显的原因。

一种世界层面的文化交往观，考虑问题的视角不仅仅是"我与他者"的关系如何，而更应该是站在世界文化的总体层面，考虑"我们"如何共同发展，如何变得更好，把一个外部问题转换成一个内部问题，这其中最关键的区别，就是一种文化不能仅对自己内部的人们负责，它同与之共生在地球上的其他文化，不仅是一种"我和他们"的关系，而更应当是一种"我们"的关系，"我"对"我们"中的其他文化体，对世界文化总体是要肩负责任的。

（三）世界公利

今日相对成熟的文明体，无论内部的文化思想怎样，它们对于"公共利益"的关注，似乎都在政治边界上停止了脚步。无论是单个还是共同体形态的文明，在世界事务中都在拼命追求专属利益的最大化而无视共享利益和世界公利，即世界各国的共同利益。因此，产生了各自只对自己负责，却无人对世界负责的现状。

然而，今天的世界问题，有很多都直接关系到每一个文明体。比如自然环境的恶化、物种的消失、核污染和核威慑等，这些问题已经不再是某一种文明内部的问题，不再仅仅是某些人如何看待人生、看待人与自然的关系这么简单。无论你怎么看待，我怎样看待，这个问题都是我们已经或必将共同面对的问题。如果对这些问题不负责任、不履行义务，那么，受害将是普遍的。

从消极的层面上讲，世界公利问题的消极选项类似政治哲学中的"公地悲剧"，即每一个消耗公共资源的主体都因为感到独自无法阻止事态恶化而抱着"及时捞一把"的心态而加剧事态恶化。① 但是当这种恶化的条件危及每个成员的生命线时，问题又常常会转向积极的一面。包括文化领域中的诸多的公共问题，尤其是紧迫的世界问题，由于关乎（哪怕是未来的）存亡，就会产生一种文化的吸引力，将不同文化中原本处于不同重要地位的问题，拉到同样重要的层面上来，而这个时候，这些重要的价值就是一种暂时的"普遍价值"，这些普遍价值的存在，就为文化的兼容创造了条件，而只有兼容异己才能够化敌为友，也才能够淡化前文所述的敌人意识。这些哪怕是仅仅具有暂时意义的"普遍价值"的价值，其实未必逊色于争执不休的带有永恒色彩的"普世价值"，

---

① 陈新岗：《"公地悲剧"与"反公地悲剧"理论在中国的应用研究》，《山东社会科学》2005 年第 3 期。

但可惜的是，它似乎很少受到人们的关注。

（四）世界文化层级

借助对于世界政治的相关讨论，我试图展开一个与之相应的世界文化三维框架。当下的国际文化状况已经证实，由于各个文明体基本与"民族—国家"等共同体或政治单位同构，因此，各个文明之间的矛盾和冲突，常常作为政治冲突的理由，这些"文化间的冲突"（即亨廷顿所谓"文明的冲突"）在"文明体"与"文明体间"这一框架中，是很难被解决的。前文所及的"消除文化敌人"以及"重视世界公利"等，在这个思维框架下也是很难被考虑到的，所以有必要对这个框架本身做一些修改，我试图根据政治哲学的相关研究，① 将这个框架向上扩展为"体内文化—体际文化—世界文化"。

如此一来，文明的冲突就会产生重要的变化。第一个层面是民族国家或共同体内部的文化，人们共享着体内的文化观念，社会共同利益有赖于民族国家文化很好地将人们培养成互相依存的社会合作状态，这

---

① 参见赵汀阳：《从国家、国际到世界：三种政治的问题变化》，《哲学研究》2009 第 1 期。在文化哲学领域，笔者也见到一些类似的提法，比如衣俊卿认为，"由于中国社会发展或中国现代化的特殊历史地位，中国的文化转型必然同时面对一般意义上的现代化和人类社会的全球化这双重文化景观。"（见衣俊卿：《文化哲学十五讲》，北京大学出版社 2009 年版，第 348 页）"全球化时代的世界文化不是一种单一的、一元的文化的专制统治，而是多元文化的互动所形成的一种关系到人类生存和人类社会发展的共同的价值取向和价值追求。"（同上，第 343 页）"全球化既已成为不可逆转的时代潮流，那么正确的策略是对其因势利导，使全球化朝着符合最大多数人的最大利益的方向发展，我们既要反对现代西方中心主义式的全球化，也要反对传统东方沙文主义的傲慢……全球化与多元化是并行不悖的。"（见麦永雄：《全球化语境中的文明误读与文化交流》，载王宁、薛晓源主编：《全球化与后殖民批评》，中央编译出版社 1998 年版，第 297 页）。这些论述中所提及的全球化的文化景观，与这里的"世界文化层"较为接近，所不同的是，并没有明确提出哲学中所设想的国家、国际、世界三个层级结构。

个层面最为关心的是本民族或共同体文化的延续与发展，能够更好地促进人们的合作，保证社会的长治久安，从而变得更加繁荣。体际文化是第二个层面。这个层面的文化状况极不稳定，因而非常不可靠。因为各个文明之间并没有高度的依存关系，却有着类似生存竞争的潜在紧张，在这个层面中，文化体关心的问题是文化的生存与相对势力，因为竞争必然带来新旧的更替与强弱的变化，所以，这个层面的文化状态很难平静，冲突在所难免。第三个层级是世界文化，它可以弥补第二层级的空白地带。经济政治的全球化为世界社会的整体发展奠定了基础，当人们的行动更加快捷，交流更加迅速，接触更加全面到足以形成一个世界社会的时候，就不仅仅需要一种政治制度去保障，还需要一种文化层级来解决各种冲突，这就是世界文化，它也可以看作是文明冲突的"未来解"，同样优于亨氏的"冲突解"。

第二节　中国语境：思考一种启蒙的框架

　　一谈到文化，中国的情况总是显得比较复杂。这不仅由于我们有着非常久远的文化历史，还在于身处本文明中濡染的个体比较难有一种清晰的文化（国情）自觉。对一个文明本质特点的认识，往往不如一个身在中国的异乡人。据说当年黑格尔根据一个传教士的描述，就非常深刻地揭示出中华文化的许多深层特点也许就是这个道理。但是不对自己本国的文化语境有所把握，就根本谈不上文化选择。

　　我希望在简要梳理中国当前的文化语境后，能找到它所独有的一些问题，这些问题也构成了课程内容文化选择的问题背景。这里的中国文化语境，并非某一个短暂时刻的语境，而是一种历史性的语境，尤其是近现代以来，文化发展至今的语境。

一、近现代文化状况①

在中国文化面临被迫近入现代化以前，中国的文化状况是比较平静的，尽管也有佛教文化的融入和由于政权更迭带来的文化交融，但都仿佛是向平静的湖面扔下了几颗石子，没有生出什么惊天波澜。一直以来，中国传统的日常生活世界，没有给生活于其中的人们提出太多的文化难题。人们生活于其中，生活在村庄、山沟之中，熟悉、安全、封闭，所到的范围有限，日常生活中的各种问题凭借经验就可以基本解决，不必沉思，没有困惑，传统、风俗、习惯在共同生活的经历中，代代相传。人与自然的贴合，周而复始。没有什么超越的问题，也鲜有创造的冲动，个体仿佛是自然的一环，生生不息。这种相对封闭的生活状况，加上强大的封建礼教和专制制度，使得"启蒙"变得异常艰难。

晚明时期的西方传教士（如利玛窦等人）带来了西方的科学知识，徐光启等知识精英积极响应，黄宗羲等思想家总结着清谈误国的历史教训，他与顾炎武、王夫之等人，痛恨道学的伪饰，意图"托古改制"，恢复先秦儒家经世致用的精神，从而构成了"古今之争"的基本命题。可惜这种前瞻的思想觉醒遇到了"康乾盛世"，使得从康熙王朝到鸦片战争的两百年时间里，中国思想的启蒙停住了脚步，转而关注经学考据。

鸦片战争后，林则徐、魏源等人睁开眼睛看世界，风靡一时的洋务运动主张学习西方先进的军事技术来改变中国的落后状态。"以夷制夷"的方式很快就发现，强大的坚船利炮背后，还有先进的科学知识和机器工业。但洋务派仍然固守中国的道统，强调中体西用，虽然客观上

---

① 本部分内容较多参考了赵林：《近世中国文化启蒙历程之反思》，《社会科学战线》2013 第 5 期。

开启了中国文化启蒙的源头，但意识还非常朦胧。

真正的启蒙肇始于清末民初的变法维新。改良主义者企图超越中体西用，走向中西贯通，从而改良政治制度。尤其是 1895 年中日甲午海战的战败，催生了效仿西方宪政以实现政治改良的戊戌变法。此间，严复翻译的《天演论》也将物竞天择、适者生存的思想广为传播。这一阶段中，"中学"仍然不可或缺，孔孟之道仍然是嫁接和融合西方新思想的基础。

新文化运动是启蒙的最高潮，其主旨为全盘引进西方的经济、政治、文化体系，彻底地改造国民性，它把中国的思想启蒙从政治层面推到思想文化层面。其引发的文学革命把反对旧礼教、提倡新伦理推广到人民大众之中，白话文、通俗文学，全面影响着国民的文化感知。此间，以民主和科学为标志的西学主张占据优势，国学则被戴上了落后愚昧的帽子。可惜的是，这种对传统的反思并没有来得及从摈弃转换为扬弃，"九一八"事变使得救亡变得比启蒙更为急切，民族的危机感促使对民族文化的热度剧增，新儒家也试图吸收新思想以振兴中国传统文化。

这个过程中，我们一直很累地在追赶、在救亡、在图强，拖着这个疲惫的身躯，中国总算站稳了脚跟，并日益发展强大。迈进了 21 世纪，经济的日益发展使得文化的语境更为复杂，对于"多元文化"的中国语境有一个"不大中听"的表达：从文化上讲，国人依然囿于半封建、半现代、后半殖民、半民族主义、半开放、半专制、半反传统、半反西方、后中体西用等语境中。① 这一方面足以显示了当下中国文化语境中的"多元"，另一方面也呈现出了一个独特的中国问题：所有在西

① ［加］英格丽德·约翰斯顿：《重构语文世界》，郭洋生等译，教育科学出版社 2007 年版，第 238 页。

方没有出现或是以历时状态出现的文化状况，在中国却以共时的状态同时上场了，我们的日常行为意识中还有多少挥之不去的封建遗存，但我们却又不得不同时去面对信息社会、后现代思潮的种种冲击。

几千年延续下来的超稳定的文化结构一下被打破后，就被人拎着赶着往前走，一下走到了一个充满问题的时空，文化也变得有些不知所措了。

二、两个本土问题

从上述的追述中可见，中国的启蒙不是"原生式"的，而是"倒逼式"的，是一种被迫、不得不、甚至一刻也不能停下脚步的状态。这样的历史进程，留下了很多具有独特性的文化问题，对这些问题的认识，当然也影响着教育和课程。

（一）时序倒置与有限启蒙

如果以西方的启蒙运动为参照，近世中国的文化启蒙由于裹挟着政治军事层面的被动、被迫，就带有强烈的救亡图存、急功近利的色彩，因而，我们从洋务运动开始，选择的路线就是从器物文化到制度文化再到精神文化的层面，一步一步地才深入到文化的核心层次。这与西方是很不相同的。西方的启蒙历程从精神变革出发，由精神主导制度与器物的变革。这制造了一个非常不同的现代化的问题空间。

社会总体现代化的进程大致包含了两个层面，一是经济起飞，技术进步，体制完善，这是社会层面的现代化；二是文化转型，人民素质提高，生存方式和行为模式转变，这是人自身的现代化。[①] 器物先行的发展导致了精神文化的发展滞后于物质文化的变迁。随着社会总体的现

---

① 　衣俊卿：《文化哲学十五讲》，北京大学出版社 2009 年版，第 281 页。

代化进程的日益发展，这一矛盾变得日益突出。较为明显的表现，就是所谓的文化热和文化论争总是贯穿在现代化进程之中。

20世纪有两次关于文化的大讨论较为典型：一是上半叶的新文化运动所引导的文化革命，二是80年代中后期的文化热，在经历了十年浩劫之后，人们在进行经济和政治体制改革时，发现一个十分重要的问题，"受传统自然主义和经验主义文化模式支配的中国民众在基本素质和行为方式上还不能适应现代化的社会经济活动和政治活动的要求，经验式和人情化的行为方式和交往模式常常阻碍社会经济和政治的现代化"。① 这就说明，精神层面启蒙的滞后性阻碍了社会总体的现代化进程。

如果结合前文的概览就不难发现，这种精神启蒙，或者称之为人的自身的现代化的相对滞后，与我们的启蒙历程伴随着救亡图存的状态高度相关。思想启蒙的过程必须要经历一个对传统文化进行系统整理的过程，特别是要深入分析总结进而扬弃，继承其中的确能够生长符合现代精神的精髓，抛弃掉那些无法引导人们在现代生活中完美生活的价值，即使它们曾经看起来那么美好。这种整理需要勇气，需要智慧，更需要时间。但是我们的启蒙过程缺乏这种静思的时间，一方面似乎它有一种被倒逼的需要，不从外界打破农耕社会的精神价值平衡，期望它自己去超越，是很难的。可是一旦从外界打破平衡，"保住自身"就显得比"清算过去"更为重要。所以，在几个启蒙整理的重要"关口"，都因为历史的巧合，而错失了深度启蒙的机遇。

钱穆先生在谈到以"安足"为目的的中国农业文化面对以"富强"为目的的西方商业文化的挑战时，提出了两个问题：第一，如何赶快学到欧美西方文化的富强力量，好把自己国家和民族的地位支撑住；第

---

① 衣俊卿：《文化哲学十五讲》，北京大学出版社2009年版，第285页。

二，如何学到了欧美西方文化的富强力量，而不把自己传统文化以安足为终极理想的农业文化之精神斫丧或戕伐了。换言之，即是如何吸收融合西方文化而使中国传统文化更光大更充实。若第一问题不解决，中国的国家民族将根本不存在；若第二问题不解决，则中国国家民族虽得以存在，而中国传统文化则仍将失其存在。① 显然，在救亡图存的时期，我们只能考虑到问题一，它导致的一个最为直接的结果就是启蒙的不完全和不彻底，人们对本民族的传统文化如何继承始终处于朦胧状态，举棋不定，"理性精神"也没有能够深入人心，主宰人们的日常生活，如此等等。对此，邓晓芒先生如是概括：中国二十世纪两次启蒙都未对启蒙的真正含义领会和吃透，而是浅尝辄止，抓住了启蒙运动的一些表面的可操作性的口号，把它转变为中国传统士大夫的治国方略或策略。②

　　"钱穆问题"还有另一层启示，即我们到底以何种态度继承既有的传统文化？

（二）文化继承的历史维度

　　对待传统文化的态度如果泛泛而谈，无非去粗取精、去伪存真之类，找到一些传统文化中看上去非常正确的东西（比如"天人合一"等），然后加以现代的诠释，想通过大声疾呼，使它们在今天的时代中受到重视、复活、复兴。我一直也抱有这样的想法，而且可见的一些研究，似乎也颇具这种倾向。但是一直萦绕在心头的一个疑问是，为什么这些看上去很美好的理念，在今天即使你大声疾呼，似乎也已经无法让它以文化的姿态融化在人们日常行为模式之中，而多半还是以一种"知识的状态"存在？如果是这样，再系统地整理国故，也不能达到所谓启

---

① 钱穆：《中国文化史导论（修订本）》，商务印书馆 1994 年版，第 204—205 页。
② 邓晓芒：《中国当代的第三次启蒙》，《粤海风》2013 年第 4 期。

蒙的效果。当引入文化继承的历史维度时，对这个问题的认识似乎有所推进。

特定的文化精神是属于特定的文化时空的，它们彼此之间有一种不可忽视的内在联系。比如古希腊文明与希腊的理性思想，中世纪与希伯来文化，现代工业文明与技术理性、新教伦理，传统农业文明与儒家学说等，这种内在的联系就是文化的一种历史性。这些已存的精神文化，都可视作属于人类总体的价值和精神，它们都揭示了人类生存与发展中的一些本质。但是，只有"当它所揭示的类本质和类价值具体展现在特定时代的社会普遍精神和心态中，才能找到同社会现实进程的直接的契合点"，① 否则只能作为纯粹的类本质、类价值而存在。换言之，我们的传统中，有一部分是活生生的，是化入我们的日常生活行为模式中的，它是过去创造的，但却不是过去了的东西，它是活物；另一些没有化成现实的观念，也在文献中传了下来，就是遗迹。遗迹是不能复活的，它可以是我们所能够进行文化创造时借以开发和利用的资源，因为继承只能是面向未来而不是过去的，而真正能够继承下来的往往是一种精神性而非知识性的东西，是一种无形的思维方式和一种能够持续创造文化财富的能力。

由此可见，继承传统、改造传统、借鉴西方的思想等，这些事情看起来是相互分离的部分，甚至还会有些冲突，但在理想状态下，它们应当在同时做一件事情，就是思想的创作与更新。无论是古人的思想还是西方的文明，一旦拿过来以后，面对的是完全不同的世界和完全不同的问题，如果不能够将它们合起来做成一件事情，那么思想的拼盘就显得很零碎，也不会有什么好的创造，只能够在最细枝末节的地方加以解释、重复、修补。

---

① 衣俊卿：《文化哲学十五讲》，北京大学出版社 2009 年版，第 350 页。

　　前文所引邓晓芒先生的论点，是他在谈论他所认为的中国当代第三次启蒙时的话，受此观点的启发，结合当下我们破碎的文化语境（包括胡乱、破碎的文化继承方式，和在西方的语境中谈论中国问题的境况），再结合赵汀阳先生关于传统的相关论述，① 我试图提出一个思想创作的方向，也是一个思想建筑的框架，即：中国文化的世界责任。

三、思考中国文化的世界责任

　　如果说邓晓芒先生说对了，中国还需要第三次启蒙的话，那可能首先需要的是一种具有思想容量的框架，一种文化的全局架构。这恐怕是启蒙最为需要，也是当前我们最为缺乏的一种文化智慧。

　　前文已述，今天中国的文化语境是非常复杂的，各种思想观念一起在场的时候，往往反而更容易感到一种思想的真空。比如我们的话语系统非常地西方化，习惯用西方的概念来套中国的问题；我们还指望有古代思想的复兴，急着在传统里找寻以证明别人有的东西其实我们都有过。这些做法中有些是有价值的，有些起点就错了，但总体上它们没能成为能够主导中国未来发展的思想洪流。有一个很重要的原因是，我们太在意那些借过来的观念本身，而忽视了如何协调这些观念，使它们能够步调一致，类似一个有机体发挥功用。它们只是各个观念而已，没有一个共同的生命主线贯穿。这也是中国近代以来对西方的思想始终不能处理得很好的一个重要的原因，我们缺乏一个现时代的宏观文化架构，就好像没有一个足够强劲的胃，外来的思想也好，古时的思想也罢，总是消化不良。粗粗想来，对于这个文化框架本身，可能这样几点较为重要。

　　一是思考各种观念间的相互关系。中／西的话语模式让我们常常比

---

① 赵汀阳：《赵汀阳自选集》，广西师范大学出版社 2000 年版，第 33—72 页。

较在意去解释、去丰富、去发展某一个中国古已有之的观念，期望能够
为现代所用，比如"和谐"等，但是和谐世界如何处理与个人自由、权
利、权力、技术进步、经济发展、生态环境等思想之间的关系，遇到这
种问题的时候，回答往往就很朦胧。因为很困难，这需要文化的想象力
和创造力，它类似于一种对弈，没有什么观念本身是错的，严格地说来
它只有合适的位置，以及与其他观念恰当的关系。每一种从西方借鉴或
古代发展来的思想，对它做出本土的诠释是前提，更重要的是它在本
土的观念群中占有怎样的位置、与其他的价值关系如何。① 这种如何摆
放，如何协调文化结构内部的关系，是"文化改写"与"文化创作"的
基础。

　　二是思考文化的基础问题。一提到基础和本源，常常能够想到的
是一些原则和规范，似乎只有这些确凿无疑的东西才是文化的基础。如
果照这样的思路，那么所谓文化的结构性框架反而成了价值和思想的囚
笼，抑制了文化的创造，沦为反文化的存在。就好像一门学科，推动一
个学科发展的不是前人建立起来的种种规则，而恰恰是前人建立这些规
则去试图解决的那些问题。文化也是一样，不同的时代面对着不同的社
会情境，文化的规则不可能具有一种跨越时空的有效延用，它恰恰需要

---

① 这点认识是受到赵汀阳先生的启发，他认为，一个基本观念或假设的价值取决于其
　　他与之共存的基本观念或假设对它的"功能要求"，即它被其他观念要求它去做什
　　么。文化观念是一个整体，一个观念有多大价值取决于它在观念群中的作用，因
　　此我们不能单独地需要某种观念，无论这个观念多么重要，即使是像真理、正义、
　　爱、自由诸如此类最重要的观念，我们也不能单独地理解它们的价值。事实上，一
　　个观念只有在造成或遇到困难时才特别有价值，正如当粮食奇缺，粮食就特别有价
　　值，当生产的某个环节出了问题，这个环节就特别重要，同样，当文化中的某个部
　　分出了问题，这个部分的思想观念就显然会成为思想的中心。但我们不能因此就说
　　哪一种要素、哪一个环节、哪一个观念更为重要。如果说哪一个地方看起来显得更
　　重要，是因为那个地方出现了问题。见赵汀阳：《一个或所有问题》：江西教育出版
　　社 1998 年版，第 136—137 页。

我们把古老的规则背后所蕴藏的文化问题把握住，在新的时代寻求新的解答。比如文化的社会功能之一就是把人们从冲突导向合作，这是一个非常重要的问题，古人有古人的探索，他们的成果（比如一些原则）是今天的资源，但今人则需要有时代的解答（比如博弈论、经济学等）。错把原则当基础，那么后人所能够做的就是对原则的解释，类似我们从封建社会以来对儒学的修修补补一样，它不能开创出一个新的问题空间去容纳异己的思想。思考文化的基础，就是思考文化中的基本问题，从问题去创作比从原则去阐释所能获得的思想空间要大得多，好的创作才有可能。

三是思考时代的主题。当下需要一个怎样的主题（或者方向）来统领这一思想结构是较为重要的问题。我隐约觉得，"中国文化的世界责任"是一个必要的选项，当然它未经论证。真正的世界强国，必定不是那种自身强大而肆意践踏世界的国家，相反，特别是那些肩负起与自身国力相当的世界责任的国家才更具影响力。比如中国在经济上的日益强大，使得其贸易伙伴国的经济发展越来越依赖中国的经济环境，当欧美经济尚未复苏之时，中国经济的发展就成了世界经济的脉搏，因此，中国的经济问题就不再仅仅是中国的问题，必须时时考量他国的利益。在文化的范畴内，虽然不能用经济的思维来主导发展，但中国的文化如果对今天的世界文化图景不能有所贡献，那么，无论它曾经怎样的辉煌，今日也无法肩负起大国应有的文化责任，其对世界文化的发展路径的影响与参与度也很难充分。

这一点已经有许多深入的研究。比如杨启亮先生在评述古典儒学的人本主义教育观时，与西方人本主义教育观进行了比较，认为当代西方人本主义教育以自我价值实现和潜能发挥为核心，以自我——社会为过程模式，而古典儒学的人本不是个人或者自我的人本，其教育目标以超功利的道德为核心，以社会——自我为过程模式。二者不仅有些殊途同归的意味，而且诸多互补。比如古典儒学的人本主义所营造的"健康社会状况"就是马斯洛的个人价值实现的重要前提。① 这间接地指出了西方以个人为计算单位所架构的社会科学的一种共性问题。赵汀阳从哲学的层面也做了相类似的反思，他认为，将来中国的精神价值观乃至普世价值大概会是一张中西混合的配方。普世价值有两个来源，一是西方以个人为计算单位的价值，二是中国以关系为计算单位的价值，因此，西方最出色的普世价值是"自由"，中国最出色的普世价值是"和谐"，它们都是必不可少的。②

当前中国的发展，也为肩负这种文化责任提供了机遇。苏长和先生认为，不同时期一些国家能够成为世界人文社会科学知识生产的中心，都与他们对世界事务的全面参与密不可分，"更大的格局和视野造就了这些国家知识的不断更新和突破"，③ 因此，新的知识本体更有可能在中国与世界的互动中挺立起来。与此同时，世界正处于大变革大发展时期，中国与世界面临着许多共同的世界性课题，这些都为中国文化的改造提供了条件。

行文至此，我以为当中国开始思考对世界文化贡献的问题时，就是在完整地思考"钱穆问题"了，因为如今的世界政治经济和文化格局，已经不再允许可以只顾自己不顾他者的思路，不同时考虑总体和个体，都是短视的。而当中国能够拿出文化的贡献时，我们也就算走出了一个多世纪的中西文化格局论调的梦魇，真正把文化作为一种艺术创作来看待了。

---

① 杨启亮：《评古典儒学的人本主义教育观——兼与西方人本主义教育观比较》，《中国社会科学》1990 第 4 期。

② 赵汀阳：《全球价值体系，中国贡献什么》，《环球时报》2009 年 3 月 5 日。

③ 苏长和：《中国拿什么贡献给世界》，《文汇报》2010 年 5 月 5 日。

第三节　课程视野：对"传承"与"创生"的再认识

　　前述的文字一直在试图表达，今日中国的教育和课程面对着怎样的文化状况，这可以看作是"课程内容的文化选择"的外部环境分析，置身于这样的社会文化环境和背景下，课程内容的文化选择，还取决于对课程领域内一些问题的认识。

　　探讨课程内容的文化选择，其背后必然预设着一些关于课程与文化关系的价值判断，这些判断左右着看待"文化选择"问题的视角。而这些判断有一个出发点，即所谓的理论基石，也就是教育的功能。教育的功能是多层次的，包括个体的发展、社会的进步等，这其中包括对于文化的传递功能。教育"本质上是传递、传播社会文化的手段"，[①] 而传递、选择、发现、创造是文化发展过程的基本环节。其中，选择是文化的主体根据时代的要求和自己的需要在传递已有文化或吸收异质文化时强调或者增加一些东西，贬斥或者舍弃一些东西。"传递与选择是分不开的，传递过程中必然会有选择。"[②] 站在这样的立足点上审视课程，课程就是一种着眼于未来的文化设计，我们选择了怎样的课程，就含有一种塑造未来社会公民的期望。期望他们在吸收前人已有经验的基础上，能够做得有所不同，做得更好。而这，大概也是课程诞生时人们的初始愿望。故此，课程传承文化，始终是一个绕不开的问题。

---

① 胡德海：《论教育的功能问题》，《西北师大学报（社会科学版）》1999 年第 2 期。
② 顾明远：《中国教育的文化基础》，山西教育出版社 2004 年版，第 23 页。

一、对"传承"的再认识

现今，人们似乎更热衷于讨论"创新"而不屑于言说"传承"。似乎近世启蒙中的急躁心理一直就未退场，以至于今天一说传承，就好像显示自己没有创造、没有价值。这种取向在科学领域似乎还可以成立，但在人文知识领域，尤其是在教育问题、文化问题上，恐怕还需要细致的分析。

课程研究领域中，已经越来越多地提到要超越具有工具色彩的"课程传承文化"的命题。比如，丁钢认为，[①] 课程本质体现为一种价值赋予，体现为一种文化主体的自觉；郑信军提出，[②] 课程的本质在于建构文化而不是对文化的精选，因为后者只能被动地反映文化、复制文化和传递文化。郝德永认为，[③] 当代课程改革必须赋予课程一种自在、自主性的文化角色，使课程由文化的工具存在转变为文化的主体存在，这样才能真正实现学校课程乃至整个教育范式的转换。这些研究不可谓不深刻，也的确说中了问题中很重要的一些部分。但由于我长期身在一线教学教研工作中，在作为基础教育阶段的小学语文教育中，我常常感到困惑的是，基础阶段的课程怎么就不能是文化的传承了？反复琢磨之下，我以为问题在于对"传承、复制、工具"等概念的理解上，而关键在于对课程"传承了什么"的认识似乎还比较模糊。

上述的一些研究中所谈及的"课程传承文化"大概是这样一种逻辑：由于知识的总量太大，因此，不可能在教育过程中将人类文化的总体全部教给学生，必须要经过一定的筛选，使得一部分的文化进入课程领域，成为课程知识。教育的过程，就是把这些知识教授给学生的过

---

① 丁钢：《价值取向：课程文化的观点》，《北京大学教育评论》2003 年第 1 期。
② 郑信军：《课程的文化建构和文化关注》，《教育评论》2002 年第 6 期。
③ 郝德永：《文化性的缺失——论课程的文化锁定机制》，《教育学报》2003 年第 10 期。

程。课程如同一节节火车皮，把从自然中开采的煤炭，改装成特定的样式，一批批输送到学习者的头脑中。此种论者认为，课程传承文化，就意味着课程在复制已有的文化逻辑、文化资本，从而使得课程沦为工具，文化也呈现一种茧式发展的路径。单从知识论的角度来说，批评这样的传承观是需要的，因为知识的进步必然要依赖创新而不是复制。但是，传承文化是否仅仅是传承了文化中所包含的文化知识？似乎不是。这有点类似"传统文化"和"文化传统"的关系，庞朴有一段这样的表述：

> 文化传统与传统文化不同，它不具有形的实体，不可抚摸，仿佛无所在，却无所不在，既在一切传统文化之中，也在一些现实文化之中，而且还在你我的灵魂之中。如愿套用一下古老的说法，可以说，文化传统是形而上的道，传统文化是形而下的器，道在器中，器不离道。文化传统是不死的民族魂。它产生于民族的历代生活，成长于民族的重复实践，形成为民族的集体意识和集体无意识。简单说来，文化传统就是民族精神。①

这里的传统文化有些就是一种知识，有的尚存，有的已经进了故纸堆，但就凭这些知识形态的文化是不会形成可传下来的"统"的，可传之统必定有某种更为深在的东西导引，这大概就是庞朴所谓的"民族精神"的部分。所以我认为，超越"课程传承文化"的命题，不是超越"传承"，而是超越"传承的知识论层面"。在民族文化的接续上，传承仍然是课程主要的文化功能。这主要表现在以下几点。

课程传承着具有模糊边界的思想空间。这些思想空间就是文化基

---

① 庞朴：《文化传统与传统文化》，《科学中国人》2003 年第 4 期。

础的问题空间。民族的文化虽然可以不断创新，但它有着相对稳定的思想空间，这个空间既与轴心时期的文化源头有关，也与传统形成的历史进程有关。例如今日西方政治仍然能够折射出古希腊城邦政治的一些影子，而我国的社会结构仍然可以见到宗法人伦社会的形式特征。在教育的过程中，我们所选取的课程内容，以及对这些内容进行的教学解释，尽管学科会有不同形式、会有差异，但总体上会落在一个相对稳定的思想空间里，比如对比国内的教育学专著和西方学者的译著，很容易发现国内的学者更多地擅长思辨，注重逻辑体系的完整，而西方学者可能更注重实证、数据，思维较为发散，尽管也有体系，但与我们所谓之"体系"较为不同。但是，这种思想空间的边界是模糊的，是可以沟通的，相互理解也是可能的，区别只是在原生问题倾向上，比如注重个人权利的文化传统容易生发出知识／权力的问题，注重道德逻辑的文化传统则容易生出知识／伦理的问题。但他们都可以相互理解。这也可以解释文化需要交流的必要。通过课程的学习，这些问题空间会在学生的头脑中留下印迹。

课程传承文化的价值序列。由于问题空间的不同，所以认为"什么问题更重要"在每个文化体中的理解也不同。今日所谓的多元文化，其实并不是在构成文化的组成要素上有多么大的区别。总体上看来，各种文化所具有的观念，几乎没有什么是绝对的有与无的差异，大多是"谁更重要"的区别，也就是一种价值上的排序。例如，我们最常提到的个人取向和集体取向，并不能说中国人只有集体取向而不注重个人，或是西方人只强调个人而无视集体，只是两相比较之下，在不同的文化语境中，通常会认为其中的一项更具优先性。所以，作为文化的核心部分，价值观往往表现为一种价值序列的谱系，而体现某一价值谱系的课程，对受教育者的价值构成有重要影响。

课程还传承着具有文化特性的思维模式和倾向。这个维度表达的就是"用什么方式解决问题"。一种文化反映着人们认识世界的方式，文化中的课程也就是在教导着学生用怎样的视角去认识世界，不同的认识方式也就塑造了不同的认识空间。比如注重整体感悟的东方文化就特别强调自省、体会、领悟，而不怎么强调理性分析、思辨、论证。一个民族的语言文字对思维也有重要的作用，汉语的意合、单音节词居多等，与我们注重直觉、感悟等有直接的关系。①

　　为了说明需要突破知识论的层面理解文化的传承，这里试举一例：笔者在讨论汉字书写中的"书写意识"问题时的一些看法。② 如果不考虑文化的传承，汉字的书写在今天几乎已没有必要，因为键盘就可以更好地完成"成字"的任务，但是键盘传承不了文化，书写本身才可以传承，所以电脑成字对文化的传承破坏极大，那么究竟破坏了什么？

　　　　键盘输入颠覆了汉字的成字形式，消解了书写意识。数千年来，汉字的书写常常会随书写工具与材料的变化而在表现形式上产生相应的改变。比如质地坚硬的甲骨，其文古拙、峭拔；金石则可以孕育出大气和古雅；竹简与木牍使得汉字的书写由纵势演变为横势，纸张则提供了更广阔的艺术空间。但是这其中一以贯之的是，书写本身并未改变。而键盘的到来打破了通过书写笔画成字的渠道，变写为敲，彻底改变了成字的实践形式。书写遇到键盘不再是强弱问题，而是有无的问题。这带来的后果就是，键字分离与动作机械。键字分离导致我们的双手并不直接参与成字过程，而是通过键盘与若干电子元件来完成，并且，双手与键盘发生的运动关系也相对机械，没有横竖撇点，也没有颜柳欧赵，只剩下

---

① 陆志平：《母语特点与母语教育》，译林出版社 2010 年版，第 7—28 页。
② 李亮、周彦：《书法教育的时代挑战与现实应对》，《课程·教材·教法》2012 年第 11 期。

敲击、敲击、敲击。它固然让"速度"成几何级数增长，但却丧失了汉字书写的过程。尽管这在成人社会似乎更加普遍，但其对儿童学习环境的影响是无法阻挡的。丢失了书写，写字与书法的过程就失去了作为一种文化生活的合法性。书写的文化意蕴在机械敲击中消失殆尽。

电脑成字改变了字形的线性输入，淡化了汉字的表意结构。脱离了一笔一画的书写过程，汉字的表意结构就直接受到了冲击。汉字的表意结构不仅需要在书写的时间中慢慢体味，而且书写的过程性与空间感才是表意结构展现自身的最佳途径。比如一撇一捺为"人"，书写的先后才可以感觉到双脚的支撑与立于天地的豪迈；"旦"下一横，书写时才能感到地平线对初升红日的寄托与希望；飘"逸"的末笔"捺"，缓缓书写中似溢出约束的框架，一份闲适与淡定油然而生。而电脑的成字没有笔画的过程性，它是整字的瞬间呈现，表意的结构尽管可以通过后续讲解完成，但过程体味已经遥不可及。此外，这种淡化还表现在敲字的过程中，各种输入法都是以字母、变形的笔画或无意义结构的部件为中介的，汉字的表意结构被拆解。损耗了意义，也就弱化了汉字表意的合法性。

电脑成字抹杀了个性与创造性，迎合了现代社会的精神控制。我们逐渐习惯了单调的、规范的"美观"，可见的汉字往往就是电脑中的若干字体，高度统一。因此键盘时代也终结了汉字书写过程中的个性与创造。它与个人书写最大的不同是：将个体的想象、意志、精神等彻底拒绝在成字的过程与结果之外，个人"书写"只有动作笔画而无精神参与。大多数时候，即便在课堂上，个性化的、创造性的书写也日渐稀少（多媒体越来越多）。这在表面上契合了现代的高效率、大容量的日常需要，甚至也体现出那么一丝规范美，但其实它在现代社会中的畅通无阻还有更为深层的原因，就是"精神控制"。现代性追求人类精神上的高度相似性，它必须减少心灵的复杂与多样，才能让人变得单调、容易支配，从而更依附权威，更利于控制与管理。对精神文化领域的统治就是为了最后能统治心灵，"人皆此心"就是重要的政治基础。统一的汉字呈现，当然不是决定性因素，但不可避免地加入了"再造人心"的工程。结果就沦为一种没有个性参与的"心灵管理术"。如此，汉字书写又丧失了精神自由的合法性。

书写过程中的意识、空间感、节奏、韵致以及个性的自由舒张等，这些才是汉字书写所传承的文化价值。所以，教育部才出台《中小学书法教育指导纲要》，要求"让每一个学生写好汉字"。类似这样的列举还有很多，不一一赘述。课程在这些维度上，是必须要承担起传承的责任的。

人类的文化之所以丰富多样，就是因为有这些非常不同的文化传统，类似于生物多样性一样，文化的多样性就是人们在与自然的矛盾运动中选择的不同进化路径，① 因而是人类发展的必要条件，这是课程传承命题的文化本体阐释。

二、对"创生"的再认识

前文提到，有论者提出课程要作为文化，要创生文化，这虽然不错，但似乎并未表述清楚，学生在课堂中接受来自某种特定文化立场的课程，与现实文化的创生如何联系起来？其实，课程文化的确是可以创

---

① 刁培萼、吴也显：《人类教育文化的生成与发展前景》，《教育文化论坛》2011 年第 5 期。

生文化，但这里所创生的文化，我认为，可能并非是人类总体文化概念上的"文化"，课程可以创生的是一种教育文化，这种教育文化通过影响受教育中的人，来间接地推进和创生人类总体的文化。

无论是把课程理解为狭义的教学内容，还是作为囊括教学的大课程来理解，课程所承载和构成的文化，即课程文化，都是教育文化的重要组成。它与教学文化、教师文化、教育管理文化等一同构成教育的文化状态，是教育文化的次生形态。①

第一，课程文化创新教育文化，从而整体地影响教育场域中的个人。就基础教育来看，课程是无法直接创生出原初文化的，它只能不断地培育出更适宜的教育文化，从而整体地影响人的文化心理世界。比如新课程中所提倡的改变课程内容的繁、难、偏、旧，改变接受学习为主，提倡发现学习等，② 这就是借助课程文化的改变，整体地推进教育文化的更新，从而让受教育者有更多的空间去创造。

第二，这种创生是以人为凭借的。人的发展是复杂的过程，课程与教学的影响重要但也是有限的，不可能单靠课程文化的改变，就改变人改变世界。课程文化的改变，作用到受教育者身上，往往表现为批判性思维的发展、独立思考能力的形成、跨文化学习能力的提升及良好思维品质的积淀，这是课程文化所能给予的。而这些好的思维品质只是奠定了一种文化创造的可能，它赋予受教育者一种有效的、开放的文化认知结构，使得受教育者在更为丰富的日常生活与学习中，可以运用这样的思维品质去获取更大的发展，谋求文化的创新。

第三，课程对文化的创生情况是在逐步变化的。基础教育阶段和高等教育阶段的情况可能就是极为不同的。基础教育阶段的课程通过创

---

① 宋志臣：《教育文化论》，《教育研究》2012 年第 10 期。

② 详见《基础教育课程改革纲要》（试行），教育部 2001 年 6 月 8 日印发。

生出新的课程文化从而更新教育文化，促进学生的文化创新潜力的发展。而高等教育阶段，课程有时与学科的界限就比较模糊，如我们学习教学论课程，其实就是在研究教学论的学科问题，很多在课程学习中的问题研究，如果能有所创新和推进，也许就能够促进学科的发展，从而也就进行了某种程度的文化创生。在整个过程中，这种创生是在不断变化的。

对这一章做个简单的小结：教育从社会文化的层面来看，传承文化是教育的功能，促进人的发展也是通过文化传承来实现的，所以从教育本身来看，选择怎样的内容，组织怎样的课程，形成怎样的课程文化与教育文化，是教育和课程自身的一个问题。这个问题在今天看上去愈发重要，有着特定的时空背景。文明之间的冲突进入了人们的视野，但文明的相遇应当不是只有冲突一个解法，还可以合作共生。而中国在今天看起来，又不能对世界的文化共生无所作为，它需要贡献自己的文化智慧，这些"宏大问题"不可能直接兑现在课程与教学中，但却是课程内容的文化选择绕不开的问题背景。

第二章　选择的发生机制

应当说，就我所能直接感知到的经验事实来看，探讨课程内容的文化选择问题是很困难的，因为整个选择的过程既不是瞬时的，也不是单一主体的，而且常常不能通过某种直观获得，还需要依赖推断和猜想。但似乎我们仍然可以在可及的区间里去分析一些问题。

当我们开始关注选择这个发生机制和过程的时候，我们可以通过不同的角度、标准去获得不同的划分和理解。面面俱到的讨论非我能力所及，所以这部分我想先探讨几组文化选择中的关系，然后分别讨论两个问题层：一是经过课程审议等程序对人类文化总体进行取舍最终成为课程形态的文化状况；二是发生在选择链条末端的作为课程内容的教学选择效果。前者是课程内容的文化选择的最为直接的问题空间，即我们从人类文化的总体中选择了哪些内容进入课程去培养下一代。后者是出于对文化的行为支配功能的考虑，即教学的行为、形式等因素不仅体现了也最终实现着一种文化选择，尤其是对教育文化的选择。而在较为宽泛的层面，比如显性课程与隐性课程，教学过程所产生的具有育人效果的部分，也可以纳入课程内容的范畴。这一点与通行的泰勒原理中所指称的"课程内容"的范畴略有不同，它部分地囊括了课程实施的部分（课程实施过程中并不必然产生文化选择，也不是都可以作为课程内容），故此说明。

第一节　透视选择的多重关系

当我们提起哥伦布这个名字时，无论在中国还是在美国，[①] 恐怕都会和一些历史事件联系起来，比如"发现新大陆"，至少学习历史课程时教材中就有如此的表达。但很多学者对"发现"并不持肯定态度，认为说哥伦布发现新大陆实际上是掌握话语权的西方殖民主义者歪曲历史的一种手法，好像美洲的原住民原本不在那儿似的。而且，教科书在叙述这段历史时，重点都放在环游世界、发现大陆等对西方而言的积极价值上，他的抢劫、屠杀等强盗之举和对原住民犯下的罪行却淡化又淡化，从而使哥伦布成了一个英雄。[②] 这种内容的取舍和叙事的方式，就是一种典型的对课程内容进行的文化选择。质疑者认为这是对殖民的一种粉饰和歪曲，其实再往下追问，它可能还在历史的维度上关涉到今日政权的合法性基础问题（屠杀原住民并在抢夺其土地和资源基础上建立起来的国家至少并不光彩），由此可见，对课程内容进行文化选择，其实有一个利益的出发点，这个出发点使得文化本身在选择的过程中也与利益发生着千丝万缕的联系。

一、文化与利益

文化是个听起来较为圣洁的词语，在日常的表述中，它似乎与物质利益有着鲜明的界限。但是如果把文化放进不同社会阶层的生活情境中，把利益宽泛地理解为一种对特定人群的需要的满足或满足的可能

①　［美］詹姆斯·洛温：《老师的谎言》，马万利译，中央编译出版社 2009 年版，第 22—65 页。
②　王辉云：《纪念哥伦布引发的争议》，《读书》2011 年第 3 期。

时，这两者内在的关系就不那么"清白"了。

从整体上来说，文化总是特定人群的文化，是特定的人群在与自然、社会的互动中所历史地形成的一种生存方式，按照本尼迪克特的说法，"一种文化就如一个人，是思想和行为的一个或多或少贯一的模式"，[①] 那么多样的文化就像一些不同生活方式的个人遇到了一起，当必须在一起共同生活时，总是希望能够在公共的文化结构中，更多地拥有"属我"的文化因素，这种属我的因素越多，"我"就能相较于他者获得更多的生存优势。这种优势从经济学的视角看来，就是资本的属性，它是一种价值工具，与个人的前途、命运、社会地位相联系。

由此可以理解，社会生活中的优势阶层会利用包括教育、课程在内的社会机制传播其认同的文化价值，因为文化具有资本的增值效用。法国社会学家布迪厄区分了资本的形态，包括经济资本、社会资本和文化资本，它们之间可以相互转换，个体所占有的文化资本的多少直接影响到它们的社会力量、利润等生存优势的获取。文化资本是一种较为隐性的资本形式，它"成功地把固有财产的显赫，与获取的功绩连接在一起了。因为文化资本的传递和获取的社会条件，比经济资本具有更多的伪装，因此文化资本预先就作为象征资本而起作用，即人们并不承认文化资本是一种资本，而只承认它是一种合法的能力，只认为它是一种能得到社会承认（也许是误认）的权威。"[②] 而当这种隐蔽含蓄的方式转变为强硬专断时，文化资本就成了文化霸权。

20 世纪 70 年代起，知识社会学者对课程中所谓的客观知识也进行了文化批判，M. 扬认为，知识都是社会建构的，是为特定社会目的

---

① [美] 露丝·本尼迪克特：《文化模式》，王炜等译，生活·读书·新知三联书店 1992 年版，第 48 页。

② [美] 布迪厄：《文化资本与社会炼金术》，包亚明译，上海人民出版社 1997 年版，第 196 页。

服务的，所有的真理、法则，包括自然科学，都只是制度化的传统而已。① 在制度化的教育体系中，占据核心位置的课程知识是必须接受的，正是在这样的意义上，课程知识不但具有了资本性质，还体现出支配阶层的文化灌输机制，个体只有接受法定知识组成的课程，接受这个霸权性的文化资本，才能够拥有合法的社会资格，得到社会的认可。

由此可见，无论是把课程看作文化资本还是文化霸权，都折射出文化与利益的潜在互动关系，是从利益的角度对课程文化角色的解释。仔细分析这种文化与利益的互动，可以见出这样几点。

第一，利益的空间是有限的，所以属于不同群体的文化之间有一种潜在的竞争关系。我们日常叙述中所提及的主流文化、中心文化乃至意识形态等，所表征的是一种居于社会生活主导层面的优势文化、强势文化，这种文化可以为所属群体获得更大的利益空间，但是无论一个国家多么开放和自由，它的意识形态的思想容量总是有限的，不是每种文化都能够在其中占有一席之地，因此，由于文化自身的生存需求，它必然寻求与政治、权力的合谋来壮大自身，因此，"文化紧张"似乎是必然的。

第二，由于社会主流意识形态又必须是一种综合的、整体的文化状态，所以进入其间的文化因素又必须能够合作，因此，即使有利益紧张的部分，也必须在合作的框架内存在。比如李泽厚先生在讨论《论语》时，认为"原典儒学"包含有宗教性道德和社会性道德的部分，后者经过意识形态的筛选，既去除了其中较为消极的部分（比如"道不行，乘桴浮于海"），但同时，由"孔子而荀子而与道家、法家和阴阳家合流互补，成为一整套儒法互用的伦理—政治的规范、法则，支配了中国历史两千年。"② 儒法虽有对立，但在主流意识形态内也必须调整到能

---

① 石伟平：《M. 杨的社会课程论概述》，《外国教育资料》1999 年第 3 期。
② 李泽厚：《论语今读》，生活·读书·新知三联书店 2011 年版，第 7 页。

够合作的地步。

第三，当社会利用文化的利益功能维护自身发展的时候，文化对社会也有一种反作用力。从"被选"的文化中去看，这种反作用力表现为一种迎合，一种自身认同和强化，其外在表现就是特定社会阶层借助文化资本自我复制导致了阶层结构的固化。从"落选"的文化中去看，这种反作用力表现为一种从最低限度的"不合作"到暴力反抗这个区间内的某种程度的状态，比如王蒙在一次访谈中称，他在"文革"期间就自我放逐到边远的新疆，置身事外，抱着最低限度的不合作态度，对抗非常时期的文化冲击。

由此看来，一个社会的发展无可避免地需要让一些文化站在既得利益者的角度上，这些被选的文化中的核心部分，就是我们通常称之为意识形态的东西。意识形态（Ideology）的原意是"观念的科学"，后被加入了社会统治的消极涵义，吴永军先生在考察了曼海姆、舒勒尔的研究后认为，意识形态是在一定的经济基础上形成的、受社会文化影响的有关世界和社会的观念体系，包括政治、法律、艺术、哲学、道德、教育、宗教等方面的思想观点，是指导人们实践、行动的思想准绳或纲领。[①] 在课程的文化选择过程中，"意识形态"恐怕是选择的最重要的标准之一了，但这并不是一件简单的事，它需要一个能够有效选择的制度来保障。

二、选择与调和

判断这一选择制度是否有效可以从两个层面考虑：一是是否能够有效地选择出符合优势阶层（比如社会统治阶层）文化价值取向的内容进入课程；二是能否有效地调控在优势阶层内出现的各种分歧，使其在妥

---

① 吴永军：《课程社会学》，南京师范大学出版社 2001 年版，第 146—148 页。

协、调和、博弈的过程中达成一种均势。

从第一个方面来看，社会对于课程内容的文化选择主要有几个重要的策略（从效果的角度看也可以说是"功能"）。

一是价值传导。从上位的社会主流文化层面传导至课程编制和实施的具体社会行为层面，价值传导能够保证后者与前者的价值同构。这种传导效能借助不同的机制发生（比如各种媒体的宣传），在课程制定的过程中，这种传导的机制在各级各类的政策文件中有明确的表现。

在各级各类的文件中都会对诸如爱国主义等基本思想有明确要求。如，《中华人民共和国义务教育法》规定："国家在受教育者中进行爱国主义、集体主义、社会主义的教育，进行理想、道德、纪律、法制、国防和民族团结的教育。"本次课程改革的纲领性文件《基础教育课程改革纲要（试行）》在课程改革的目标中就提出，"新课程的培养目标应体现时代要求。要使学生具有爱国主义、集体主义精神，热爱社会主义，继承和发扬中华民族的优秀传统和革命传统；具有社会主义民主法制意识，遵守国家法律和社会公德；逐步形成正确的世界观、人生观、价值观；具有社会责任感，努力为人民服务……"指导语文课程改革的《义务教育语文课程标准（2011 年版）》也提出："在语文学习过程中，培养爱国主义、集体主义、社会主义思想道德和健康的审美情趣，发展个性，培养创新精神和合作精神，逐步形成积极的人生态度和正确的世界观、价值观。"这是传导的一种"文件路径"。虽然文件的规定"并不意味着教育改革过程会变得一片通途"，作为一种妥协的结果，文件也会遇到"文化阻滞"，[1] 但它确实是一种借助自上而下的管道，使得"价值取向""推进路向""政策导向"等包括文化选择在内的一系列选择具有

---

① 吴康宁：《中国教育改革为什么会这么难》，《华东师范大学学报（教育科学版）》2010 年第 4 期。

相同的指向。

二是知识准入。从广义的文化层进入到"法定文化"圈都需要优势阶层政治权力的运作。各种课程标准、教学大纲、教科书和评价体系都设定了一种合法化的门槛，只有符合主流价值取向的文化才能够进入课程。这一总体取向在世界各国是基本一致的，有所不同的仅仅是控制的程度和方式有所不同。以教科书的编审和发行为例，有的国家就是国定，编定、发行全国统一，有的国家是政府审定，有的国家则是有限地选用政府指定。①

前文所说的文化与利益的关系其实是间接的。文化能够带来利益，最直接的原因就是"权力"的参与，也就是这里让文化合法化的"权力"，这才是利益产生的内在原因。同时，它也产生了一个"自身强化"的渠道。当已经被合法化的一些文化知识成为主流叙事的时候，它不但有一种借助权力对抗异己的冲动，还必然通过"权力化"的表达，让自己看起来更为可信。因此，它所形成的准入机制是相对稳定的，如果一个社会政治稳定，优势文化的地位很难改变。

三是价值赋予。② 即将课程内容视为"观念载体"，因为作为一种主动选择的结果是，向课程内容"注入"特定的价值信息，从而使课程内容具有相应的观念倾向。这在语文、历史等文科课程内容中尤为明显，其主要渠道包括"数量差异"和"形象塑造"（吴康宁）。

由于我自己也参与到一个版本的小学语文教材的编写过程中，同时也对语文课堂教学有长期的接触，因此对于"价值赋予"这一点有些体会，即"所赋"未必就是"所得"。当教科书编者出于一种向主流价值靠拢的需要，而将一些价值渗透在教材内容的选择中时，这种价值往

---

① 吴永军：《课程社会学》，南京师范大学出版社 2001 年版，第 162 页。
② 吴康宁：《教育社会学》，人民教育出版社 2010 年版，第 315 页。

往不能如上述文件一样，通达到教育实践之中。特别是一些具有政治倾向的原因，不便于在教参等资料中言明的考虑，一线的教师往往"不能理解"或是在教学中"基本忽略"。从而使这种赋予只在面对上级审查时起作用，而不能够实际地影响教学实践。所以价值赋予似乎还有一个实际效果的问题，赋予课程的价值能否被实践中的主体感知到，又能否被认同，其效果可能不容易达到赋予者的期望。

从第二个方面来看，优势阶层内部的文化诉求也并非高度一致的，课程社会学的研究表明，参与课程知识决定的团体来自不同的方面。比如精英、政治团体和专业团体；教育部官员和地方政府；教师和教师组织；出版商、家长和学生。[1] 不同的团体使得选择过程中的冲突来自不同的方面，比如"统治阶级内部""统治阶级与社会各阶层之间""统治阶级、社会各阶层文化与青年文化之间"。[2] 为了能有效地调和矛盾，就必须有相应的机制来满足各方的诉求。这其中的关键，在于形成一种"文化互制"与"共同利益"。

以义务教育语文课程为例。在国家层面，教育部委托相关的专业人士，包括学科专家、教育专家、课程专家、教师（教学专家）等多方成员，组成多种"文化团体"。从各种学术成果责任人的介绍中就可以知道，这些团体包括标准的"研制组""修订组""专家支持组""专家咨询组"以及负责审查审定的组织等。这些不同的文化团体，在研制课标的过程与环节中，代表自己所在文化群表达利益诉求，从而形成一种文化团体之间的相互制约，我暂且称之为"文化互制"。这种相互的制约使得多种文化冲撞博弈时，更容易形成文化均势而不是强势独裁，比如审查专家虽然不能在制定过程中表达诉求，但在审查阶段就能够提出

---

① 　吴永军：《课程社会学》，南京师范大学出版社 2001 年版，第 165 页。

② 　吴永军：《课程社会学》，南京师范大学出版社 2001 年版，第 164—168 页。

意见，其诉求若不满足就不予通过。与之相类，不同群体的文化诉求都会以某种形式进入标准的制定。

而一旦进入"课程标准"的文化空间，在正式颁行之后，相关的团体就获得了一种话语权（文化／权力），作为参与过程的成员，基本上都必须或被迫成为一个"文化共同体"，去站在"标准"的立场上发表观点。当外界提出批评和质疑时，辩护也是共同的选择，因为一旦"标准"的利益受损，将不再是哪一位或哪几位专家的观点受到批评，而是连带着整个群体，而且由于参与了生产"标准"的过程，因此即使有不同意见，也不能"向内开炮"而只能一致对外。这就是一种"共同利益"（文化／利益）。这只是"共同利益"体现的一种形式，当一种文化的选择让更多的人群感到"获益"时，其获得的支持面也就更广泛。

由此可见，课程内容的文化选择，不是课程制定者伸手往文化总体中取一些材料放进来这么简单，它似乎还包括了权力对文化的选择、利益对文化的选择和文化的自身选择，因此使得这个过程复杂多变。

三、迎合与抗拒

在制度层面做出的选择落实到实践层面时，个体也有自己的选择：迎合与抗拒。① 这虽然是个体的行为选择，但背后也是由文化的认同感所主导的。而课程内容的选择，也可以关涉到作为一种隐性课程的教学行为，这种行为不仅可以解释为"课程实施"，它其实也可以看作是课程内容文化解读的行为过程。

教师是否认同课程的文化价值，被认为是影响课程及其变革成功

---

① 当然也存在"中立"的状况，但从实际发生的效果上来看，一种忽视的中立状态也是一种抗拒的表现。

与否的关键。如"我国的课堂教学模式几十年一贯制,从'满堂灌'到'满堂问'……如何帮助教师转换角色是我们面临的严峻课题"。①"根本性改变"直接动摇教师原有的信念与价值观,并且使教师蒙受巨大的情感危机,故"很容易遭到教师的抵制"。②"由于许多教师根本不了解和领会本次课程改革的精神实质,因而总是本能地持观望态度或怀疑态度"。③ 可见,如果教师采取抗拒的态度,课程(包括内容)的文化选择是无法兑现的。

教师对某种价值的认同往往表现为自发的宣讲与传播,但是也一定会遇到与自己的价值认同相异或相冲突的课程内容。这种情况下,教师的选择情况较为复杂,他既可能把真实的自己隐藏,从而做一个"社会代表者",让自己成为社会价值的"传声筒、思想附庸和文化保安",④ 把"被选"的价值传递给学生;也能做一个旁观者,不辩护也不反对,把问题淡化,让学生自己去选;又或者提出明确的质疑,引导学生去独立的思考,有所反思。这种情形下,教师是很容易处于一种价值冲突之中的。自上而下的文化选择,与为着学生发展着想的教育取向往往并不调和,教师要在既定体制和价值的范围内,始终秉持育人的品格,是需要勇气和智慧的。

从以上的分析可以看出,透视课程内容的文化选择既可以从制度/个人的视角去分析对文化的选择、接受与抗拒,也可以从知识/行为的视角,去透视教师层面选择的复杂状况,下面再讨论一种视角,即选择

---

① 钟启泉:《中国课程改革:挑战与反思》,《比较教育研究》2005 年第 12 期。

② 尹弘飚、李子建:《论课程改革中的教师改变》,《教育研究》2007 年第 3 期。

③ 容中逵:《抵制、规避还是适应、胜任?——论新基础教育课程改革实施中的教师问题》,《教育理论与实践》2006 年第 15 期。

④ 吴康宁:《教师是"社会代表者"吗——作为教师的"我"的困惑》,《教育研究与实验》2002 年第 2 期。

的文化状态：自在 / 自觉。

四、自在与自觉

无论是被制度合法化的专家团体的选择，还是个体教师层面的选择，都会遇到一个比较重要的问题，这种选择是以什么方式存在或以什么方式发生作用？无论是历史凝结而成的文化知识，还是作为个体行为规范的价值体系，以及社会制度运行的内在机理，这些文化因素以什么样的方式发挥作用呢？这里我们引入自在的文化选择和自觉的文化选择两个维度。

自在的文化选择，其主要的依据是传统、习俗、经验、常识、天然情感等自在的因素，依靠这些去形成选择的图式。它一方面包括对从历史和生活中积淀起来的经验常识、行为规则、道德习俗等的依赖，也包括常识化、模式化的选择方式，自在的文化选择中，选择主体往往被没有意识到的思想惯性所左右，这种影响很顽固也不易察觉。

自觉的文化选择就是以自觉的文化知识和思维方式为基础的选择状态。比如借助科学理论对选择行为进行规律的揭示，对课程内容文化构成的反思等，都是自觉的文化选择。

课程内容的文化选择情形比较复杂，在文化自身的批判品质尚未充分觉醒的时候，比如在传统的以宗法关系、自然经济等为基础的社会结构中，自在的文化选择就比较普遍，经验、传统、习惯等未经理性审度的价值容易渗透到选择的过程中，影响课程的内容制定。教师在教学的过程中，学生在学习的过程中，基本都在既定的框架内吸收、认同。而当人的批判意识开始觉醒，文化的自觉开始精神萌芽，选择过程中的多重主体又会程度不一地向自觉的文化选择过度，不再自在自发地依赖习惯、直觉，而是通过理论、系统化的策略知识有目的、有意识、自觉地进行选择行为。当自觉的选择比例越发增多的时候，文化选择的总体也就越来越多地具有自觉的文化品性了。

从自在/自觉的角度上去看，人类总体的文化精神就是逐步从习俗、经验丰富过渡到近现代自觉的文化精神的。这种演进既勾画出文化选择的历史脉络，也构成了选择主体的专业发展的动力结构。比如教师从依赖教学习惯、经验的选择到自觉地运用教学理论，这种转换与过渡就是在促进教师的专业化发展。如我们所提倡的一种基于教师日常教学经历的反思，就是一种对教学行为背后的文化选择的一种批判性思考。日常的教学行为有很多是无意识的行为选择，这些选择背后的价值取向在自在的状态下是很难被意识到的，对其进行批判性的文化反思，能够捕捉到其背后隐藏的价值和文化，也是我们观照自身的文化世界的一种重要途径。

在现代课程专家选择的制度层面来看，理应是自觉的选择，但文化对人的影响总是那么深不可测，总有一些选择是出于非理性的部分。比如我们在一些著名学者的争论中，往往能够看到各种观点的追随者，往往出于利益（如前文所述之利益共同体）、人情、义气等因素挺身而出，加入论争的行列，往往就使得争论具有更多的情感倾向，而理性客观不足。这种非理性的选择、自在的选择往往躲在理性论争的背后不易察觉。

从政治学的视角看，文化选择中必然包含着权力的运作，使得文化/利益密切相连；从社会学的视角看，一种有效的选择机制必须要能同时处理好选择/调和的双重问题；从教育学的视角看，教师个人的行为选择又常常在迎合与抗拒间徘徊；从文化哲学的角度看，这种选择又可以区分为自在与自觉两种状态，并且从自在向自觉的过渡，推动着选择机制的不断成熟。

第二节　作为思想文化基本形式的课程内容①

在对选择的过程有了多重的透视之后，首先需要分析的就是作为思想文化基本形式的"课程内容"。这是课程内容的静态层，即泰勒原理中所指称的课程内容层面。

对这个部分的研究始于这样一个问题。很多学者在批评课程沦为文化复制的工具时，都明确地提出课程要"作为一种文化的要求"，②但是似乎对这样一些问题语焉不详，课程如果能够成为一种文化，它能够成为一种什么文化？它所成为的这种文化与其自身所负载的文化是一样的吗？下面，借助"生活世界"与"科学世界"的范畴，对之进行些许分析。

一、原初文化选择的理路

首先需要界定一下"原初文化"。按照马克思的理解，人＝动物＋文化，文化是人之为人的根本特质和独特部分。人借助生产劳动从自然中分离出来，创造了文化世界，以"一个文化人的身份面对自然并从此

---

① 此种表述乃受吴康宁先生的启发，他认为课程社会学研究对象包括：作为教育知识之法定基本形式的"课程文本"，作为课程文本之社会建构过程的"课程编制"，作为课程文本之社会解读过程的"课程实施"。详见吴康宁：《课程社会学的研究对象》，《上海教育科研》2002 年第 9 期。

② 如郝德永在《课程与文化：一个后现代的检视》（教育科学出版社，2002 年）一书中，从"课程的文化锁定表征""课程的文化锁定逻辑""课程的文化锁定机制"三个方面来论证了传统命题"课程传承文化"中"课程"的文化性的缺失，从而解构了传承千年的"课程传承文化"的古老命题。在此基础上提出了"课程作为文化"的命题，将课程"由文化的工具存在转变为文化的主体存在"，"成为自在、自律、自为的教育文化"。

与'自然人'告别"，① 人们在实践的过程中，赋予混乱的自然以人为的意义，从一团团乱麻中理出可以理解的意义之丝，再编织人类的意义之网（"人是悬浮在他自己编织的意义之网中的动物"②）。所以，广义的文化就是"人类社会历史实践过程中所创造的物质财富和精神财富的总和"，③ 最为宽泛的程度可以说，凡有人工痕迹者，皆为"文化"。④ 原初文化就是这里所描述的文化的原生样态，即没有经过人为"再加工"的文化。

　　界定出原初文化层的目的是为了区别被选择作为课程形态的文化，显然，后者与前者是很不相同的。课程形态的文化不仅在数量上远远小于原初文化，而且其构成也经过了理性的、逻辑的方法，使其变得更加简洁，更加可理解，更加容易被传承。比如亚里士多德根据对形式和质料区分，从原初文化的性质、价值、组织和传递方式出发，将其划分为：逻辑学，以获取真正可靠的知识；理论科学，以求知本身为目的的科学，如数学、物理学；实践科学，探求关于行为标准的知识，如政治学、伦理学；创造的科学，如诗学。⑤ 当然，这种划分在今天变得越发精细化、理性化。那么，这里就自然需要讨论一个问题，究竟通过怎样的方式，使得原本混沌、复杂甚至矛盾、难以理解的原初文化变成了便于理解的课程文化呢？有几道工序是较为明显的。

---

① 邹广文：《人类文化的流变与整合》，吉林人民出版社 1998 年版，第 2 页。

② Clifford Geertz, *Interpretation of Cultures*, New York：Basic Books，1973，p.5.

③ 辞海编辑委员会：《辞海》，上海辞书出版社 1989 年版，第 4022 页。

④ 冯之浚：《科学与文化》，中国青年出版社 1990 年版，第 111 页。

⑤ 还有一种划分的表述为：创制科学、实践科学与理论科学。创制科学是指制作出产品的科学。实践科学就是指导人的行为的科学，最显著的就是伦理学和政治学。理论科学就是那些既无产品也无实际目标的科学，在这里面探寻的是单纯的知识和理解。

（一）焦点减省

自然和生活都是复杂的，有时复杂到不可理解，为了更好地理解我们所生存的这个世界，人类创造了一个意义世界、一个可理解的世界，也就是一个文化的世界。而说这个文化的世界是"一个"世界其实是很模糊的。因为这个世界中的冲突、矛盾，甚至不相关的程度，足以将其撕扯为无数不同的世界。同一个生活领域或一个生活世界，只要站在不同的角度，带着不同的假设观看，看到的就是不同的东西，所以，当我们与自然与生活互动的时候，就产生了很多视角不同的观念，这些观念交织出一张意义之网。这个意义之网就是原初的文化状态，这种交织的文化状态仍然过于复杂，尤其是想把它传递给下一代时。它过于复杂的原因，主要在于其"焦点的（或视点）杂多"，站在不同的角度看出的"视线"复杂交织，不仅使得重点分散，也让很多内在的矛盾暴露出来。所以，我们的课程在进行选择的时候，人为的二次加工就首先让焦点减省甚至单一化，简化视线或单一视线，一是让文化状态看上去更加简单，没有交织就没有冲突和矛盾；二是更加容易把握住某种文化知识的核心和要点，不被干扰；三是思维的操作流程更加顺理成章，更容易被接受、掌握和运用。

（二）理性化

理性化主要是指一种科学化、逻辑化的取向。当对课程内容进行选择的时候，人们希望在不同的课程之间留下可以相互对话的基础，这个基础在现代社会看来，就是科学和理性。20世纪以来，科学技术的迅猛发展使得包括精神世界在内的人类生活全面被科学主义侵入乃至主宰。自然科学自不待言，哲学领域也出现了倡导科学本位的实证主义或唯科学主义思潮。孔德列出了这样的学科等级：物理学、化学、生物学和社会科学。而整个科学结构的底部，则是数学，数学被认为是一种自然逻辑，影响所有科学的研究。[①] 在这样的过程中，具有科学取向、技术取向、工艺取向的课程选择方式成为主流。这种理性化、科学化的选择产生了：（1）非直观的意义世界。理性化的取向不太相信人的直观，更不太相信作为个体的经验，规律的、抽象的才具有较高的可信度和选择价值。（2）体系化的程序和方法。课程不是零散的生活经验，而是具有某种体系性的知识（无论这种知识是以学科知识的形态存在还是以经验的形式存在），并伴随着这种知识的生产程序和操作方式。（3）价值的背离。科学性的知识总是宣称价值中立，实际的情况则是艺术、道德等价值与所谓客观的知识的背离，人们追求放之四海而皆准的规律，理性被技术捆绑，科学也成了科学主义。即使像文学、艺术等价值领域也被科学追求所异化，脱离掉对人的情感、性情的陶冶，而服从于功利色彩的知识技能。（4）技术化。理性的科学的知识最便于高效率的传递，科学技术的迅猛发展更需要大规模高效率的课程内容，这使得课程内容的组织逻辑，朝着技术理性的逻辑发展，这也是价值背离的深层体现。

（三）课题化

人对自然的对象化实践通常是一种直接的、零散的状态，实践冲动就在实践本身。而经由课程选择出来的文化，必须转变为一种主题式的、结构性的文化。它大致有这几点：

（1）改变实践的冲动。如果原初文化来源于对生活问题的直接兴趣，那么课程的文化状态至少还要包括对文化本身求知的兴趣，这种兴趣与生活中的被动应答不同，它从"为了生活"变为"为了研究"。（2）课程对原初文化的选择是一种结构化的选择，它需要让初始状态的文化看上去不仅有意义，还要有意义的结构和层级，而这种结构赖以存

---

① 张华：《课程与教学论》，上海教育出版社 2003 年版，第 194 页。

在的基础就是理性和逻辑。（3）直接面对生活产生的文化当然也富有理性和逻辑，但它们是各种不同甚至不可通约的丛林式的"逻辑"，而课程在选择时必然要化约成单一的或者至少是一贯的逻辑，并组成一个意义的结构，从而塑造人的认知结构。皮亚杰用图式来描述认知结构，奥苏伯尔认为认知结构就是知识结构，可见认知结构包含了两个最关键的要素，就是"知识的实质性内容"和"彼此间的联系"。[①] 为了能更好地实现传承的效用，课程内容的组织自然也试图成为某种可理解的结构，因为结构不仅更易于理解，也更具有概括力。这种基于探究的、运用逻辑理性的、将"意义之网"变成"意义结构"的过程，使得"结构原则超越了生活的自然秩序"，[②] 也就实现了原初文化的课题化。

经过焦点减省、理性化和课题化的选择过程，静态层面的课程内容似乎明显具有了一种学科化的倾向。尽管"学科化的课程内容选择"与"学科形态的课程"是完全不同的，但在实践的操作过程中，我们可以感受到，课程内容的选择往往直接套用了学科的内在逻辑，而缺乏一种与原初文化的直接关联，这恐怕是导致作为课程内容的文化状态僵化发展的内在原因之一。换言之，课程文化的僵化发展，主要是由于脱离了原初文化而直接蹈循学科的逻辑所致，而不是课程形态的文化的必然路径。因此，还需要讨论一下学科与课程的关系。

二、学科与课程

学科与课程的关系密不可分，但同时也是有着明显区别的。

人类的文化随着社会发展逐步积淀，人们渐渐地感觉到一种对这些原初文化进行再加工的需要，即运用逻辑的、理性的方法，对混沌复

---

① 邵瑞珍：《教育心理学》，上海教育出版社 2003 年版，第 218—219 页。

② 项贤明：《"生活世界"的教育与"科学世界"的教育》，《教育研究与实验》1999 年第 4 期。

杂的原初文化进行分类和整理，将原初文化分成不同的领域，并对各个领域按照一定的逻辑进行梳理，从而更加方便地进行研究、交流和传承，这就形成了学科。学科的诞生，一方面为了让相关领域的研究人员能够有共同的范畴、逻辑、语言和方法等，这样更便于研究的深入展开，如果原初文化是"一阶文化"，学科就相当于"二阶文化"，前者是对生活的总结，后者是对前者的再梳理。研究二阶文化是为了能够把握住一些在一阶文化中被众多纷繁的现象所遮蔽的规律。另一方面，学科形态的文化由于更富有逻辑性，因而传递与学习就更加方便快捷，这也是人类文化激增所必须面对的需求。而正因为后一方面的便捷性，使得学科与课程的关系十分紧密，最为突出的就是学科形态的课程，即学科课程。

所谓学科课程，是以文化知识（科学、道德、艺术）为基础，按照一定的价值标准，从不同的知识领域或学术领域选择一定的内容，根据知识的逻辑体系，将所选出的知识组织为学科。它是最为古老的一种课程类型。[1] 所以，学科课程就是从相关的学科知识中进行选择而来。这种形态的课程自然有其长处，它能够有效地传递静态的文化、属于历史的文化，这种功能在课程诞生之初是合理的。但是放在今天的社会中和今天的教育中，传承静态的知识已经不能够满足人们的需求（比如传承动态的思维方式、文化智慧，以及文化融合与创新的需求）。如果要寻求改变，我们必须对学科层面的文化有所了解。它们究竟具有什么样的特点，使得它们不能够满足今天课程发展的需求？

第一，"学科形态的文化逻辑"与"原初文化的逻辑"是非常不同的。学科形态的文化逻辑表面上是合乎人类的逻辑、理性，实则是服膺于特定文化领域的专家学者约定的学科逻辑，这种逻辑有其合理性，比如能够更好地把握住学科的基本结构等，但它为了保持相对稳定和学科

---

[1] 张华：《课程与教学论》，上海教育出版社 2003 年版，第 238 页。

内部的贯通，因而有逻辑一贯的需要，即从一个逻辑起点开始，依据同一的逻辑方法和思维方式推导出整个学科结构，这就容易导致学科发展的僵化。原初文化的逻辑则非常不同，由于文化的逻辑起点是人类的现实生活，因此没有所谓"一贯"的逻辑，因而它的发展就更加多元，更加不可"预知"，因而也就具有更多的活力。

第二，当学科文化从人类文化的总体中分化出来，不断进化，精细化、专门化、霸权化之后，它就逐步成了一个高于原初文化，追求自身逻辑自洽的符号体系。后来人们把这个符号体系称为"科学世界"。人们通过科学世界来更好地把握现象之间的因果关系。其前提就是要用理性和逻辑过滤掉各种主观性和偶然性，从而把握住一般性的结构。在这个过程中，"我们在生活世界中所经验到的对象的'感觉丰满性'，被科学系统地抽象化了。"①

第三，对科学世界的崇拜源于人对理性的崇拜，但是抽离了人的情感、意志、直觉等非理性因素的科学世界，它并不能安顿人的内心，相反，作为一个强大的符号世界，反而会异化为一个压抑人发展的反文化的存在。那么，如何才能让逻辑的理性的世界发挥自身的价值呢？这就需要理性世界向生活世界的回溯，耿宁说，② 尽管科学世界的逻辑亚建筑超越了直观的主观生活世界，但它却只能在回溯到生活世界的明证时，才具有它的真理性。我们构筑一个符号世界，目的就在于更好地理解生活本身，这种认识在抽掉了非理性的诸多因素之后，看到了一些现象中的因果关系，但这些因果关系需要被证实，这种证实的依据在人们现实生活的世界中，就在这个生活世界的相对性、主观性、复杂性、不规则性之中。

---

① ［英］R. J. 安德森，《现象学》，《哲学译丛》1990 年第 2 期，转引自项贤明：《"生活世界"的教育与"科学世界"的教育》，《教育研究与实验》1999 年第 4 期。
② 倪梁康：《现象学及其效应》，生活·读书·新知三联书店 1994 年版，第 135 页。

由此可见，如果仅仅从学科文化的层面进行课程选择，是不能满足课程的文化需要的。

第一，科学世界的文化形态，即学科文化并不是一种目的论意义上的文化，学科专家研究学科内容本身，他们的根本目的不是去发展学科形态的文化，而是借助这个桥梁，去推动原初文化的发展。教师和学生的学习也是一样，学校教育中的课程，是为了让学生学习人类文化，并通过学习去发展人类文化，如果课程仅仅依照学科文化的逻辑，不仅不能发展原初文化，即使让学生去接受已有的文化成果都是非常困难的。因为学科文化的逻辑很难与学生的认知世界对接。

第二，由于科学世界的文化必须回到生活世界才能够找到明证，因此，学科课程的学习，必须让学生经由一个文化打开的过程，即从二阶文化的抽象回到一阶文化的具体的过程，对原初文化有所感知，继承与创新才有可能。这个打开的过程，就是把知识原始获得的实践认识活动方式和过程，加以还原、展开、重演、再现……使学生个体与"人类总体"相遇。① 在这个过程中，学生经历文化的创造，尽管经过一定的教学设计，但仍然能够在总体上反映人类文化，从而按照文化发生的逻辑而不是学科的逻辑吸收、内化。当这种打开不能够在课堂上完成时，就需要看到"课堂生活并不是自足的、自成目的的，它要不断地从课堂以外的生活中吸取营养，也要不断地为学生其他方面生活提供营养，只有在我们的努力下建构起课堂生活和课外生活之间的良性生态关系时，这样的课堂才在严格意义上称得上是生活，否则，它只是生活之外的什么东西"。② 鲁洁老师说，课程需要自觉地去追随学生的生活，这其中

① 王策三：《认真对待"轻视知识"的教育思潮——再评由"应试教育"向素质教育转轨提法的讨论》，《北京大学教育评论》2004 年第 3 期。

② 鲁洁：《再论"品德与生活"、"品德与社会"向生活世界的回归》，《教育研究与实验》2004 年第 4 期。

大致也包含了文化的打开与回溯的涵义。

第三，课程内容的选择不能只局限在学科的文化层面，它必须同时遵循原初文化自身的发展逻辑，这个逻辑就在生活世界之中。一个学科的视界只是众多审视生活世界的一种视角，是从一个焦点延伸出的视线集合。所以，它是一种认识世界的桥梁，并不是世界本身。池田大作在同奥锐里欧·贝恰的对话中说："现代教育过于偏重知识教育，忘记了作为一个人的基本生活态度和对待事物方法的教育。"因此，课程内容的文化选择理应至少有两个源头，科学世界与生活世界。这是一种课程内容选择的理想状态，它既要借助于学科的理性文化，也要努力摆脱学科文化的严格束缚，尽可能回到原初文化的逻辑起点，回到人类的社会生活实践中，为学生创造更加多样与丰富的文化体验，从而孕育更加多元的文化发展，如此，文化自身的更新才有可能。

三、背离与回归

生活世界与科学世界的融合，恐怕是课程内容的文化选择的一个合理选项，在当下已经引起了人们的关注。这种关注始于对"科学世界"危机的反思。

胡塞尔于 20 世纪 30 年代在《欧洲科学的危机与超越论的现象学》一书中指出，欧洲的科学已陷入深刻的危机之中。这里的"科学危机"并不是具体的科学学科自身的危机，而是科学世界所引起的社会文化危机，也是一场人自身发展的危机。胡塞尔认为，欧洲人在文艺复兴时期发生了一场革命性的变化，确立了一种新的由哲学来奠定的人性理念。他们复兴了古希腊罗马的生存价值与方式，强调一种哲学的人的生存形式：即根据纯粹的理性，根据哲学，自由地塑造他们自己，塑造他们的整个生活。胡塞尔认为，在 19 世纪后半叶，现代人的整个世界观唯一受实证科学的支配，并且唯一被科学所造成的"繁荣"所迷惑，这种唯一性意味着人们以冷漠的态度避开了对真正的人性具有决定意义的问题。单纯注重事实的科学，造就单纯注重事实的人……在我们生存的危机时刻，这种科学什么也没有告诉我们。它从原则上排除的正是对于在我们这个时代听由命运攸关的根本变革所支配的人们来说十分重要的问题，即关于这整个的人的生存有意义与无意义的问题。① 概而言之，科学的危机表现为科学丧失其对生活的意义。因此，这种科学危机就成了文化的危机，成了人的生存方式的危机。当生活世界被科学世界所遗忘，当实证科学和实证主义建立起绝对自明的客观性和客观主义的态度，这种态度就导致消解人的主体性和精神性的封闭的自然观的产生，经验世界和生活世界被彻底遗忘。

胡塞尔据此提出了生活世界的概念，这个概念被反复地争论，对其进行全面的哲学层面的梳理非我力所能及，这里仅列出几点获得共识且于本论题有关的部分。②

第一，生活世界包含了我们日常生活的范畴，但并不等同日常生活。它是一种主体意义的构造，不是理性化、课题化、主题化的意义构造，而是前科学的、非课题化的生活的经验成果，这个世界对人生有意义且人生在其中，是人生的过程、生活着的心物统一的世界。它既是一个实体世界，也是关系世界，在这个世界中，人不依附于自然、社会、他人或者其他外在的力量。③

第二，生活世界具有预先的给定性，是前科学的、直观的人的存

---

① ［德］胡塞尔：《欧洲科学的危机与超越论的现象学》，王炳文译，商务印书馆 2001 年版，第 16 页。

② 关于胡塞尔生活世界的阐释，参考了胡塞尔《欧洲科学的危机与超越论的现象学》（王炳文译，商务印书馆，2001 年）一书中的"第一部分"和"第二部分"，以及衣俊卿《文化哲学十五讲》（北京大学出版社 2009 年版，第 205—231 页）关于"回归生活世界的文化重建"的专题讨论。

③ 郭元祥：《论"生活世界"的教育》，《教育研究与实验》2000 年第 5 期。

在领域。这种预先的给定不是时间上的给定，而是意义的给定，生活世界提供最原初的、本原的意义的根据，科学世界是在生活世界基础上的理性化产物。因此，生活世界的意义要先于客观科学的意义，并构成后者的意义基础，后者是将前者作为课题来研究所得。胡塞尔说，生活世界是永远事先给予的，永远事先存在的世界。人们确认它的存在，并不因为某种意图、某个主题，也并不因为某种普遍的目标。一切目标以它为前提。① 因此，生活世界的给定就显现为一种奠基性和一种优先性，这也是前文所述科学世界需要向生活世界回溯以确证其意义的根据所在。

第三，生活世界中的意义是交互主体的产物，因此，生活世界是一种主体间性的世界。胡塞尔指出，无论如何，在我之内，在我的先验还原了的纯粹的意识生活领域之内，我所经验到的世界连同他人在内，按照经验的意义，可以说，并不是我个人综合的产物，而只是一个外在于我的世界，一个交互主体性的世界，是为每个人在此存在着的世界，是每个人都能理解其客观对象的世界。② 这一点在许茨那里也得到了强化，他说，我的日常生活世界绝不是我个人的世界，而是从一开始就是一个主体间际的世界，是一个我与我的同伴共享的世界，是一个也由其他人经验和解释的世界，简而言之，它对于我们所有人来说是一个共同的世界。③

人们将"生活世界"范畴引入教育学和课程理论，目的是为了改变课程内容选择的这样一种状态，即忽视生活世界的感性经验，忽视学

---

① 倪梁康选编：《胡塞尔选集》，上海三联书店 1997 年版，第 1087—1088 页。

② [德] 胡塞尔：《生活世界现象学》，倪梁康，张廷国译，上海译文出版社 2002 年版，第 153 页。

③ [德] 阿尔弗雷德·许茨：《社会实在问题》，霍桂桓，索昕译，华夏出版社 2001 年版，第 409 页。

生与教师在教学认知过程中的非理性因素，用学科逻辑替代文化逻辑而使得课程的文化状态走向僵化与封闭的境地。所以，简单地来看，引入"生活世界"是为了让我们关注这样一些方面。

（一）关注教育主体的生活背景

生活世界是一个背景世界，其中充满着自然和社会的各种行为事件，是一张相互交织的意义之网，这一点与原初文化是相对应的。这个世界整体、直观，人们就身在其中。直观，就意味着日常的、非抽象的。当个体的生活背景被考虑进教育中时，课程所传递的文化问题，就不再仅仅是"是否有效传递"，而是是否能够在个体的生活背景中寻找到意义的附着点，换言之，课程内容是否能被个体所具有的文化背景所理解以及进行怎样的解释，这是一个所谓客观知识主观化的过程，是将原本抽象出来的科学知识重新赋予个体价值的过程，融入了个体的文化背景，就融入了个体的性格、情感、意志等非理性因素，可以说，这是一个对科学层面的知识进行"文化填充"的非理性化过程。

（二）关注课程内容的直观性

科学世界的教育关注教育的抽象性、概括性和体系化，而关注生活世界的教育，则具有直观性。我们总是在具体的、可感的当下的情境中接受教育，学生面前呈现出的只有具体的圆形而没有抽象的纯圆，一个光鲜诱人的苹果呈现在学生眼中时，未必需要一个非常科学的定义，但同样能够引起人的感知，这种感知是直观的、相对的，也是多焦点的。甲同学见到它想到了它的味道，乙同学见到它想到了牛顿的传说，丙同学见到它觉得是一个很好的静物模型，这种多焦点的主观的相对性就是一种文化创新的潜在机制，是个体思维活力的品质，它给课程的世界留下了必需的自由与想象的空间，而不像科学世界所定义的那样，必须从一个焦点向着一个方向观看。直观性的教育因而是一个多焦点观看的过程，也就是一个非主题化的过程。我们今天看到，发达国家非常强调学生的"非公式化解决问题"的能力，这意味着理性的逻辑推理，公式化的解题能力在当下的生活及未来的生活中，已经显得越发不够用了，因为生活的问题更加鲜活，需要人们同时从多个焦点去把握。

（三）关注课程意义的交互性与生成性

生活世界的课程注重意义的动态生成，而不是先于交往的给定。生活世界是一个关系的世界，是一个与他者共享的世界。在教育的过程中除了个体与知识的关系外，教学的主体之间构成了丰富的关系，课程的意义是在这种关系的互动中被建构与呈现出来并内化到个体的意义世界中的。学科层面的知识进入这种关系的网络，进入这种互动的生成过程，才能够产生塑造个体精神世界的影响力。这也可以解释为什么科学世界的知识需要回溯到生活世界之中，因为"知识只有在与社会生活的联系中被提升出来，才能获得最大的感染力和儿童生活的全部意义"。[①]由此可见交往行为对课程意义的积极作用。相反，课程意义对主体间际的交往生活也具有重要的影响。因为课程意义中包含了知识体系与情感态度，当这些被个体内化并"教导个体对自我与世界的认识方式、情感、态度和价值观"时，总是包含了某种生活方式的指向，内化课程意义的过程本身也是形塑学生生存方式的过程。[②]

（四）关注课程内容的文化逻辑

从学科世界或科学世界进行的文化选择所获得的课程内容，总体

[①] 郭晓明、蒋红斌：《论知识在教材中的存在方式》，《课程·教材·教法》2004 年第 4 期。

[②] 郝德永：《新课程改革中的文化学研究》，《课程·教材·教法》2004 年第 11 期。

上遵循的是学科的逻辑，即一种理性的、课题化的、单一焦点的逻辑。这种追求一致、确定的理路，在科学世界中是有效的，但在生活世界里却未必。即使是学科课程也无法严格遵从科学世界的逻辑来进行组织。而从生活世界的角度观照，课程内在的逻辑应当就是人类活动的逻辑，即文化的逻辑和发展的逻辑。从科学发展的历程中可以发现，诸如好奇心、疑问、猜想等思维对于文化的创造是非常重要的，有学者做了这样的概括，人类活动的逻辑是：生活世界——好奇心、疑问、需要——猜测、猜想或蓝图——事实、资料、信息——证实或证伪——形成物质和精神的文化成果……这就是人类在生活世界中"认知""做事""共同生活"和"生存"的逻辑。"课程按照文化的逻辑——人类活动的逻辑展开，教师和学生都可以扩大自己的认知边界以及交往、对话的范围，丰富自己的世界图景，完成自我本质力量、认知能力、情感态度与价值观的发展与提升。这样的课程可以为师生提供一个与自然、与现实、与他人对话的开放的平台，教师不再是概念、规律、原理的拥有者和权威，而成为学生文化探究活动的合作者和对话者，课程成为开放的、充满生命活力的探究、建构、交往、对话与反思的过程。"①

由此，我们对于课程内容的文化选择问题在"作为思想文化基本形式的课程内容"层面的发生机制做如下小结。

课程内容的文化选择要同时观照"科学世界"与"生活世界"，选择的维度需要同时具有理性的、课题化、逻辑化的和非课题性的、直观的、奠基性的综合。选择似乎要经历两个过程，一个是对生活世界的背离，即抽调其中的主观性和偶然性，进入理性与科学性的世界，从而把握文化的内在因果联系；另一个是对生活世界的回归，将理性的逻辑的知识放入生活的意义之网中获得新的文化生机。不妨做一个比喻，科学

---

① 母小勇：《论课程的文化逻辑》，《教育研究》2005 年第 11 期。

世界是他乡，生活世界是家园，只在生活世界徘徊，"身在此山中"而不能见出家园的本义，必须去往他乡反观家园，获得距离感的把握，再回到家园中才有更新的感受。这是一个双向的、互动的选择过程，是一个文化意义损失／丰富的过程，经由这一过程，文化才能实现更新。

其实，从文化发展的内在规律来看，课程内容的文化选择同时观照"科学世界"与"生活世界"是文化发展过程中"科学与人文"的矛盾与张力的作用体现。"科学"和"人文"体现了两种不同的精神，当二者相对而言时，科学作为人们在认知意义上把握世界的方式，体现着价值中立的理性精神，从而属于知识论范畴；人文则是指以信仰为特征的意义世界及其终极指向，它以超越理性认知为其特征，从而属于价值论领域。从陈述形式看，科学与人文体现了事实判断（是）与价值判断（应当）的分野。① 此二者的关系在人类早期的文化中是自然融合的，但是随着知识体系的分科化、专业化，以唯人主义为标志的近代人文传统和以技术理性为标志的近代科学传统事实上紧密地结合在一起，共同构成"现代性"的基础。正是现代性所要求的专业分工和力量意志，导致了科学（自然科学和社会科学）与人文学科的分裂，以及人文学科的严重危机。而要化解这种危机的一种思路是：科学与人文相统一。这里弘扬的不是与人文相对立的意义上的科学的方法，而是本质上就是人文精神的科学精神，也就是"自由精神"。它与效用的精神、权力意志的精神、科学至上的精神相对立。②

由此可见，原初文化中科学与人文的分裂与对峙，既造成了胡塞尔所说的"科学的危机"，也造成了吴国盛先生所说的"人文的危机"（其实都可以归结为"人的危机"），他们寻求化解的方式都是科学与人

---

① 何中华：《科学与人文：保持必要的张力》，《文史哲》2000 年第 3 期。
② 吴国盛：《科学与人文》，《中国社会科学》2001 年第 4 期。

文的融合，都是去找寻被压抑和遗忘的人的"自由精神"———一种人之为人的最为可贵的价值追求。至此也就不难理解，为什么课程内容的文化选择必须要在两个世界中有共同的、相互作用的选择机制，要同时进行两个方向两种维度的文化选择，这恐怕不仅是文化发展的脉络使然，也是教育的真谛所在。记得吴康宁先生在一篇随笔中有这样一段话：[①]

> 教育目标只有在成对互补时才是有张力的。有张力的教育才是完整的教育，并因此而成为合理的教育。没有张力的教育只能是片面的、不合理的教育，这种教育或者会让人变得偏激乃至疯狂，或者会让人变得死板乃至呆傻。

保持科学世界与生活世界的文化在选择中的张力也应成为课程的本然追求。

第三节　作为思想文化互动过程的课程内容

按照通常的课程理论的划分，课程内容的选择大致就相当于泰勒原理中的"选择与组织教育经验"，即是一个发生在教学活动之前的选择课程要素（包括概念、原理、方法、价值等）的问题，如果这样理解，本部分内容就无法进入此研究的视野。但是这里面似乎不仅有一个应然和实然的问题，还有一个思考问题角度的区别。当我们站在"课程授予者"的角度来看，对课堂教学而言，课程内容是给定的，是预先选择的，是理应如此的，但站在"课程互动者"（教师与学生）的角度来

---

① 吴康宁：《假如大师在今天当老师》，广西教育出版社 2009 年版，第 16 页。

看，教学中产生实际影响的课程内容并不仅仅就是预先选择与组织的部分，而是在教学的过程中由教学释放出来的课程内容，它可以原样忠实呈现，也可以有个性的改写甚至背叛。因此，站在课程互动的角度，试图将教师和教学过程所释放出的文化选择，同样作为一种课程内容纳入本研究。①

一、作为课程内容的教师与教学

这个命题看起来和今天"大课程"的话语环境较为不同。从大课程来说课程内容、课程实施，所指称的主要是"物"的层面，这也是现代文化的一个特点，人的创造物走向了压抑人的创造性的异化状态。伴随着大工业生产的班级授课，我们希望课程内容能够成为一种普遍适用的"产品"，近现代知识信息的爆炸，大数据时代的到来，我们就更加重视"从文化中去选择什么"（给教师和教学），而不太注重一种（教师和教学）"以何种文化的方式去选择"，后者就是文化选择的"人"的动态的层面。

从历史的维度来看，将课程内容视为已经选择并组织好的思想文化，这个观念是现代社会的知识背景所给予的，它未必是"课程内容"意指的历史原貌。在先秦以来的很长的历史时期中，在人类文化尚未进入知识爆炸的时期里，国家层面和教师层面所做出的文化选择以及这种选择所结构而成的课程内容，与教师个体的风度、教学的风格一起，组成了学生实际所接受的课程内容，而且属人的因素还是课程内容中更为

---

① 吴康宁先生曾讨论过"师定课程"，即教师对课程内容进行增删与加工，从而对法定课程进行重构，这是实际运作的课程。他进而分析了师定课程与法定课程的关系类型。这对本研究也有启发，但其中还是有些区别。师定课程似乎仍然还是在指称静态思想文化的增删与加工，而这里从课程互动看动态释放的思想文化时，侧重在教师自身及教学所蕴含的动态的思想文化内容，这个动态的过程当然会重构法定课程，但其自身也作为一种课程内容存在。

重要的部分（相较于属物的因素）。及至近现代，属人的因素在这个历史的发展过程中，在课程内容所指称的范畴中有一种渐渐隐退的轨迹，在课程的语境中渐渐淡出，似乎只是一个"教学问题"。而在思考本论题时，尤其在分析选择的文化背景时，我以为这种动态释放层面的课程内容是不可忽视的，文化的选择绝不是选择好了的"给定"状态，既然文化的涵义中包括了"人们的生存方式"，那么，课程内容的文化选择也需要包括师生教学生活的方式，即动态选择过程。

产生这个想法直接源自我的日常工作体会。我从事的是小学语文教研工作，在长年以来的各类活动中，小学语文教师喜欢观摩公开课已经成为业内的共识。当然观课很直观，容易借鉴和学习固然不错，但更主要的是，观课可以"更直接地为我所用"，教师特别是名师的语言、设计、策略等，都是可以在短时间内"学到"的。尽管有越来越多的人发现简单移植名师课堂是行不通的，但是这种技术取向的学习心态仍然普遍存在。并且，我们常常会遇到一个看似简单却难以给出准确回答的问题：为什么想学名师却学不像呢？即使完全复制了名师的教学流程，成功的也不多。如果从属物的课程文化的组织层面去考虑，就很难解释，而从属人的文化思想的释放过程角度去思考，就比较能说得通。因为文化选择的释放过程，不仅关涉教学的风格层面，比如教师在教学内容、方法、进程等方面的把握，还关涉教师的风度，如在师生互动中教师所呈现出的自身的性格、气质、修养等，这两者的共同作用，决定了课堂上释放出了何种文化思想，也是课程内容文化选择的教学效果。

当我读《论语今读》，看到李泽厚先生说，读罢《论语》可以现出一个孔子的"相当完整的生动印象"时，[①] 我看到了一个生动的例子。在孔子那里，课程内容中更重要的部分，应该还不是属物的层面的经他

---

① 李泽厚：《论语今读》，生活·读书·新知三联书店 2011 年版，第 14 页。

改编的《诗》《书》《礼》《乐》《易》《春秋》（尽管这些也很重要），而是"属人"的因素，其中包含的内容很丰富，我附上一篇随笔的片段，试图想表达在孔子的教学中，他的"教学问题"就是一种文化选择，一种属人的文化选择，也是体现着某种文化选择取向的课程内容。

孔子和弟子的一些对话，在两千多年以后读起来也并不觉得枯燥，启发、诱导、批评、反诘、叹服、悲悯、无奈，异常丰富的情感蕴含其中。一个循循善诱的老师的形象跃然纸上。最为突出的表现就是老师善于问问题。《论语》中的对话并非全是简单的问与答，而且孔子的话不多，效果却很好，他是怎么做到的呢？"问题"是一个值得关注的因素。我简要梳理了一下孔子与学生对话里的问题，似乎能够得到一些启示。

孔子常常用问题来回答学生的提问。与其说是回答，不如说是启发。子游问"孝"，他反问子游，如果"孝"只是养活，那与养狗养马有什么区别？子夏问"孝"，他反问，不给父母好脸色看，仅仅让年长的先吃酒饭就是"孝"吗？子路问如何侍奉鬼神、什么是死，孔子反问不能侍奉人，怎能侍奉鬼？不懂得生，怎懂得死？老人家没有直接回答，给出的问题就像是提示，是拐杖，学生借助对这些问题的思考，就能得出答案。

孔子还不怎么喜欢帮学生"彻底解决问题"，反而有时还喜欢给学生留下点问题。比如子路问"政"，孔子说就是自己带头，大家努力，子路没听明白，要求多讲一些，孔子补充说，不疲倦。再比如樊迟问"仁"，孔子说爱人，樊迟再问如何是"知"，孔子说了解别人，樊迟还是不懂，孔子继续解释道，"举直错诸枉，能使枉者直"。樊迟还是没弄明白，但似乎孔子没有继续解释的意思，樊迟自己出来之后请教了子夏才把问题弄清楚。看来孔子也并不急于通过一次的讲解就彻底解决学生的问题。

　　孔子还喜欢追问。老师追问学生，是为了帮助学生理清思路。子张问如何做到"达"，孔子反问你的"达"是什么意思？子张说就是在国家和宗族中有名气，他告诉子张两者不一样，然后才开始进一步的解释。相比较而言，孔子更多的时候喜欢等着学生追问。子张、子路、司马牛、冉有都追问过孔子。比如，冉有赶车载孔子到了卫国，孔子说"人口真多啊"，冉有问"人口够多了，下步该怎么办？""富裕他们。""已经富裕了，又怎么办？""教育他们。"最为典型的是子张的追问，孔子的每一个回答中，都有他不明白的地方，于是就有了链条式的追问："如何可以搞政治？""什么叫五种美德？""什么叫施恩惠但不花费？""什么叫四种恶性？"一个接一个的追问，最后终于把问题问明白了。

　　这段小记中，如果仅仅从属物的层面去考察课程内容，那么就包括孝、政、仁、达等思想的解释，但是如果抽去了孔子的提问、存疑、追问、反问等属人的因素后，所谓的课程内容恐怕也就产生根本的改变了。

　　因此，本研究所谓的课程内容的文化选择，既指向对文化的选择，也指向作为文化选择的教师和教学，还指向这两者（或再加上学生的维度）相互作用所产生的文化效果。既包括属物的层面，也包括属人的层面，并关注二者相互作用的影响。

　　这里，还需要对属人的文化层面，即"作为课程内容的教师与教学"做些解释。从教师的角度看，表现为教师的素养、人格魅力等方面的综合呈现；从教学的角度看，则包括"教学技巧和教学作风"等稳定的教学状态。这两者常常综合发挥作用，形成一种具有课程内容选择功效的教育文化，"课程内容的文化选择"问题在这里就表现为一种文化

（教学过程的属人的文化）对另一种文化（课程形态的属物的文化）的选择。前者直接关系到后者的文化释放，因此，这里也纳入本研究的视野。

二、一种释放结构：教学风度与教学风格①

上述的讨论其实已经引入了"教学文化"的范畴。对教学文化的理解也是纷繁的，徐继存先生把教学文化看成"体验教学总体问题的一种方式"，② 与本研究的视角较为一致。而且我以为这一种总体方式中并没有唯一的认识结构，从不同的角度去分析教学文化，可以得出不同的结构，比如有人认为"教学文化的核心要素是教学生活方式，支持性要素由远及近分别是集体无意识、教学风俗习惯、教学制度和教学思想"，③ 有人提出了学习者文化、生活文化、对话文化、教学技术文化重构角度，④ 还有提出"教师文化、学生文化、文本文化、教学环境文化"的整体结构。⑤ 这些既可以看作是一种教学文化的结构分析，也可以看作是释放课程文化的教学结构。

"结构"这个词本身指的就是要素构成整体的方式，⑥ 而当要素构成整体的时候，必定就会产生某种功能。在由某种教学文化主导的教学过程中，其对思想文化层面所选择的课程内容的文化释放就是通过某种结

---

① 李亮：《教学风度：教育力量蕴藏其中——兼论教学风度与教学风格的结构互补》，《江苏教育研究》2013 年第 19 期。

② 徐继存：《教学文化：一种体验教学总体问题的方式》，《教育研究》2008 年第 4 期。

③ 刘庆昌：《教学文化：内涵与构成》，《教育研究》2008 年第 4 期。

④ 蔡宝来：《课堂教学文化：理论诉求及实践重构》，《教育研究》2008 年第 4 期。

⑤ 龚孟伟、李如密：《试论当代教学文化的形态与功能》，《课程·教材·教法》2011 年第 4 期。

⑥ 譬如，在《现代汉语词典》中"结构"一词的第一释义是"各个组成部分的搭配和排列"（参见商务印书馆 2005 年版，第 697 页）。

构来实现的。这里，我试图从总体结构的角度来看待教学所释放出的实然层面的文化状况。分析这种结构的视角很多，我试图给出对其中一种文化释放结构的细微补充，即在已有的关于教学风格的相关研究的基础上，提出教学风度的维度，使二者成为一种具有整体性的释放结构。

（一）"教学风度"的提出

已有的研究表明，教师作为完整的人是有风度的（所谓教师风度），而从艺术的角度看，教学是有风格的（所谓教学风格）。可见的研究中，后者较为丰富，尤其是以李如密先生为代表的一些学者对"教学风格"展开了系统的研究，这是具有开创性的。这些研究提供了一些独特的视角，如美学的、艺术的等。但是，"教师风度"由于包含内容较广，有很多溢出了课堂教学之外，因而，其讨论不仅薄弱，而且不够集中深入，而"教学风格"则是一种艺术性的、风格学的视角审视，是"教师在长期教学实践中逐步形成的、富有成效的一贯的教学观点、教学技巧和教学作风的独特结合和表现，是教学艺术个性化的稳定状态之标志"，① 它独特的价值毋庸置疑，但对课堂教学中文化选择的解释效力似乎还不足，还有很多的教学行为是无法用艺术的视角、美的标准来解释和评判的，毕竟教学有艺术性但还不是纯粹艺术。因此，我们还需要更丰富的解释因素。

对此，我以为，"教学风度"可能是一种有益的补充。与教师风度相比，教学风度具有独特的场域规定性；与教学风格相比，教学风度的承载更多的是在师生互动中教师所呈现出的自身的性格、气质、修养等，而教学风格则大多关涉教师在教学内容、方法、进程等方面的把握，体现出的是一种教学结构的美感判断。可以说，教学风格具有明显

---

① 李如密：《教学风格论》，人民教育出版社 2002 年版，第 27 页。

的教学论取向，教学风度则包含丰富的伦理学意义，两者的切合点则融合在审美上。

教学风格有助于文化选择释放的结构优化，但却不是充分条件。它的侧重点在教学的形式、组织、结构的美感上，这些固然重要，但如果缺乏了坚实的基础，就非常难以实现，这个基础就是人，就是"教学风度"。很多研究者呼吁教师要努力形成自己的教学风格，因为教学风格的形成不是一蹴而就的。简单的模仿设计流程和言语技巧，即使可以呈现出某种风格，也很难神似，因为缺失了教学风度作为基础。而如果没有教师的教学风度做基础，教学风格就会缺乏灵活的应对机制，无法根据教学对象、教学内容、教学环境等因素灵活调整。就像程红兵老师在谈到于漪老师的教学风格时说，一个语文老师穷其一生的探索实践，能够形成自己的教学风格，已属不易；而一个语文教师在其语文教学生涯中能形成多种风格，且游刃有余、出神入化，更属难能可贵。[①] 这多种风格背后的共性，就是一种个性化的总体倾向，就是教师的教学风度。而体现伦理学意蕴的风度与彰显教学论价值的风格相结合所释放出的教育力量，就不再是单纯的教学美感，而是一种促进人的发展的精神召唤，这可能是一种更高层次的美感创造。因此，释放文化选择的结构不仅要追求个性化的教学风格，更为基础的是，首先要形成教师的教学风度。

（二）"教学风度"的内涵与特质

关于"教学风度"的教育学定义尚未得见，在此仅做一个简要的追索。"风度"一词至少在魏晋南北朝时期已经使用，如《晋书·安平献王孚传》中说："安平风度宏邈，器宇高雅。"及至唐朝，风度已成为品评社会上层人物、任用人才的常用术语。《新唐书·张九龄传》载：

---

① 程红兵：《于漪语文课堂教学风格总体倾向管窥》，《语文教学通讯》1997 年第 9 期。

"九龄体弱，有恝藉……后帝每用人，必曰'风度能若九龄乎'？"由此可以推断，"风度"一词历来多被当作积极、正面的词汇使用，也多指人的一种整体精神气质，这一点在现代汉语中也并未发生很大的变化，如《现代汉语词典》中定义为"美好的举止姿态"；《辞海》释之为"人的言谈、举止、态度"；《辞源》则解释为"仪容、气度"。

这种正面的精神气质在文化长河中，逐渐积淀出了许多光辉的典型：气定神闲、宠辱不惊、遁世绝俗、深不可测，是老子的风度；温和谦恭、文质彬彬、诲人不倦、不忧不惧，是孔子的风度；闲云野鹤、奔放不羁，"敏捷诗千首，飘零酒一杯"（杜甫《不见》），是李白的风度；"胸有万卷，笔无点尘"（黄庭坚《跋东坡乐府》），"看得见生活"，"比现代人更现代"，[①] 是苏东坡的风度；"非常不买账，又非常无所谓，非常酷，又非常慈悲，看上去一脸的清苦、刚直、坦然，骨子里却透着风流与俏皮"，[②] 那是鲁迅的风度。

这些人在生活中，面对不同的情境，风格应需变换，但沉淀在底层的基础，却是一种不易之风度。拿鲁迅先生来说，他是一位伟大的文学家、思想家。面对敌人，他横眉冷对。那冷峻的双眸、竖立的短发、潇洒的胡须、不离手的烟斗以及由这些标志性特征聚合而成的战斗姿态，具有多么鲜明的风格感召。但他在陌生人和学生的眼里，又有不同的风格映像。许广平先生在《鲁迅回忆录》中说：鲁迅是一个平凡的人，论面貌、身段、外面的衣冠等，都不会吸引人。如果走到大街上，也绝不会引起人们的注意。但是，一到讲台上，"在青年们的眼里所照出来的真相却不一样。他那灰暗的面孔这时放出夜光杯一样的异彩。人们听到他的声音就好像饮过了葡萄美酒一般的舒畅。两眼在说话的时候

---

① 刘小川：《品中国文人（下）》，上海文艺出版社 2008 年版，第 3 页。
② 陈丹青：《笑谈大先生》，广西师范大学出版社 2011 年版，第 15 页。.

又射出来无量的光芒异彩，精神抖擞地，顿觉着满室生辉起来了"。她惊叹鲁迅先生的讲演与讲课："那说服力，那看得很远、很透的真理，那语惊四座的效果，那完整无缺的明白痛快的一击，那强劲有力、万夫莫当的气概，那在讲台上整个瞬息万变的音容笑貌，简直就是速写不出的活的精致的艺术表现。"① 借助不多的资料和时代背景，我们依稀可以想象：鲁迅先生讲课时是怎样的纵横捭阖？他对社会现实是怎样的嬉笑怒骂？他面对青年学子是怎样的慈爱和悲悯？战斗的、平凡的、朴素的、强劲有力的、万夫莫当的等，都是鲁迅先生不同状态下的风格表现，但在其背后，却是一颗殚精竭虑、嫉恶如仇的爱国之心和一种"甘当孺子牛"的大丈夫的伟岸风度。

结合对"风度"的认识，拟为"教学风度"做一粗略的界定。考虑到"教学风格"是一个相对成熟的概念，因此，试图在比较之后再作概括。总体上看，虽然教学风度与教学风格两者相互呼应整合，是释放文化魅力的基础，但二者在以下几个方面，还是有较大区别的。

首先，教学风格的追求是力争教学呈现的美感，表现的是教学艺术的个性美，而教学风度的追求是学生成长的实效，表现教师品格的人性美。健康的教学风格既是美的，又是能促进学生发展的。但不可否认的是，教学的美与学生的发展往往并不同步，所以，在实践操作中会走偏，并且有例外。一味追求教学形式的"风格"，追求鲜明的个性化和结构的严整，有时确实给人以很好的视听觉美感，但未必符合学生的学情，此乃走偏；当学生的接受能力有限，各方面条件制约，那么采用不美的"告诉"，也未尝不是智举，此乃例外。也就是课堂教学超出艺术性的部分。

其次，教学风格是相对灵活可变的，而教学风度则是更为深层不

---

① 许广平：《鲁迅回忆录（手稿本）》，长江文艺出版社 2010 年版，第 32—35 页。

易改变的，后者是前者恰当运用的基础。就如同鲁迅先生的风格转换一样，一位语文老师教学不同年段、不同类型的课文以及不同的学生时，也可能表现出不同的教学风格（当然这一点已经很难，但仍然可以做到）。但是，支撑这些风格转变的正是他／她对于人、对于学习、对于孩子、对于人生、对于生活、对于时代的认识，以及在这种认识基础上所形成的教学态度和情感，这就是教学风度。甚至可以这样说，教学风度是支撑教学风格进行恰当呈现和转换的重要基础。

再次，教学风格的教学优势在于知识、方法、情感等外在知识的输出与交流，而教学风度的优势在于人格、品质、思想等内在精神的感召与启蒙。这并不是绝对的区分，而只是各自的优势所在，实践中必然有相互的渗透。鲁迅先生为了让学生领会"那看得很远、很透的真理"，必须采用"强劲有力、万夫莫当的气概"这样的风格来表述，才能实现"那完整无缺的明白痛快的一击"，但这种风格放到一篇抒情散文教学的课堂上显然就不合适，这就是风格的针对性，它必须考虑要适应学生、教材、课型等外部环境因素，才能实现更有效的传递与掌握。而在教学风度的视野里，教学的核心就是人与人之间的对话与影响，它需要面对的是启蒙的困境，一方面要更好地"传道"，另一方面又要让孩子"学会运用自己的理智去思考"，同时还必须避免孩子仅仅用老师所传之道去思考而仍然没有自己的理智，因而仍然处于蒙昧的状态。就好像鲁迅先生的教学尽管让学生们更加认同了他的思想，但更重要的是，他的教学风度让学生们拥有独立思考问题、运用自己的理智去看待现实问题的能力。

至此，我们似乎可以尝试为教学风度做如下初定。所谓教学风度，是指教师的师德修养、人格魅力、学识水平等方面的综合素养的教学呈现，它的立足点在人自身而不在人的创造物。它是教师风度在教学领域的表现，也是形成健康的教学风格的基础。

（三）**教学风度与教学风格组成的释放结构**

教学风度与教学风格组成的结构可以将属物的思想文化释放得更加充分，它可能有这样几点优势。

1. 能够提升文化释放的全面性，使教学由个性美升华为人性美。

我们常将关注的视角停留在教学风格的层面，关注到教学的艺术化、个性化，特别喜欢像欣赏一件艺术品一样去欣赏某些名师的课堂，或者对这些名师的课堂进行研究，概括出他们各自不同的风格，以便于后学借鉴。不可否认，这些在教学研究的价值上很有必要，但在教学的实践中却未必够用。这里不是否定教学风格，而是想增强教学风格对教学实践的解释力，进而提升教学力量的全面性。

我们知道，之所以不能将教学过程看成是彻底的艺术创作，不能将教学呈现看成是标准的艺术作品，有一个重要的原因就是，教师所面对的孩子，是一个个鲜活的人，对于教学的进程来说，教师说了不算，他必须得到学生的"认可"；而艺术创作则是将艺术家头脑中的情思以某种实践方式外化为艺术品的过程，这一过程中艺术家支配一切，作品没有发言权。并且，艺术品追求的是没有瑕疵，而教学追求的是学生的发展，教学过程中的"瑕疵"不仅是不可避免的，还是随处可见的，所以它必须成为教师能够积极应对的资源。甚至，我们可以做出这样的推断，单从教学风格艺术美的视角来实施教学往往无法实现真正的"教学美"。教师必须有一种人性关怀的视角来弥补艺术视角的不足或是促使其升华，尤其是对于一些教学艺术失效的情境处理，没有人性美的关怀，是无法达到所谓的美的教学的。

何为教学艺术失效的情境？对此，王栋生老师举过一例《小睡有何不可》[1]：一天，课上到一半，发现后面有位学生睡着了，小声喊他没

---

[1] 吴非：《不跪着教书》，华东师范大学出版社 2004 年版，第 102 页。

醒，想到他也许实在是累了，怕他着凉，就请同桌帮他盖了件衣服。学生睡了一会儿就醒了，神情内疚，老师安慰说没关系，并对大家说，以后上课谁如果睡着了，就轻轻给他盖件衣服，少听几分钟课不要紧，万一生了病，损失可就大了。上课睡觉这样的"瑕疵"如果用艺术美、个性化的教学风格来审视，往往就是破坏"美"的败笔，而如果一位教师的教学让学生酣然入睡，从教学艺术的角度上来说似乎又是一种艺术创作的失败，可是在人性关怀的视角下，这既不是败笔也不是失败，这是人的丰富性、不确定性、可能性的使然。因此，艺术家按照自己的艺术风格创作时，可以对艺术品有过于苛责的要求（比如罗丹因为雕像的手太突出而将其砍去），甚至可以重来，而教师不行，面对教学艺术失效的情境，他可以采取很多的措施，但最具有教育意蕴的，就是他为人之师的仁慈与胸襟，就是对孩子的悲悯、同情和理解，就是教学的风度。

这种富有人性美的教学风度需要教师有这样的胸襟：一是宽容。儿童的成长就是不断尝试错误的过程，艺术创作失败了可以重来，教育不行。有胸襟的教师会尊重多样，珍视个性，善于为学生创造宽容、宽松的心理氛围，因而教学是一个容错的过程。二是分享。教学的过程应当是师生共同分享人类的精神财富的过程，也是共同分享彼此生活体验和学习快乐的过程，当与孩子分享时，教师就不再是个艺术家，他融入了艺术本身。三是等待。如果艺术创作是为了创造美，必须美才有价值的话，那么教学就是等待美的时刻，即使可能等来的并不美，但也没有理由拿起"手术刀"进行人为切割，教学风度必须保证教学过程的道德性，失去了等待的胸襟而急于求美，教师就有可能成为阉割人性的刽子手。所以，教学所期盼的美，可能更多的不是一种创作，而是一种顺应、一份淡定与闲适。这在今天看来尤其如此。

所以，不难看出，真正的教学美不仅要有艺术美的视角，还需要升华到人性美的情怀，它是作为人的整体的美感呈现。它体现着教学与美的统一，教的美与学的美的统一，教学目的美与教学手段美的统一，教学内在美与外在美的统一，教学科学美与艺术美的统一，教学美的创造与欣赏的统一。①

2.能够提升文化释放的持久性：使学生的学习风格从被动适应到主动调适。

艺术品一旦创作出来，就成了一个定型，它也许会是开放的，因为人们的欣赏或解读往往作为二次创作可以赋予其更多的意义。教师的教学却并非如此，它需要让孩子本身具有持续创作的兴趣与能力，能够更善于学习，具有学习的持久动力与能力。这种持久性往往不在教学风格的考虑范围内，而在教学风度的视野中，尤其要在基础教育阶段教师的心中。

王栋生老师在回忆自己大学时候的学习经历时说，几位教中国古代文学史老师的课曾让他大开眼界："他们有的连上4节课，气如雄辩，唾沫横飞；有的长于旁征博引，竖行板书，一个问题连引十多种说法；有的说词曲忽然发了瘾，当堂吟唱，余音绕梁；也有的上着课进了自己的境界，念念有词，旁若无人；有的捧着书本从容地念上一节课，末了忽然提出意想不到的问题；有的上课只逼学生提问题，如答记者问；有的信马由缰，黑板上一个字也不写，吹到下课才如梦方醒……"当年老师们上课的风采至今鲜活地留存在他的脑海里，正是那些风格迥异的课，才让他懂得作为学生要学会包容，兼收并蓄；作为教师则必须运用多种手段汲取丰富的知识，养成独立思考的习惯。而他在后来的教学中逐渐明白：一个见识了不同教学风格的学生，可能更善于学习。② 其实，

①　李如密：《教学美的价值及其创造》，广东高等教育出版社2007年版，第32页。
②　吴非：《不跪着教书》，华东师范大学出版社2004年版，第65页。

这恐怕是教学风格最有魅力的一面了。

但是，站在基础教育的领域内，以教学风度的眼光来审视，我们认为，如此鲜明与个性化的教学风格在大学里肯定是适合的，但在基础教育中恐怕还需要慎重。因为一个大学生的学习习惯与风格尽管尚未定型，但已有初步的转化调适能力，他们可以在摸索中去适应不同老师的不同风格。但小学生恐怕有很大的困难，尽管"亲其师，信其道"未必是一种理想的求学心态，但往往是一种很难避免的情感倾向。小学生的制度化学习刚刚起步，对于非常鲜明与个性化的教师教学，他只能选择适应，适应不了就会常常影响某门课程的学习，甚至彻底泯灭掉对它的兴趣。这就产生了一个教学风度视野中的问题：究竟是按照自己的个性特征，艺术化地展示自己独特的教学风格，以期望孩子能够适应并喜欢教师的教学；还是从孩子的角度考虑，根据需要变化自己的教学风格，以期望能够适应孩子？

同时，学生的学习是有相对稳定的风格的，而形成自己的学习风格则是能够保持持久有效地学习的重要基础。所以，从这个角度上来说，教师的教学风格就不仅仅是单独地展示与呈现教学美感了，它还应该有一种趋就与导向的功能，以帮助孩子建立起适合自己的学习风格，从而为学习注入持久的活力。也许，这就是于漪老师为什么要变换教学风格的原因。孩子在漫长的学习生涯中遇到的各种老师，不可能都合他的学习胃口，他必须有自己的学习风格，这样才能改变疲于适应教师教学风格的境况，实现自己对教师教学风格的主动调适。作为一个有教学风度的教师，在启蒙教育阶段，就会在教学风格的选择中，考虑到孩子的接受能力，以及由单纯适应到自身的形塑，从而为后继学习打好基础这一重要问题。

3. 能够提升文化释放的深刻性，以精神感召实现启蒙教育的启蒙要义。

有风度的教学，往往具有意想不到的深刻性。据称，过了而立之年的孔子曾满怀对老子的敬仰之情，奔赴楚国，"问礼于老子"，演绎了一段两位文化巨人意义非凡的历史性会晤。老子向孔子阐明了道家"深藏若虚""容貌若愚"的主张，并且毫不客气地告诫孔子，要去除"娇气与多欲，态色与淫志"。老子不凡的风度和深邃的思想，让孔子深为感慨。回来后，孔子对弟子们说：今天见到的老子，仿佛是"乘风云而上天"的龙！（参见《史记·老子韩非列传》）事实上，孔老相会，在时间上可能不止一次，在地点上也可能不止一处。在后来的《论语》中，诸如"天下有道则见，无道则隐""以德报怨""仁者必有勇""愚不可及"等思想都深深留下了受老子影响的印迹。① 完全可以试想，如果老子没有"乘风云而上天"的风度，能够让孔子如此认同吗？所以，从这个意义上来说，教学风度往往通过唤醒学生的认知结构，增加认知的活跃度，达到学生对教师思想的深层次理解与认同的境地。

但作为基础教育阶段的教师，仅仅做到如此还不够，因为作为启蒙教育阶段的基础教育，还肩负着"启蒙"的教育使命，而这一点已经在今天被人们日益淡忘了。今天的教育尽管口号依然是张扬受教育者的价值，但由于市场经济等外部因素导致的市场化社会，使得教育不可避免地夹杂着许多功利主义的图谋，它不仅使得教育对人类文明、文化的终极关切被无声地消解，更让教育沦为为受教育者服务的"商业行为"。教学不仅丧失了启蒙的性质，还日益让教师成为学生或家长的"雇员"。

伊曼努尔·康德在《什么是启蒙?》一文中指出了启蒙的要义：启蒙就是人类脱离不成熟的状态。也就是脱离"不经别人引导就不能运用自己理智"的状态，人需要勇敢地运用自己的理智。笔者在此做一大胆的猜测，对于人的理智的启蒙，在开蒙教育阶段和高等教育阶段，教师

---

① 陈鼓应、白奚：《老子评传》，南京大学出版社 2001 年版，第 82 页。

的教学凭借是不同的，前者更依赖教学风度，后者更依赖教学风格；前者更依赖教师本身，后者则可以托付给知识。如前文述，王栋生老师记忆中的大学老师，他们风格迥异的教学，使得学生可以更好地获取理性的知识，即使不喜欢教师，学生仍然可以凭借知识独立思考；而启蒙教育阶段的老师，所传递的基础知识本身并不具有很强的启蒙意义，因此，他们更依赖于自身的教学风度来实现潜移默化的启蒙影响，正是在启蒙老师的言传身教中（尤其是身教），学龄初期的儿童才能获得启蒙的朦胧直观，启蒙教育才可能名副其实。

　　因此，融合了教学风格与教学风度的教育结构才能够更加充分地释放课程的文化力量。当教师的外在的仪态、举止、语言和内在的学识、品格、胸襟融会贯通，并通过时间的洗涤与生活的锤炼，逐步凝固成教学风度的时候，他的教育影响力必定是全面、持久而深刻的。但显然，形成自己的教学风格与教学风度的整合结构，并非易事，甚至是具有理想主义色彩的憧憬。正因为这样，钱理群先生才如是说：一个真正的教师，必然也必须是一个理想主义者，如果你不想选择理想主义——这也是你的自由，你就最好不要选择教师这个职业。[①] 所幸的是，每一个真诚追寻并为之付出努力的教师都不会空手而归的，他们在教学活动的探索中，总能左右逢源、游刃有余，也总是教得轻松、学得愉快。这时候，他们已经跨越了教书匠的藩篱，昂首跨入教书育人的神圣殿堂。可贵的是，这样的老师无一例外地受到学生的喜爱、追捧甚至崇拜，在学生眼里，他们往往是朋友、是尊长、是偶像，他们的一言一行、一举手一投足都成了学生学习的"课程内容"。他们仿佛徜徉在教育教学的自由王国，无须多想，只管领着学生朝前去。这是一种文化的力量，也是教师心中的梦想。

---

① 钱理群：《做教师真难，真好》，华东师范大学出版社 2010 年版，第 66 页。

三、课程内容选择内部的文化创制

"课程内容选择内部"主要包括的是前文所论及的两个层面：静态的内容呈现与动态的教学释放。在教师教学的过程中，既定的课程文化经由教学阐释的过程，两者之间的相互作用可以创生出新的文化境况。这种新的文化境况有时表现为"正向的文化创生"，有时变现为"负向的文化牵制"。

在苏教版小学语文的课本中，有一篇文章叫《三袋麦子》：

快要过年了，土地爷爷给小猪、小牛和小猴各送了一份节日礼物——一口袋麦子。小猪看着黄灿灿的麦子，开心地喊道："太棒啦！我最爱吃白面馒头和烙饼了！"他迫不及待地把麦子磨成面粉，做成了各种各样的食品。小牛捧起饱满的麦粒，看了又看，心想：多好的麦子呀，我要先把它保存起来，等家里的草料和杂粮都吃完了，再慢慢吃这好东西。为了防止发霉和虫蛀，小牛经常把那袋麦子搬到屋外透透风，晒晒太阳。小猴呢，他觉得面前的这袋麦子是上等的麦种，便把一口袋麦子全种下了地。

一年以后，土地爷爷又来拜访小猪、小牛和小猴。他先到小猪家，小猪说："感谢您去年送给我那袋麦子，让我吃到了最好吃的东西。"说着，不由得舔了舔嘴唇。看着小猪憨厚可爱的样子，土地爷爷忍不住哈哈大笑。告别了小猪，土地爷爷来到小牛家。小牛告诉老人："去年您送我的麦子至今还没吃完呢。"小牛抱出那只口袋，里面仍有半袋麦子。老人点点头。最后，土地爷爷又来到小猴家。谈起去年的那口袋麦子，小猴拉着老人的手，神秘地说："请跟我来。"土地爷爷跟着小猴到里屋一看，啊，麦囤里堆得满满的。小猴说："我把麦子种下了地，这都是我的收获。您带一些回家吧。"老人抚摸着小猴的头，兴奋地说："你真聪明！真能干！"

在教学实践中，不少教师在引导学生阅读此文时，都会给出一个"较好"的选项，就是小猴的，而对小猪和小牛较多持否定的态度。似乎"正确答案"的思维方式总是难以摆脱。但也有些老师采用一种较为贴近现代生活的视野，带着学生看到不同选择背后的合理之处。比如，小猪代表了"消费的取向"，经济的增长需要消费拉动内需；小牛代表了"节约的取向"，这是民族的传统美德；小猴代表的是一种"投资的取向"，毕竟种下地也有歉收甚至颗粒无收的风险。对这三种选择不持简单的肯定或否定的态度，而给出一种开放的审视问题的空间。这种教学释放出的文化因子更符合现代生活中对个性尊重的文化背景，因而具有更好的教育文化价值。前者似乎固守了重视一元和标准的文化习惯，显然有悖于教材编者编入此文的教育意涵。

如果将上述教材编者的意图看作语文课程在教材层面的一种文化选择的话，那么，它在教师的教学过程中并没有从潜在变为现实，或者说变成了另一种现实。因此，我们可以得出这样一个结论：课程内容的文化选择不是一个预先"选好就行"的问题，它还有一个"如何释放"的问题，即实际"选到了什么"的问题。而这种"选到"并非由一方决定，而是两者的相互作用、共同创制的。

在第二种取向的教学中，教师的教学文化在与课程文化的互动过程中，释放出了与课程文化逻辑同构的课程内容（比如多元的选择），使得蕴藏在课程文化中的符号化的、隐性的文化价值得以成为现实的教育经验，如此的互动过程，就可以称为"正向的文化创生"。反之，在第一种教学情境中，教学的文化选择不仅遮蔽了课程文化中积极有益的文化要素，还对学生施与了有悖于当前理想的教育价值取向的影响，这就产生了"负向的文化牵制"。

就"正向的文化创生"而言，教学的文化选择与课程同构，并不意味着教师只能够按照教材编者既定的逻辑去引导学生学习，而是需要与课程目标保持一致，于学生的学习成长有益。而对于"负向的文化牵制"，其实它普遍存在也难以避免，因为我们每个人都是"带着一定的社会文化环境的'印迹'参与到教学活动中来的"，[①] 不同的选择主体自然有不同的价值追求，完全的同构是不可能也是不必要的，而且"异构"往往又可以创生新的教育文化。这也是本论题同时考察思想文化基本形式的课程内容选择状况与释放此种思想文化的教学文化以及二者互动效果的原因。

（一）正向的文化功能

从正向的角度来分析，在教学实践的过程中，教师、学生与课程文本在相互作用的过程中所生成的教育文化，不仅是不需要、不能够避免的，而且恰恰是新的教学意义生成的前提。借助哲学解释学的相关论述，做一简要分析。

解释学的产生，起源于"主体间性的断裂"，[②] 因为我们所生活的世界是一个充满意义也遍布意义问题的世界，对这些意义的理解并不是自然发生而是需要经过解释的努力才能完成的。现代的哲学解释学理论，从海德格尔到伽达默尔，一套较为完整的解释学体系逐步形成。

在解释学的视野中，"偏见"是一个重要的范畴，它并非是一种贬义的所指。就理解的主体——人来说，每个人都生存在特定的历史文化空间中，其所接收的文化的渲染、人生的经历，会使他产生独特的观念

---

① 徐继存：《教学文化：一种体验教学总体问题的方式》，《教育研究》2008 年第 4 期。

② ［德］加达默尔（Gadamer, H.G.）：《哲学解释学》，夏镇平等译，上海译文出版社2004 年版，"编者导言"第 1 页。

与假定，这些观念与假定在理解的问题情境中，就会成为理解的依据和参照系。这是理解的必要条件。因此，"偏见并非必然是不正确的或错误的，并非不可避免地会歪曲真理"，"我们存在的历史性包含着从词义上所说的偏见，它为我们整个经验的能力构造了最初的方向性"，我们所遇到的东西正是通过偏见而向我们说些什么。我们正是借助偏见，才向不同的、新的、真实的东西开放。①

从这个角度上来说，不仅要尊重师生个体的"偏见"，尊重他们在与课程文本的互动中生成与创制的经验，更要引发这种创生，因为这是推动理解创新的过程。就像伽达默尔所说，一件文本的意义并不是偶然地超越它的作者，而是不断地超越它的作者的意向。理解并不是一种复制的过程，而总是一种创造的过程……只要有人在理解，那么总是会产生不同的理解。②

承认偏见的不可避免是正向的文化功能生成的前提，而教学实践的过程的文化创制，在解释学看来就是解释者与课程本文两者的"视域融合"。视域，即解释主体的理解能力可及的范围领域。以语文教学为例，教师和学生都有自身在现实的历史境遇中所形成的"当下的视域"，而教科书文本则具有作者在过去某一时空形成的"过往的视域"，在教学的过程中，通过师生的对话、交流互动，在这两种视域中循环往复，相互作用，从而不断拓展、改变自身的视域，形成一个超越自身的，更高、更加普遍的视域，达到现实与历史的统一。

由此可见，无论教师还是学生，在经由教学实践的过程后，所达到的更新更高的视域，不可能是课程文本所预先设定的，而必须是相互

---

① ［德］加达默尔（Gadamer，H.G.）：《哲学解释学》，夏镇平等译，上海译文出版社2004年版，第9页。

② ［德］加达默尔（Gadamer，H.G.）：《哲学解释学》，夏镇平等译，上海译文出版社2004年版，"编者导言"第17页。

创制的，这其中的复杂性正是教育的魅力所在。

由此可以看出：

第一，从解释学来看，教学过程对课程文化的释放过程，就是在教师、学生、文本三者的对话与互动的过程中寻求视域融合的过程。这种融合既有交融也有超越，它与预先的文化选择无法完全一致。

第二，师生所处的社会历史情境，甚至课堂教学情境对视域融合形成的新的文化选择影响巨大。不同的情境其实提供了不同的解释背景。比如我们如果以本文开篇所描绘的世界文化图景为解释背景，那么必定不会做出简单的、机械的诸如"小猴才可取"这样的教学引导，而必须走向多元合理的解释方向。

第三，教学实践中所发生的文化选择，并不是线性的，而是曲折的、非线性的。因为视域的融合并非是线性运动的，而是在相互作用中形成新的视域，而一旦新的视域又改变了问题的空间，使得新的融合得以发生，因而，是一个曲折上升的过程。因而，在选择的末端所发生的情形是开放的、动态的，甚至是不可预知的。

就我个人的实践感受而言，在一线的教学实践中，大量的正向的文化功能在教学实践中被释放出来，被创制出来。有时一篇课文在入选教材时并不觉得它有多么好，只是出于某些原因，将其收入课本。但是在一些优秀老师的课堂上，他们可以引导学生读出很丰富的意涵，学生的理解又往往超乎授课老师的预想，如此等等赋予了这篇课文许多预料外的精彩。我想这就是一种积极、健康的文化选择效果，它借助多维视角的互动，重新改写了符号化的课程文化逻辑，使得实践过程中生成的教育经验具有丰富性、生成性。

一种理想的课程经由载体层面的文化选择（如教材）和实践层面的文化释放（如教师教学）所发挥的文化功能，能够切合我们的某些教育理想。比如我们期望学生在学习掌握知识、形成某些能力的同时，能够体会到学习的趣味、挑战性，能够受到来自教师和同学的鼓励、肯定、期望，从而建立积极的学习态度、自我认识。这不仅是属物的课程内容所内在的价值（比如前述的具有积极价值取向的语文课文），也是属人的课程内容所释放出的文化价值（比如教师的教学解读与教学过程）。但是，课程经由文化选择而释放的文化功能并不总是处于一种较为理想的状态，现实的教育实践中，负向的文化牵制也如影随形。

（二）负向的文化牵制

无论是属物的课程的文化选择还是属人的文化的教学释放，我们对课程的文化功能都有一个理想的预设，总是设想一个正向的期待。如果将课程的这种文化功能简化地理解，可以包括这样两个方面：一是促进人的发展，二是推动文化的传承与更新。这两方面的发展不是两个过程，而是一个过程的两个方面，是社会、文化、教育、个体之间的相互建构。在教学的过程中，学生在教师的"教"的引导下，经历"学"的过程，获得经由课程准入的特定文化知识、情感，形成具体的个人的发展；而同时，特定的文化知识，作为教学的凭借和内容，经由教师的教、学生的学，进入学生的认知结构，再逐步融入其精神结构，在促进人的发展的同时，实现自身的传承。而当个体融入自身的经历、智慧、创造并加以外化的时候，文化的更新也就渐渐发生了。

这种理想功能的实现，要求属人的教学释放文化与属物的文化选择呈现须有同质（并且是优质）的文化价值取向，而这种优质的同质恰恰是很难达到的，尤其是在前述的当前的文化环境中，因为文化总是处于变化生成中的文化。这两者之间有一种类似"文化堕距"的现象。"文化堕距"是文化变迁中的一种常见现象，它是指由相互依赖的各部分所组成的文化在发生变迁时，各部分变迁的速度是不一致的，有的部分变化快，有的部分变化慢，结果就会造成各部分之间的不平衡、差距和错位，从而造成种种问题。该理论认为，一般来说总是"物质文化"先于"非物质文化"发生变迁；而在"非物质文化"内部，差异依然存在，一般首先发生的是制度变迁，其次是民俗、民德变迁，最后才是价值观念的变迁。[①] 在课程的文化选择上，不仅存在改变速度的差异，还有对教育教学、课程文化本身取向的差异，因而，在两者之间常常存在这种不平衡和错位的现象，并且由于属物的层面改变起来相对集中和快速，所以常常表现出来的问题是，教学的文化释放阻滞了课程内容的文化选择，这时也就产生了文化选择的负向功能。[②]

在讨论教育的负向功能时，日本学者柴野昌山以默顿的"正向功能·负向功能"及"显性功能·隐性功能"这两对功能概念为基轴，提出了学校教育功能的理论分析框架（见表1）。[③] 吴康宁先生认为，此框架也"适用于对一般社会事项进行功能分析"，因此，这里借用此表，探讨两种情况的负向功能状况。

表1 功能分析框架

客观结果＼主观意向	显性	隐性
正向	A	B
负向	C	D

比如，考试既可以强化学习欲望（A），但如果仅凭成绩评价学生，又会导致书呆子和题海（D）；表扬可以帮助学生区分正误，也可能增强

---

① [美] 威廉·奥格本：《社会变迁：关于文化和先天的本质》，浙江人民出版社 1989 年版，第 106—107 页。

② 这里的负向并不代表某种价值判断，而是就课程的文化选择结构内部来看，呈现与释放两者贯通可称为正向，错位或相悖，即为负向。

③ 吴康宁：《教育社会学》，人民教育出版社 2010 年版，第 384—385 页。

学生的归属感（B），C 则是学校极力避免的。

1. 隐性的负向功能

这是在几种情况中最引起我关注的一类，因为隐性的负向功能往往不在计划之中，因而常常不被察觉，在不知不觉中改变了内容层面的文化选择。就实践的观察而言，有两类较为常见。

一类是为了释放一种课程的文化选择，采取同质的形式，却没有取得正向的效果。比如早些时候备受争论的"学习方式"问题。从课程的文化选择角度来说，《纲要》提出要转变学习方式，这是一种课程层面的文化选择，它背后既体现了主体性、交往性的教学文化，也包含了对教学关系、师生关系等的文化预设。为了释放这种文化的价值，曾经有很多教师喜欢在课堂上使用小组讨论的组织形式，但却招来了各种"流于形式"的批评。这种形式上吻合但并未释放同质的文化效果的教学，就产生了一种隐性的负向功能。类似的还有"对话"的教学方式被简单地理解为"问答"的教学形式，这种问答的形式已经成为当下语文课堂教学中的主线，实施者误以为在问答中就实现了平等对话和交流，达到了主体间的交往文化的要求。

另一类是一种更为隐蔽的状态。即在日常的教学生活中所生发的某些教学行为和实践，虽没有明确的目的和指向，但也同样在普泛的意义上阻滞了理想的文化释放。仍然以平等的对话为例，如果在日常的教学生活中，教师对学生的控制属于严控型，在非对话的教学过程中，固守师道的威严，那么，即使进入对话的教学环节，也只能产生负向的文化功能，不可能形成真正的交往与对话。

由此可见，教学选择的负向功能有这样几点特征。

（1）隐性的负向功能的影响是泛在的，普遍存在于教学生活的每个角落。这一点同文化的存在形式相通。支配教师教学行为的是其背后的教育教学思想，这种思想中有一部分被教师自身意识到，还有很大的部分是教师意识不到的，是一种根深蒂固的行为倾向。一般地来看，教师的教学思想的改变往往滞后于课程内容选择的改变。这才会有"穿新鞋走老路"一说。①

（2）隐性的负向功能难以改变，因为其背后主导的教师思想文化，是一种嵌入性的文化结构。它总体上属于教师整个生活行为方式的一部分，因此不可避免地受到公共的文化意识（如时代性的社会性的文化思想）以及个体的文化遭遇（如个体的家庭境遇与学习经历）的影响，所以它的改变很困难，甚至很少被教师自身意识到。

（3）隐性的负向功能往往能够影响到教学行为变革的成功与否，因为在教师的文化选择过程中，隐性的负向功能往往超过显性的知识所能发挥的指引作用。换言之，"意识不到的思想"对教师行为的支配能力，常常远大于"意识到的知识"。由此可见，这种文化选择的负向功能不能被忽视。大多数批评教师的论点都集中在教师的无意识状态。

2. 显性的负向功能

导致这种功能的教学行为可以说是课程内容文化选择的失败，因为它不仅没有引发相应的文化认同，反而引发了文化选择的背离，这常常被视为一种极少数的、极端存在的现象。比如吴康宁先生在谈到此类行为时，认为这是学校和教师都极力避免的越轨行为，② 他在提到教师作为"社会代表者"时认为，教师实际存在着"非社会代表者"和"反社会代表者"的行为，因为很难始终与统治阶层的意识形态和价值保持一致。他引述麦科内尔的观点指出，"虽然学校组织将社会控制作为主要教育目标，但教师却通过教学过程向学生提供与教材内容要求相反的

---

① 郭华：《新课改与"穿新鞋走老路"》，《课程·教材·教法》2010 年第 1 期；余小茅：《究竟是什么导致了新课改中的"穿新鞋走老路"》，《课程·教材·教法》2011 年第 3 期。

② 吴康宁：《教育社会学》，人民教育出版社 2010 年版，第 385 页。

个人知识"，这是一种"控制的矛盾"。① 从笔者的切身体会来看，处于当下文化场域中的教师，极端行为虽不多见，但这种显性的负向功能的文化选择并不少见。

比如对语文教材的抵触。由于语文教材所承载的课程文化，是经过规范主流意识形态筛选的文化，所以在文化意识觉醒的时代，常常备受诟病。除去一些极端言论不说，有很多"很有想法"的老师，在教学实践中，尤其是遇到一些具有较强政治色彩的篇目时，往往采用淡化、快速通过等方式，加以排除。其中一部分在语文课程的选择中，更青睐于西方的儿童文学，认为其中的儿童视角和趣味才符合儿童语文学习的需求，激进的观点就认为应当用儿童文学（尤其是西方的儿童文学）取代当下的语文课本。同样，一些盲目崇尚"国学"的学校和教师，注重古典文化的诵读，认为所有的文化精华都在过去而不在现在。如此等等的一些行为，其实已经与主流的文化价值相悖。

这些行为的文化选择中，有些是既不符合主流的文化价值观，也不符合理想的人的生活价值观。比如语文的内涵比儿童文学和国学宽广许多，替代是行不通的。但有些教学的选择虽然背离了主流的文化意识形态，但从个体的文化意识觉醒层面来说，未必是负向的，比如历史老师在讲述历史事件的时候，不仅带领学生学习史实层面的知识，而且引导学生带着文化批判的视角去审视不同历史叙事的视角和方法，从而培养学生独立的文化判断力。

可以发现，显性的文化负向功能只是阻滞了课程内容层面的文化释放，对于文化总体的发展和个体的成长并不必然不利，这是教师个体在文化意识层面的一种觉醒的体现，但显然它需要在一个合适的限度内进行，因为彻底的批判是理想的，但却是无益于现实的。

---

① 吴康宁：《教育社会学》，人民教育出版社 2010 年版，第 330—331 页。

综合地看，正向与负向的功能展现的是实践层面对课程内容文化选择的认同与背离，这种有意识或无意识的改写，让课程内容的文化选择在自身的结构之中，呈现出了丰富的张力，既有课程内容层面滞后的情形，也有教学释放层面滞后的状态。从文化堕距的角度看，这似乎是"拖后腿"的状态，但在课程的文化选择结构中，这还是一种内在的矛盾推动力，它产生了一种总不够理想的选择状态，推动着选择结构的自身调节和更新。

第三章　选择的历史启示

　　从前文的分析可以看出，社会的原初文化状况不仅作为课程内容的文化选择背景，也影响着选择的内在发生，包括体现特定文化取向的价值、知识、行为方式等，同时，"作为思想文化基本形式的课程内容"与"作为思想文化互动过程的课程内容"分别作为选择的静态和动态层面，决定着最终的选择效果。由此我们假定，原初文化状况、静态的内容层面和动态的释放层面是三个选择发生所必须考虑的因素，也是决定一种选择状况不同于另一种的要素，这相当于一个理论的模型或视角。在这一章我尝试用这个视角，去分析中国历史上出现过的三个历史时期的状况，并假定通过这种分析，能够找到一些问题，这些问题的处理将影响我们对将来选择的判断。大致是这样的意图。

　　首先需要对所选择的三个时期做些简要的说明。与其说是三个时期，不如说是三种形态。从社会的政治经济文化的总体层面上看，先秦的百家争鸣时期、独尊儒术后漫长的历史阶段以及西学东渐以来，社会的原初文化层面是非常不同的。先秦时期的原初文化显得非常活跃，而独尊儒术之后，文化走上了自我肯定的稳定而狭窄的道路，及至西学的"侵入"，进入一种被动的学习状态。在这些不同的文化状态下，课程内容的文化选择有着较为明显的区别。由于漫长的历史跨度，我们无法考察到每一个时期非常具体的变化，而只能选取一些代表性的思想和主张，以求能够获得一些启发。

第一节　先秦时期：政治问题的文化解决

先秦是一个较广的时空跨度，它包括了秦帝国统一中国上溯的一段历史。一般认为，先秦经历了上古神话传说时期、三皇五帝时期、夏商周时期。其中周又包括西周早期、西周时期和东周时期。而东周又包括了春秋和战国时期。此处讨论西周衰落至春秋战国百家争鸣时期的文化状况，并不覆盖整个先秦时期。

先秦时期的政治巨变发生在春秋战国时期。这是奴隶制崩溃向封建制转变的变革阶段。氏族统治体系和公社共同体的社会结构在瓦解崩溃。所谓"民散久矣"（《论语·子张》），"民恶其上"（《国语·周语》），这其中经济结构的变化起到了很重要的作用。由于农业耕种开始使用铁器，奴隶主用新工具大量开垦私田，自由民也可以开荒，使得私田富于公田。部分氏族贵族抛弃陈规，以土地私有和经营商业为基础，成为新兴的富裕阶级，并迅速壮大，"晋之分也，齐之夺也，皆以群臣之太富也"（《韩非子·爱臣》）。日益强大的经济实力促使他们在政治上反复斗争夺取政权，建立封建的社会制度，在各个诸侯国之间，在与周边的民族之间，发生了许多战争，有的相互攻伐，有的大小兼并，《春秋》中记载了"弑君三十六，亡国五十二"，正所谓"春秋无义战"。这个过程打破了氏族联盟体系上的天下秩序。这种经济和政治的大变化，也促进了社会文化的巨大改变。

一、私学与争鸣

（一）私学的兴起

春秋之前的西周社会，由于生产资料的国有，国家机构垄断学术权力，专门的学术只在很小的圈子里传授，因此，西周社会是"'土地国有'、宗法制度和学在官府"三位一体的系统，[①] 此时只有官学而无私学，所谓"学在官府"。春秋时期，王权衰落，直接造成了官学的衰废，"周室东迁，王纲解纽，学校庠序废坠无闻"。[②]

由于诸侯国之间和内部都是战争连年，国学难以为继，文化史官面对现实都各自寻找出路。这些史官既要记录帝王言行和军国大事，又要负责管理各种档案书籍，还负责占卜、祭祀等活动，所以身边积累了大量的档案文书和资料。他们在战乱期间流落各地（如司马氏流落到晋国，后又分散到卫、赵、秦诸国，见《史记·太史公自序》），与其他的一些文化官吏一起，带着典籍、礼器等流落到民间四方。这些有知识的人在社会中谋生，自然以教授为业，这就是"天子失官，学在四夷"（《左传·昭公十七年》）的状态。这种状况造成了一种历史现象，被称为"文化下移"，即原先由贵族垄断的学术文化向社会下层扩散，下移于民间。[③] 这导致了春秋初期，私学便在各地产生和发展起来，"卫国之教，危傅以利……鲁邑之教，好迩而训于礼……楚国之教，巧文以利"（《管子·大匡篇》）。

（二）养士与尚贤

与私学兴起紧密相连的是"士"阶层的出现与扩张。社会经济的发展，剩余产品的增加，社会上出现了"中牟之人弃其田耘，卖宅圃而随文学者，邑之半"（《韩非子·外储说左上》）的情况，自由民越来越多地脱离生产劳动，以脑力劳动的方式谋生。一方面，士阶层中颇有才能的人在政治斗争和军事斗争中有重要的作用，诸侯国的统治者为

---

① 侯外庐等：《中国思想通史》第一卷，人民出版社 1957 年版，第 25—26 页。
② 孙培青：《中国教育史》，华东师范大学出版社 2013 年版，第 26 页。
③ 孙培青：《中国教育史》，华东师范大学出版社 2013 年版，第 26 页。

了巩固实力，需要一批治理政务的人才，贵族子弟养尊处优未必有用，因此就需要争取士。齐桓公率先养士，这为他的称霸奠定了基础。另一方面，新兴地主阶级也需要借助养士来扩大自己的经济利益和实力，因此，社会上养士、尚贤之风大盛，所谓"尚贤者，政之本也"（《墨子·尚贤》）。士也从自己的利益和立场出发，投靠权势，寻求出路。熟谙治国之道的士人跻身政坛，显身扬名，激发了更多的人想成为士，这就需要获取知识，恰恰此时官学不修，只能涌向私学，这也促使了私学的兴盛。值得注意的是，士阶层的兴起"标志着我国古代知识分子阶层"的形成，教师也成为社会中一种独立的职业（"学在官府"时，官师通常合一），他们传授知识经验，培养人才，这对原初文化的整理和发展具有重要的意义。

（三）学派争鸣

在社会大变革的环境下，各个阶层都经历不断的分化、斗争与组合，因此，每个阶层都想在斗争中捍卫自己的利益或获取更多的利益，这种利益既需要战争强硬地获取，也需要文化作为基础，争取更多的追随者。正好士阶层也有依附的需要，两相结合，士就成了服务于特定阶层的士，他们在私学中讲授、传播学说，因此产生了很多代表不同阶层利益的学派，彼此之间由于出发点的不同而产生激烈的思想竞争，这就孕育了百家争鸣的学术繁荣。

经济的发展，社会的动荡，国家意识形态的退场，造就了私学的兴盛、文化想象力的释放、学派的繁荣与争鸣，这就是先秦春秋时期大致的文化总体状态，各家的学说虽然常常针锋相对，其实说到底，他们都在做同一件事情，就是找到拯救这个社会的济世良方。正是带着这样的动机，不同学派从不同的出发点沿着不同的思路去寻找，找到了不同的答案，我们无法去考察每一个学派的具体情况，因此，选择具有代表性的儒家学派创始人孔子来进一步分析。

二、课程内容的文化选择状况

依附在不同利益阶层上的士所创办的私学，形成一家家独特的学派，每一学派都有自己的教育理想、主张和课程内容。及至儒墨两大学派产生之后，便成为当时社会文化思想的主流，所谓"世之显学，儒、墨也"（《韩非子·显学》），"孔墨之弟子徒属，充满天下"（《吕氏春秋·有度》）。而其他的诸如道家、法家、兵家、阴阳家等也都有一定的影响。可见当时的社会文化中，虽有主流文化，但没有"绝对化"，而是一种相互补充的多样化状态，各个学派的创始人都希望通过私学的讲授和传播，影响执政的利益团体，从而采纳本学派的思想去治理国家，也完成其政治的抱负。由此可见，"政治"是当时各家学派选择的首要价值维度。

（一）作为第一维度的政治选择

先秦诸子在对原初社会文化进行"课程意义"上的内容选择过程中，① 政治是第一维度。这与私学本身的出发点相关。各个私学大师之所以开办私学，原因之一就在于扩大学说影响，以求自己的政治主张为当权者所用，从而能够显赫于诸学。比如法家私学积极地向统治者靠拢，并不失时机地将其思想主张为统治者所接纳，并定为政策之基，因而出现了秦国的商鞅变法、李斯的"以法为教"。相较之下，孔子就坎坷得多，他带领弟子游说于诸侯各国，通过知识主张来陈述政治理想，多数情况下他只能面对诸侯的冷遇，但他仍然抱着"苟有用我者，期月

---

① 尽管先秦时期还没有现代课程理论意义上的"课程"概念，但是作为实施教学的文化载体已经发展得十分丰富，所以我们此处仅在功能的意义上使用"课程"一词，而不是在实际指称某种物化形态的概念。

而已可也，三年有成"(《论语·子路》)，直至"鲁人以币召之，乃归"(《左传·哀公十一年》)。这种初始的动机状态似乎也决定了儒家学说的发展从社会的整体出发走向个体的人格完善。

政治取向在孔子选择的内容层面，表现得非常突出。比如他的"仁""礼"，他学说中社会本位的特点，这些已有相当丰富的研究，这里我们关心的是，先秦时期的政治因素是如何参与到选择的过程中的。①

从孔子的范例来看，先秦时期的政治因素对课程内容的选择是终极性的而非直接的过程，也是一个几经转化的过程。一个好的政治在中国的传统语境中有一个标准就是"治世"(与之对应的是"乱世")，为了达到这样的治世，孔子认为统治者要"为政以德，譬如北辰"，普通百姓也要成为德才兼备的君子。这里出现了第一次转化，即一个好的政治就需要德才兼备的君子，这就将一个政治问题转化为个体的修养问题。这一转化是很有智慧的：1. 它将一个政治的问题变成了伦理道德的问题。孔子反对贵族统治者不行人道的奴役和剥削，造成人民受压迫和社会的不安定，从理论上看，从伦理的角度去改造要比直接的政治改良影响更加深远；②2. 这个转化使得原本属于"大家的问题"变成了"我的问题"，也就是让原本距离远的社会问题转化成切近每个人日常生活

---

① 思考这个问题源于对现实的思考，当下的教材中，处理政治因素始终是一个不小的难题，它与学科、儿童的切合，是比较难以把握的。比如在小学语文教材中，革命伟人等规定篇目，就不是很受一线的教师欢迎，因为他们似乎和语文总有那么些距离。这或许就是一种没有处理好的情况。

② 赵汀阳先生认为将政治问题转化为伦理问题是一种误导，它"把问题化简"，"把场面变小"，"忽视了政治的许多变量"，甚至"回避了政治的宏大场面"。(见赵汀阳：《坏世界研究——作为第一哲学的政治哲学》，中国人民大学出版社 2009 年版，第 135 页) 但我感觉赵先生是站在政治哲学的角度下的判断，从教育学的角度来看，把政治问题化解为伦理仍然是一种教育的创造。

言行举止的个人问题，不仅看起来可行，而且也很可信；3.他拉平了统治阶级与普罗大众在道德修养层面的平等性，因为人人都需要成为君子，正像他对子夏所说，"女为君子儒，无为小人儒"（《论语·雍也》）。同时，平民如果成为德才兼备的君子，就可以向社会上层流动，"学而优则仕"。孔子培养的很多弟子都参加了政治活动，"散游诸侯，大者为师傅卿相，小者友教士大夫"（《汉书·儒林传》）。这又反过来让伦理问题有了政治的方向。

　　第二次的转化更显智慧，孔子认为礼是立国之本，说"不学礼，无以立。"（《论语·季氏》）他曾以周礼为依据，从春秋的社会现实出发加以部分改良，编成一部士君子必须掌握的礼仪规范作为教材之一，就是《礼》。但是无论多么完备的一套礼制，它都是一种外在于人心的规范体系，如果单单将这些礼仪放到教育过程中作为课程内容，很容易僵化且具有强迫性，缺乏教育的智慧。因此，孔子就将外在的"礼"转化为内在的"仁"，即一种内在的精神品质和修养，外在的束缚感就渐渐消失了，变成了一种内在的主动的需求。孔子曾以画为喻，对子夏说"绘事后素"（《论语·八佾》），也就是画画时需要有一个洁白的底子，然后才可以着色。这个底子就是人格的修养，只有真情实感的质朴素质，外在的理解修养才有根基，才不会是伪君子。这种自发的主动性可以达到"我欲仁，斯仁至矣。"（《论语·述而》）如此的转变也使得原本非常高的道德要求，看起来让人感觉颇为遥远的道德典范变得触手可及，只要愿意都能到达的境地（孔子的"你想就能达到"似乎比耶稣"信我才能得救"的境界更高），而"我可以达到"的预期又反过来强化"我要如此"的动机，从而让政治目的以更加隐蔽的方式得以深入人心。

　　由此可见，所谓"第一"维度并不仅仅体现为时间上的先后，更表现为目的论上的终极，这种终极的目标作用于课程内容的选择机制时，必须是非常隐蔽、非常"曲折"的，甚至是不着痕迹的，它只能从内隐的价值维度而不是外在的形式层面去统摄内容选择的文化总体方向。

（二）存在一个逻辑的中心

如第二章所说，课程内容的选择需要有相对集中的课题，要减省文化中复杂交织的焦点，先秦诸子的学说中似乎也都有一个逻辑起点，比如儒家的仁、墨家的兼爱非攻、道家的道、法家的法等。这一点与今天的分科课程很不相同。今日的学科课程，它们更多的时候是"各自为政"，尽管也可以将它们都归入到"培养目标"的范畴，但它们之间的差异往往要大于彼此的共通之处。这是由于当下的学科课程或多或少地都在遵守着学科的逻辑体系，以学科的逻辑来组织课程，从而使得课程显得更加彼此分离。也就是说，我们今天很难再用一个什么文化的核心来将所有的课程统合起来。这是不可行的，也是没必要的，因为现时代对人的要求更为复杂，教育也不再仅仅是一个道德问题。但这至少启示我们今天的教育是否变得更加分裂，而忽视了作为整体的人的存在方式？今日的教育法规、改革纲要、学科课程标准、学科教材等都是由相互分离的专家团体制定，他们之间究竟有多大的分歧很少引起注意，今日的学校中也是如此，垂直的考虑总是大于水平的统筹，课程标准只是规定了每个学段的递进顺序，但却很少有人关注同一学段的孩子所学习的所有课程，真的能够围绕孩子组成一个适合的课程生态吗？这些课程都是在一个共同的方向上去努力培养一个未来公民吗？看起来很模糊，所以先秦的"课程"在这一点上似乎颇有借鉴之处。

就像从"仁"推出"礼"一样，孔子编定的课程内容都是紧紧围绕"仁"展开的。我们知道，孔子为了培养德才兼备的君子，从四个方面来实施教化，即"文、行、忠、信"（（《论语·述而》），以文献、品行、忠诚和信实教育学生，这里的"文"，就是他继承并改造西周贵族的"六艺"——《诗》《书》《礼》《乐》《易》《春秋》。孔子虽然将道德教育放在首位,但并没有专设学科,而是将道德的要求贯穿到文化知识学科之中,通过知识的学习渗透道德教育。换言之,文化知识的基本任务在于为道德服务,几门课程都围绕这一个逻辑中心展开。比如《诗》的思想纯正无邪,教人温和顺服,《书》则是文献历史,学之可以继承周道,《礼》更不用说,意在恢复周礼,《乐》则陶冶情操,净化心灵,所谓"乐所以修内""礼所以修外"(《礼记·文王世子》),礼乐的共同作用,由"善"而"美"达到形式与内容的统一。孔子虽然继承了"六艺",但也做出了调整。比如他偏重文事,关于军事知识技能的教学退居次要地位。同时他也轻视生产劳动,樊迟要学习"稼",他当面拒绝,还背后贬其为"小人"。虽然这样的观点被认为是"继承旧贵族传统,为教育与生产劳动相分离制造理论",① 但也许唯有这样才能更加突出孔子的教育核心"仁",所有与之无关的要素都可以淡化。不难看出,通过上述的几项教育,从人们的日常语言、祭祀到诗歌、乐曲,孔子设想的礼乐世界承诺了一个具有美学意义的世界,尽管这种倾向注定了他的主张不会被当时的权力阶层采用,但他组织的教育内容,却让人们在主题式的文化学习中,构建美好的生活图景,在个体的精神层面,能够获得美好的享受,这似乎是幸福生活的文化心理基础。

(三)直接针对现实的问题

先秦时期课程内容的选择,都是为了直接去解决当下的现实问题。这种针对性使得各家的学说具有了"药方"的性质,因而也就强化了课程内容的实用价值,而这种实用性的要求,就使得课程紧贴社会生活,直接指向一种理想的生活形式。

---

① 孙培青:《中国教育史》,华东师范大学出版社 2013 年版,第 36 页。

　　比如墨子的时代"饥者不得食""寒者不得衣""劳者不得息",此为"三患"(《墨子·非乐上》),因此他提出兼爱,倡导人与人之间的平等和睦,提倡"非攻",去除非正义的征战。他在批判儒家思想的基础上,重视生产和军事科学技术知识教育及自然科学知识教育,为了帮助兼士获得各种具有实际效用的本领。

　　孔子也有他的针对。孔子的年代早于墨翟,礼崩乐坏的程度也不及后者,所以他看现实的问题时,意图"修复"的可能性更高,因此,孔子在进行文化选择的过程中,他的眼睛是向后而非向前的。他期望的是恢复周礼,回到过去的状态。最为明显的表现是,《论语》中鲜明地呈现出孔子对当时礼崩乐坏的痛心,他要极力地维护和恢复周礼。孔子不止一次地强调"吾从周"(《论语·八佾》),"梦见周公"(《论语·述而》),也强调要维护周公的一套礼仪,比如"八佾舞于庭,是可忍也,孰不可忍也"(《论语·八佾》)。需要指出的是,这种向后看的选择视野,也有合理的方面。李泽厚先生认为,孔子维护周礼,是保守、落后甚至反动的(逆历史潮流而动),但他反对残酷的剥削压榨,要求保持、恢复并突出地强调相对温和的远古氏族统治体制,又是具有民主性和人民性的,"历史向来就是在这种悲剧性的二律背反中进行"。①

　　面向过去的文化视野就只能采取"述而不作"(《论语·述而》)的选择态度,尽管我们不能简单地把"述而不作"理解为只传递继承而没有更新创新,但可以明确的是孔子对于周礼的维护和保持,造成了课程文化思想层面的保守,他把理想的社会模型设定在过去,并试图要回到过去的状态。这就颠倒了课程的文化功能,课程对文化的保存、传递与更新,是为了让受教育者能够更好地适应变动不居的当下和未来的生

---

① 李泽厚:《中国古代思想史论》,生活·读书·新知三联书店 2012 年版,第 8—10 页。

活，文化就是在适应生活的基础上稳定下来的人的行为方式，只能要求文化去适应生活的问题，而无法反过来要求生活实际去适应某种文化，这不是课程的文化力量所能给予的。

当然，孔子的述而不作并非意味着没有创造性，杨伯峻先生认为只是反对"不知而作"。[①] 但是向后看的整体文化取向，使得课程对文化的更新功能大大受阻，即使可以对既有文化进行裁剪，加以新的诠释，也基本上只能沿着既定的文化轨道前行而无法有大的创造。[②] 孔子的创造不仅在于他在课程的内容层面通过多次转化与推演，让一个好的社会、一个好的政治和一个好人建立了联系，还在于他在教学的文化释放层面，给出了令今人敬仰的诸多解答。

三、释放的文化状况

如果说在课程内容的选择层面，先秦各家还受到社会时弊规限的话，那么，在教学释放的文化选择层面，他们都显示了更大的创造性。这里仍以集大成者孔子为例，当我们试图通过《论语》来看孔子的教学时，我们常常看到的就是作为一个完整的人的孔子，他的教学、生活、言行很难区分得开，李泽厚先生说那是一个"相当完整的生动形象"，[③] 他是怎样的生动呢？我有如下的一段笔记：

---

① 杨伯峻：《论语译注》，中华书局1980年版，第66页。

② 有一种观点颇有启示价值。孔子之所以将理想的文化范型定位在过去而不是未来，既由于当时的政治剧变，也受到当时人们的时间观、发展观的影响，因为如果放在今人的时间观念中，当遇到各种大小的动荡时，人们大多会认为"未来会更好"，这是现代科学技术塑造了人们的一种向前的时间与发展观念。据说牛顿一生中花费最多时间的不是他的光学、力学等科学研究，而是圣经年代学、炼金术，因为他抱着一种循环的时间观，认为摩西时代就已经知道了类似万有引力定律这样高深的东西，所以他只要回头去寻找就行。

③ 李泽厚：《论语今读》，生活·读书·新知三联书店2011年版，第14页。

　　孔子有爱憎，不做好好先生。后世的人往往只关注儒家的中庸，什么过犹不及，遇到事情不置可否，总想做好好先生，成为一副世俗的嘴脸，谁也不得罪，林语堂称之为"超脱老滑"①。孔子不这样，他有自己的爱憎。子贡问他，君子也有憎恶吗？他说有的，他憎恶讲别人坏话的人，憎恶自己下流却毁谤向上的人，憎恶勇敢而不懂理智的人，憎恶专断而执拗的人。有憎有恶才是活生生的人的情感。而且，孔子的爱憎还很分明。他批评管仲"小器"，不懂"礼"，但同时也称许管仲"仁"，认为他辅佐桓公统一天下造福了百姓。

　　他会着急，急了还会发誓。一次孔子拜会了南子，据说她是一个淫乱的国君妾妇，是一个不道德的人。这招来了子路的不悦，他急得发誓说，我如果做了坏事，老天会惩罚我！老天会惩罚我！（"天厌之！天厌之！"）一个老师被冤枉或者被怀疑了，想自证清白又没有太多的证据，情急之下的发誓，多么的自然而然，一点儿也不装腔作势。这也反映了孔子的诚实，拜见了南子而不避子路。

　　他会被学生批评和质疑。子路首当其冲。老师见了南子，他不高兴，孔子在陈国断了粮食，他也生气地质问孔子，君子也有毫无办法的时候？老师要去做官，他也不高兴。看来，孔子的学生可以对他说不，可以不高兴。

　　他会发牢骚，抱怨没有人知道自己，没有人起用自己，怀才不遇而抑郁感叹；面对现实他也会有悲观的情绪，用凤凰鸟来比喻当时天下无清明之望。他还会前后矛盾，既提出"不患人之不己知，患其不能也"，又抱怨"莫我知也夫"，学生质疑时，还会为

---

① 林语堂：《中国人》，郝志东、沈益洪译，学林出版社 2008 年版，第 42 页。

自己找点辩解的理由，公山弗和佛肸想让孔子去做官，孔子打算去，子路数次阻拦反诘（君子不应与不道德的人为伍），孔子也为自己辩解两句，一是可以出淤泥不染，二是有机会才能干成复兴周王朝的大事。看上去非常勉强，但的确又是他真实的想法。

如此不一一悉数。这些已经足以见出，孔子其实并非像后世，尤其是宋明理学描绘的那样超凡入圣，反而成了至圣傀儡。他就是这样一个普通的平常人，在学生们的眼中，并没有一个高尚完美的至圣先师，他可以被挑战，可以被质疑，甚至可以被诘问。这在今天恐怕是再难见到了。

这似乎与今天的教师颇为不同，孔子的言行举止与他信奉和传播的思想学说一致，二者共同组成了课程的内容，换言之，他个人的生活方式与所教授的"课程内容"融为一体，共同释放着文化的教育力量。他以主体性的身份参与了知识的建基，这种状态可称之为"个体的知识主体化"。具有知识主体性的个体不仅可以挑战传统，还具有合法的知识权利，并且可以捍卫个体建立于真实生活上的知识经验，从而解构知识的神圣化倾向，这种身份可以改变"倾听神谕"的被动接受姿态为"观看现实"的主动实践形式。

因此，作为一种知识创造主体的教师，孔子所期望教授给学生的知识，都是经由自己阐释与创解的知识，尤其是自己"正在体验的知识"，是"属我"的知识，而不是源自他者的知识。后者更接近今日教育的状态。今日的教师所教授的各门课程知识，都是先于教师教学的存在，教师的教学更像是建立一种管道去输送一个外在于教师主体的客体知识。这种缺乏了知识主体性的客体性知识，不具有文化创造的根基，是一种脱离了生产主体的"文化果实"。

这是先秦模式中非常突出也很普遍的一点。追求隐世的道家，其学说主张者老庄，自身就是遁世与逍遥的；主张科学技术教育的墨翟，自己就是一个精于制造的工艺人。但是今天教导马克思主义学说的教师未必信奉马克思主义，教学语文的教师未必喜爱中华传统文化。由此我们似乎可以说，先秦时期教师对课程内容的文化选择具有极强的主体性，教师自身不仅是某种文化思想的提出者、选择者、解释者，更是这种思想的践行者，如果用前文"教学风度"的视角来看，他们的文化释放结构是自然而完备的，是在自发的意义上融为一体的。

如此状态下，课程内容的文化选择呈现出选择—信仰—教学—践行的整合状态，这种状态构成了一种课程内容的生态层面，使得教学对课程内容的文化释放非常饱满与充分。从孔子、墨子的教学实践中我们都可以看到这种统一的文化状态：他们基于现实的社会问题，做出了各自的文化选择，并将其树立为本学派的文化信仰，这个信仰不是外在于教师的，而是教师自己关于政治、社会、文化和教育的认识，因而他们实践着自己所信仰的学说，并带着这种信仰和实践，教授着自己的学生。

让教学的释放与教师及内容层面的课程"同向"且"同构"。他们彼此之间不仅文化的取向相同，文化的内容结构也相同，这种状态下，教师的生活言行与教育教学实践就处于一种质朴的融合的状态，文化层面的释放非常充分。这种质朴的融合状态在日后的教育中，由于知识和学科的产生就逐渐地剥离和分裂，使知识和信仰脱离了教师的人身主体，成为一种符号的存在。这是知识进步与发展的必然，但在经历分裂的过程之后，似乎有必要在自觉的层面上重新找到内在的文化同构与契合，以最大程度地释放课程的文化意涵，以改变课程作为文化承载的工具状态，让人的教育真正成为"为人"的教育。

教师教学的过程具有文化的主体性，它并非是传递一种冷冰冰的知识，而是在渗透一种信仰，一种观看世界的态度。比如子路、曾点、冉有、公西华侍坐，师生五人畅谈理想的场景。孔子不仅没有否定其他几位的志向，也表明了自己的理想与曾点相同"吾与点也"（《论语·先进》）。在与学生畅谈的过程中，孔子就表达了自己的人生理想，对学生的教化也自然晕染，这看起来是一种非常具有美学意义的教育状态，它充分地张扬着教学的教育性特质。

实践着某种信仰和学说的教师与灌注了个体生活实践的思想和学说，两者之间的相互作用可以激发出更多的文化创造力。有一次孔子教诲颜回，讲了一整天的话，颜回也没有异议，孔子觉得他是个笨蛋，但回头看看颜回的行为，恍然大悟，颜回的行为也使孔子受到了启发（《论语·为政》）。孔子有这样的体会，恐怕正是由于他自己也秉持着他所宣扬的学思结合（学而不思则罔，思而不学则殆）的生活品质，这种学思行合一的品质使他在教学的过程中，充满着"教学相长"的教学文化。

人们常说，古代希腊文明是西方文明的童年，但同时代东方的文化却比较早熟。比如我们的周朝就有了超越当前民族国家体制的"天下"政治制度，所以，先秦的文化事件有时看起来是非常迷人的。跟一位浑身散发着文化气息的老先生学习文化，在今天看来都是非常令人艳羡的事情。但是马克思说人的全面发展往往需要经由异化与扬弃异化的过程才能实现，事物经由人的创造与发展，成为人的对立面后又会促进人不断地超越自己。因此，我们考察先秦以降的课程状态时也有这种体会，尽管孔子等私学大师已经给出了一种非常美好的课程文化生态，但是文化自身的发展、社会的演进必然不会安于现状。先秦时期的具有美学意义的课程文化选择结构，在秦帝国崛起的时候，就渐渐退场了。

第二节　秦汉以降：扑天心灵的问题

如果说先秦模式是一种自发状态的融合模式，那么秦汉以降及至近代的课程的文化状况可以说是一种异化发展的阶段，尽管它有非常卓越的统治效果，延续并保存了中华文明，但它却是一种反文化的发展方式，因为它借助种种方式，让文化变得自我重复，人的心灵也随之变得不再有问题，那种苏格拉底眼中人对世界的"惊异"也渐渐退去。

一、帝国、意识形态与科举

帝国的诞生是一个政治事件，也是一个文化事件。在政治层面上具有里程碑意义的是秦的建立，作为第一个统一的中央集权的封建国家，秦统一六国后，结束了长期以来诸侯割据的分裂，但同样也结束了春秋战国的自由知识制度，为了铲除残余的贵族思想，秦对六国历史和儒家学说采取禁止传授的政策，"焚书"和"坑儒"相继发生。秦为了达到统一的政治指导思想，不顾精神自由发展和文化多样繁荣的需求，对私学采取了严厉禁止的政策，并采取禁学、烧书乃至坑儒的手段，实行文化的专制。

帝国文化制度的建立在漫长的汉朝。由于秦存在的时间太短，不足以建立符合帝国需要的文化政策，因此，这个任务留给了汉武帝。汉武帝改变了汉初休养生息的无为政策，采纳了董仲舒"不在六艺之科孔子之术者，皆绝其道，勿使并进"（《汉书·董仲舒传》）的建议，实施了"独尊儒术"的文教政策。虽然在实际发展的层面，并非只剩儒家，更可能是"霸王道杂之"（《汉书·元帝纪》），但儒学至少在政治和文化的理论层面上，获得了独一无二的统治地位。至此，帝国继获得了政治的涵义之后，又获得了文化层面的涵义。

如果不把帝国看成具体的朝代，而只是一种制度文化设计的话，那么，政治层面的中央高度集权、文化层面的单质统一可以看作是一种象征性的设计。尽管这种设计未必能够有利于帝国的强盛和发展，但却有利于它保存和延续自身。

帝国的诞生带来了很多的变化，其中较为显著的可以表述为，帝国不再对政治（兼顾内外）问题感兴趣，而只对统治（只剩下对内）问题感兴趣。先秦时期，人们虽然知道各地有文化的差异，但只把这种差异视为文化的多样性，而并不看成一种政治身份的差异。统一的帝国赋予了内部与外部不同的政治身份，纳入郡县制的就是帝国内部，其余都是"异己的外部世界"。最有典型象征意义的是作为一种政治事件的秦修长城，"长城把中国帝国定义为天下之中的一个国家，不再是属于天下所有人的天下政治中心，而只是属于本地人的帝国"。[1] 因此，由于帝国的辽阔必定带来诸多的问题需要应付，所以帝国也不再关心外部世界，因而，一切政治强力都开始聚焦于帝国内部的治理。在中央集权的社会结构中，权力最具有吸引力，因为它可以普遍支配和兑换一切东西。它在文化和教育的发展过程中，也扮演着重要的角色。

当儒家被政治的手段定义为唯一合法的学说时，作为官学的儒家就不再是一种思想，而是一种与权力合谋的意识形态。意识形态是帝国和权力的创造，它和思想的最大区别在于，拒绝任何形式的反思，是一种僵化的思想形式。这与春秋战国时期的文化状况有了本质的区别，它变"百家争鸣"为"一家独大"，原本可以相互借鉴、批判、超越的思

---

[1]　赵汀阳：《坏世界研究——作为第一哲学的政治哲学》，中国人民大学出版社 2009 年版，第 163—169 页。

想群体消失了，只剩下个体的一枝独秀。而且我们需要明确的是，作为意识形态的儒家和先秦的儒家思想也是非常不同的。

具有权力的意识形态有一种消灭异己的先天倾向，它的自我复制是以牺牲多样的文化为代价的。如果没有科举制度的诞生，这种复制型的文化机制也许不会延续千年之久。隋文帝时用察举制来解决官员的选用问题，把察举的设科、推荐、考试与行政区定时、定额、定科选送人才结合起来，逐步形成了更为标准的科举考试制度。[①] 当意识形态的儒家思想与科举制共同作用于社会文化的时候，就产生了一些非常严重的后果。

它不仅在制度文化的层面让儒家以外的思想失去了合法性，也让大众文化层面对其他的思想道路失去了兴趣。对权力的迷恋自然衍生出对加入统治集团的偏好，而要做官就必须通过科举考试，要通过科举又只能认同儒家意识形态。如此这般，不仅使得多样的文化资源遭到破坏、不被关注，儒家意识形态也由于独断的文化地位而丧失了自身发展的积极性。在这个过程中，政治借助意识形态的手段俘获了思想层面最为活跃的智力精英，从而在为智力精英开辟仕途的同时，与之形成了政治联盟，从而保证了政治的稳定性。但是，这种自身繁衍的机制却破坏了文化的活力根基，这种根基使得任何角度对科举正向功能的表述都显得非常可疑，它终止了文化的创造性，让国家层面的文化发展只能萎缩成复制性的知识再生产，从而形成了文化的"荒漠"。所以，把儒家意识形态当作科举内容，虽然巩固了儒家意识形态的统治以及帝国的行政统治，但却摧毁了智力发展的源泉。有学者如是概括道，官僚制度、科举制度和伦理化意识形态这三者就每一样本身而言并不致命，但三者结合为一，就相互放大了弊病，形成不可救药的社会体制，几千年折腾下

———————

① 孙培青：《中国教育史》，华东师范大学出版社 2013 年版，第 158 页。

来，终究无力经受任何外部挑战了。①

二、课程内容的文化选择状况

以上两点基本描绘出这段漫长的历史时期社会层面的文化状况，如此漫长的时期，想要在有限的篇幅中概括出整个时期的课程内容的文化状况是比较困难的，但是似乎可以找到一些关节点。由于儒家意识形态的状况，这个漫长的阶段在课程意义上的文化选择基本就是以儒家的经典为主脉，通过各种层次的学习场所，供人们学习。但是，儒家文化在这种自我复制的过程中并不是一成不变的，也不是先秦孔学的翻版，在发展的过程中，经由孟子的改写及宋明理学的阐发，从内圣外王的统一窄化为纯粹的心性之学，这直接导致了后来被鲁迅称为"吃人的礼教"的诞生。这是课程内容的文化选择的总体形貌。

今天我们常常谈起的儒家主张性善，讲伦理道德和心性修养，其实更接近孟儒一系。因为在孔子的儒学中，这种"内圣"的取向与"外王"是并行不悖的。在《论语》中有很多这样的例子，比如子贡问"有美玉于斯"，是藏起来呢，还是找个识货的买主卖掉？孔子说"沽之哉！沽之哉！我待贾者也。"（《论语·子罕》）孔子有"外王"的主张，故自比出售良货。最为集中的体现是孔子对管仲的称许上，如果按照心性道德的维度，管仲不知礼，也不死君难，是不符合儒家道德标准的，是"不仁"的，但孔子仍然"与其仁"，指出"民到于今受其赐"，就是在"博施于民而能济众"的外王层面称许管仲的客观巨大功业（维持了中原诸氏族联盟的生存延续）的（《论语·宪问》）。李泽厚先生也非常强调孔子的儒学既有"宗教性私德"，也有"社会性公德"，前者是"仁"，

---

① 赵汀阳：《坏世界研究——作为第一哲学的政治哲学》，中国人民大学出版社 2009 年版，第 183 页。

后者为"圣"，① 而且后者更像是一种更高的主体自觉，所谓"何事于仁，必也圣乎"（《论语·雍也》），这种宗教性因素和政治性因素从一开始就在孔子的思想里交融合一，修齐治平，内圣外王。这是因为原始的始祖首领就是"依赖典范风仪、道德规范来进行统治的"，② 由此种种，我们看到了一个完整的孔子问题，即"内圣与外王"。但是这个完整的思想在"儒分为八"（《韩非子》）的过程中发生了分化。孟子单向地继承与改写了这个原本内外兼有的问题。

孟子非常不赞同孔子对管仲的看法，认为那种霸道功业是不足道的，"……功烈如彼其卑也，尔何曾比予於是"（《孟子·公孙丑上》），"仲尼之徒无道桓文之事者"（《孟子·梁惠王上》）。这是因为孟子生活的时期，氏族社会已彻底崩溃，他痛感诸侯之间"争地以战，杀人盈野；争城以战，杀人盈城"（《孟子·公孙丑下》）的残酷，因而更加强调要"仁"，要施仁政，先修身齐家才能治国平天下，问题的重心就落在内圣一边。如是，孟子提出的教育目的就只能是"皆所以明人伦也"（《孟子·滕文公上》），这种明人伦的教育也就明确了此后两千多年中国古代教育的性质为"伦理的教育"。但此时，孟子的问题还只是让内圣与外王"离异"，让两者走向对立的是"以继承孟子自许的宋明理学"。③

宋明理学极大地发展了孟子这一注重内圣的倾向，使其余外王脱离，成为支配、主宰甚至唯一的理论内容，必须真心诚意才可以谈治平，一讲"外"就错，"为学"就等于"修身"，就只剩下心性修养，正如朱熹所言"……独曾子之学专用心于内，故传之无弊，观于子思孟子可见矣。"（《四书集注·论语注》）

---

① 李泽厚：《论语今读》，生活·读书·新知三联书店 2011 年版，第 64 页。
② 李泽厚：《中国古代思想史论》，生活·读书·新知三联书店 2012 年版，第 281 页。
③ 李泽厚：《中国古代思想史论》，生活·读书·新知三联书店 2012 年版，第 283 页。

　　这些在二程、王阳明等人的思想言论中都表现得很清晰，他们有的也有事功，但翻看《朱子语类》《近思录》《传习录》等，可以看到他们所讲的学主要都是内省修身之学，经世致用的较少。所以程颐说，"凡学之道，正其心养其性而已"。阳明心学更是如此，到了理学成为正宗的明清时期，"平时袖手谈心性，临危一死报君王"便成了典型的情状。此时，"道德压倒了一切……原来的封建官僚体制日趋闭塞、内向、因循、腐朽，日益丧失了本来就不高的行政效能，这是理学成为统治的意识形态的后果之一"。①

　　在这个漫长的历史时期中，选择主流意识形态的儒家经典进入课程内容是各个朝代的基本共性。因此，在内容选择的层面上，这一时段课程的文化面貌就显得较为单一，先秦的思想活力消失殆尽。

　　秦汉以降，在课程内容的层面上，尽管文化的选择以儒家经典为主流，但思想的含量却日益褪减，到最后只剩下形式的教条，成了一种反文化的文化状态。这种文化状态最大的特点就是扑灭了人们心中的问题之光。当儒家思想作为一种解决社会问题的理论方案，与诸子百家既相互竞争又成为显学、既批评别人也受到指责、既有自身的思想特点又融合别家学说的时候，它是活的思想，它允许有思想的更新与发展，荀子门下还孕育了两位法家的代表人物，这是思想的开放性与活性的体现。正是有着这样的活性，学习儒家学说（并非只有儒家有活力，此处只是以儒家为例）的学生充满了个性，他们的学习内容就融入日常的实用之中，需要在一切的生活实践中"思考"。但是当儒家思想成为一种意识形态，它成了唯一正确有价值的思想时，它就已经丧失了思想的土壤，思想是不能独存的，它必须在与其他思想的互动中汲取新的活力。所以，此时儒家的学说只能成为自我复制的知识，知识的学习只需要

---

① 李泽厚：《中国古代思想史论》，生活·读书·新知三联书店 2012 年版，第 285 页。

"记忆"，而当此学说继续窄化地发展成为伦理规范的时候，它又沦为徒具知识空壳的礼节教条，教条的学习只需要"遵守"。从"思考"到"记忆"到"遵守"，思想的含量褪尽。因为不再需要什么人去思考问题，唯一正确的答案已经给出。如此这般的课程内容，已不再具有一种健康文化的特质，甚至都不再算得上是一种文化，是一种非文化和反文化，学习这些教条只能去注解古人，课程内容层面的文化就把人的智慧终结了。

作为课程内容的儒家意识形态，其内容层面已完全被礼教所独占。膨胀的礼教渗透进学习与生活的每个角落，礼教不仅规定价值观，还规定利益、责任、地位等，几乎无所不包。它压迫了人的自由空间，人从身体到思想都丧失了自由和可能性。当礼教成为重要的课程内容，它就越发地自我膨胀，学生在习得教条的过程中，就只能按照既定的行为方式去生活，无论这种既定的生活是好还是坏。"既定"本身就是坏的，它直接拒绝了人的生存与文化的多样可能性，也就是一种"反自由"的状态，这一点在宋明之后尤其明显。反自由就是反人性，就是对人之天性的一种残害。先秦文化中以人为本的核心也在这意识形态的消磨中没了踪影。其实，礼的合理性必须有道德的正当性才可以确定，礼是不能为自身立法的。所以老子说"失道而后德，失德而后仁，失仁而后义，失义而后礼。夫礼者，忠信之薄而乱之首"。(《老子·三十八章》)

缺失了"外王"维度的课程内容，变得日益脱离实际的生活，课程内容空疏无用，成为一种没有生活气息的课程的文化。文化的选择只剩下没有内容的形式，因此，至清朝时，课程内容的脱离实际就引起了不满。比如黄宗羲在主张经学教育的同时，也传授天文、数学、地理等自然科学知识。颜元也痛批脱离实际的课程内容。在他看来，教育只在"文墨世界"中，只在口头纸笔上下功夫，而不讲求实学，不仅无益，甚至有害。他故此尤其痛恶程朱理学，"误人才、败天下事者，宋人之学"。[①] 李泽厚先生在评述先秦儒家文化时，称其"道在伦常日用中"，彼时的儒学虽不是科学，但切近日常生活，在生活中学习，也在生活中运用。所以我们今天阅读先秦的著作典籍时仍然很有兴味，很有人情味，即便是深奥玄妙的《老子》，读起来仍然好像一位亲切的老者在嘱咐你"不着急，不妄为"，要尊重自然的大道等，《论语》更是如此。然而，宋明理学的学说却异常干瘪枯燥，很难提得起阅读的兴味，这恐怕就是一种最为感性的体验了。

显然，如此漫长的历史阶段不是上述几点就能够概括全部的状态，但基本在课程内容的总体文化状况上具有这样的一些特点。

三、释放的文化状况

尽管在课程的内容层面，文化选择的状况进入了僵化的死胡同，但在教学的文化释放层面，几乎在每个历史时期都可以看到很有智慧的教学思想。历史上的这些教育家、思想家尽管也身在这漫长的文化异化的长河之中，但也留下了很多精辟的见解值得后人去进行新的开掘。

比如汉时的董仲舒强调学习要勤勉刻苦，要专心致志，要精思以把握微言大义，"非精心达思者，其孰能知之"(《春秋繁露·竹林》)。南北朝时的颜之推强调要主动勤勉地学习，重视切磋交流在学习中的作用，还提倡踏实地学习，要亲身观察以获取知识，重视书本知识和实践经验。唐时的韩愈除了提出了"传道、授业、解惑"的"师说"，鼓励勤学、多读博学和积极思考，也强调教学的因材施教和生动活泼。南宋的朱熹尽管重视"灭人欲"的道德教育，但他也很强调身体力行，他的"朱子读书法"影响深远，即"循序渐进、熟读精思、虚心涵泳、切记

---

① （清）颜元：《颜元集》，中华书局 1987 年版，第 776 页。

体察、着紧用力、居敬持志"。

纵观这些大家的思想，在教与学的层面释放出这样几种具有课程价值的文化，这几种教与学的文化释放，不论今人如何阐释或改造，至少在与彼时的课程内容的文化互动中，相互地切合，互相吻应，将课程内容有效地进行了阐释与传递。

一是强调勤勉学习。这大概与中华民族长期从事农业生产有关。但也反映出我们的教学传统将学习看作是一件不怎么容易也不怎么快乐的事，需要意志力去克服各种困难。这可以看成是积极的方面。但如果从消极的方面看，让学生去熟读、理解先贤的经典，要去挖掘别人言论中的微言大义，其间的痛苦在于"无我"的状态，因为无我，所以"我"的自然理解并不重要，去弄懂文字背后先人的意涵才有价值。所以勤勉所需要克服的困难与艰苦，有时来自身体，有时还来自精神。

二是重视个体内省。尽管也有关于实践、切磋等教学方式的主张，但相较于读书、思考、感悟等个体内省层面的教学方式，显然后者更为主流。学与思的关系很早就被论及，先秦儒家还非常重视学、思、行的统一，但后世的传习中"行"的部分日渐弱化，坐而论道的风气延续至今。这种教与学的方式也同样切合课程内容的文化层面，通过个体对经典的阅读，去独立地思考个中的思想内涵；或是在道德的规束下，以外在的道德标准省察自我的言行。内省既是内化经典的方法，也是提升自己德行的途径。

三是突出背诵讲解。既重视学生对于经典文句的背诵，也重视教师对文章语句的讲解。在识字教育阶段就需要背诵韵文和汉字。比如在私塾中常见的做法是，对于初入学者，先生常常是把学生叫到跟前，先生读一句，学生跟读一句；教完一个段落，先生反复领读几遍，再让学生回到自己的座位上诵读，读熟再到先生桌前背诵，背到没有错漏，再教新的段落。① 清代蒙学家唐彪说："凡书随读随解，则能明晰其理，久久胸中自能有所开悟。若读而不讲，不明其理，虽所读者盈笥，亦与不读者无异矣。故先生教学工夫，工夫必以勤讲解为第一义也。"② 这两种教学的文化取向至今都可以很明显地在课堂教学中见到，语文教学可能尤其明显。对经典的记诵毫无疑问是内化道德规训的前提，唯有滚瓜烂熟，先生的讲解才容易理解，也才容易通过向内的思考获得启示。很显然，这样的文化释放同样能够很好地对应课程内容的文化，它指向了价值的内化、认同与维护，它协助课程的内容价值，同样不需要有任何的问题，将人的思考简化为记忆，从而在没有批判的维度上，省去一切的存疑。

还有两点需要补充说明。一是除此以外的一些教学文化的释放，也有切中时弊，提出不同线路的，比如重视实践。但终究让位于认同既定文化路线的释放结构。二是对于传统教学的文化选择，今人对其进行全新的文化阐释时，其内在的价值又可以有崭新的释放，比如朱子的读书方法如果不是拿来学习儒家经典，如果结合切身实践，那么其所释放的教学文化又会为之一新，这些是另一个问题。

由此我们可以看出，秦汉以降的课程与教学层面，静态的文化内容与动态的文化释放结构依然是相互吻合与匹配的。尽管不像先秦时期，用身体力行的方式教授自己的文化主张，但是勤奋、读书、内省、静思、背诵等教学方式所营构的"认同型"的文化释放结构，同样很好地满足了意识形态层面的文化复制与自我认同。因此，它仍然可以看作是一个具有良性互动结构的文化选择模型，尽管其总体价值指向未必正确。

---

① 熊贤君：《私塾教学方法的现代价值》，《课程·教材·教法》1999 年第 9 期。
② 李国钧：《明清蒙学教育述评》，《华东师范大学学报（教育科学版）》1992 年第 1 期。.

第三节 近代转折：西学东渐的冲击

西学的侵入彻底改变了超稳定的文化结构，历史上无论是异族的入侵还是佛教的传入，汉文化都展示了超强的包容性，从未遇到多文化的存亡问题，但这次例外。西学以破门而入的姿态，迫使你睁开眼睛正视它的存在。这种完全不同的另一种"生活的样式"，完全改变了近代中国的文化境况，我们不仅需要认真打量这个非常陌生的异域文明，也要重新审度自己的文化。由于近代以来的社会文化状况在第一章中已有概述，因此，这里只从这一时期课程内容的文化状况谈起。

一、课程内容的文化选择状况

从历史的发展过程来看，这一时期的课程内容由于有了西学的涌入，注入了新的因素，因而在显性的层面上表现得较为活跃，加上救亡图存的政治运动，因此，情况极为复杂。但尽管不同时期有过一些反复和干扰，总体上看，以下几点取向还是较为清晰的。

（一）科学文化意识的逐步觉醒

尽管在先秦时期，我们的文化因子中并不缺乏科学文化，但显然在漫长的封建社会中，这种萌芽更多地被压抑了，国家层面的智力选择没有设定科学这一从属于"外王"层面的导向。当坚船利炮打开国门时，从清政府为了自救而实施的洋务运动，到维新派的教育思想，以及新文化运动，科学文化意识在被动发展的态势中日益觉醒。

比如，洋务学堂在教学内容上以学习"西文""西艺"为主，课程多包括外语、数学、格致、化学等一般性课程以及和各自专业相关的科学技术课程，注意学以致用；为了全面讲求西学，百日维新时普遍建立了大量的新式学堂（包括铁路、农务、蚕桑等实业学堂），尤其是在随后的科举废除以后，兴办新学成了一个热潮。随后的资产阶级革命派对封建教育大力抨击，孙中山在 1897 年提出，封建教育制度下的士人，"终生所诵习者，不外四书、五经及其笺注文字"，目的就是要"养成盲从之性"。①

在经历民国初期封建教育的回潮之后，五四新文化运动中有了一次觉醒。"中国科学社"的发起人之一任鸿隽认为，科学于教育上之重要，不在于物质上之知识，而在其研究事物之方法，而在其所与心能之训练。② 由此可见，此时科学文化的意识觉醒，已经不局限在知识论层面上的内容的学习，而更期望获得一种科学态度和科学精神的塑造。同时期的陈独秀和胡适等人，也从不同的角度对科学教育进行了深入的思考，他们都主张尊重客观规律，尊重理性，提倡科学方法论（比如"大胆假设，小心求证"等）。新文化运动将科学与民主并举，奠定了日后科学教育发展的方向。

（二）在"中体西用"与"体用一致"中的犹豫

与科学文化日益觉醒相伴随的是传统儒学的反复，尤其是对"读经""修身"课程内容的坚持与放弃，虽然在总体趋势上后者是主流，但在文化的发展过程中，却仍然呈现出了在出场与退场中交织的状态，反复而漫长。

"中体西用"是洋务派关于中西文化关系的核心命题，是洋务教育的指导思想，也是文化移植所必然带来的问题。在张之洞的系统阐述中

---

① 孙中山：《孙中山选集》上卷，人民教育出版社 1956 年版，第 23 页。

② 任鸿隽：《科学与教育》，《科学》第 1 卷第 12 期，转引自樊洪业、张久春编：《科学救国之梦：任鸿隽文存》，上海科技教育出版社 2002 年版，第 67 页。

可以看出，"中体"被看成一种民族文化身份的认同，西学只是器用和补充。这种嫁接必然带来深层的文化矛盾。甲午战争之后，严复否定了这种思想，提出了"体用一致"的文化教育观，他倡导要学习西方的自然科学和社会政治学说，认为坚持"中体"不可变是错误的，西学自成体用，需要全面学习。虽然体用的关系，中西文化的关系至今还在不断地发展，但长期以来在课程内容的文化选择上，中体西用的主张产生了重要的影响。

"中体西用"在课程内容上的表现，主要体现为对"修身"课程的重视。百日维新时期的《京师大学堂章程》中设置了经学和理学的课程；1903年的《奏定学堂章程》中明确提出了教育宗旨："至于立学宗旨，无论何等学堂，均以忠孝为本，以中国经史之学为基。俾学生心术壹归于纯正，而后以西学瀹其知识，练其艺能，务期他日成材，各适实用，以仰副国家造就通才、慎防流弊之意。"①这个教育宗旨的核心是封建的忠孝思想，并成为制定教育政策、修订学校的规章制度的依据和准则。因此，该学制规定初等和高等小学堂均需开设"修身""读经讲经"的课程，且比重较大（初等小学堂占课程总时数的五分之二，高小占三分之一）。

到民国成立后，封建教育又有所回潮，袁世凯恢复尊孔祀孔，1913年《天坛宪法》的草案规定"国民教育以孔子之道为修身之本"，并将儒学作为学校教育的基本课程，民初刚刚废止的读经，又重新进入课程内容。随后，新文化运动废除了读经，白话文进入课程，及至1922年新学制改革推出了《中小学课程标准纲要》时，才明确提出"小学取消修身课本"。②但这种形式上的取消却并不代表这种文化取向

---

① 毛礼锐、沈灌群：《中国教育通史》第4卷，山东教育出版社2005年版，第213页。
② 孙培青：《中国教育史》，华东师范大学出版社2013年版，第402页。

的消失。相反，直到今天，我们的教育中仍然不乏"尊孔""读经"的呼声，虽然目的也许有所不同，但这种文化上的犹豫仍然可以窥见。

除此两方面的文化状况外，在我国的近代教育史上，从新文化运动开始，就呈现过一个短暂的活跃时期，西方各种教育思潮和理论的涌入，形成了形形色色的教育组织，但其中产生实际影响和长期生存下来的并不很多。这其中较有影响的包括黄炎培的职业教育思想、晏阳初的平民教育思潮和定县的平民教育实验、梁漱溟的"乡农教育实验"、陈鹤琴的"活教育"实验、陶行知的"生活教育"思想等。

这一时期课程内容层面的文化构成非常复杂，不仅有来自不同地域的文明冲撞，还有来自不同阶级和不同政治群体之间的思想争斗，因此无法描述全貌，但从这些代表性的主张中可以看出：1.受西方文化的影响非常明显。无论从分科的课程设置，还是一些现代科学的课程内容，包括新学制中对教育阶段的年限划分，都受到了西方科学文化的影响，并且从被动应答向主动学习转变。2.对受教育者尤其是儿童的身心发展特点开始逐渐重视。因此，基于儿童的课程文化意识也正逐步形成。比如恽代英就很重视儿童教育的改造，提出要"利用儿童游戏猎寻、搜集、模仿诸种本能"学习知识和技能；陈鹤琴也致力于建立现代儿童教育，重视自然和生活中的直接经验的学习，采用活动中心的形式体现儿童生活的整体性和连贯性。[1] 这些思想都表明在课程内容的文化层面，儿童文化开始渐渐占有一席之地。3.教育独立的思想开始萌生。比如蔡元培在1922年教育独立运动中发表的《教育独立议》中认为，教育事业当完全交与教育家，保有独立的资格，毫不受各派政党或各派教会的影响，[2] 这说明人们已经开始关注到，虽然在阶级社会里，"完全

---

[1] 陈鹤琴：《陈鹤琴全集》第4卷，江苏教育出版社1991年版，第374—389页。

[2] 姜朝晖：《民国时期教育独立思潮研究》，中国社会科学出版社2008年版，第171页。

脱离政治的教育固然势所不能"，但教育并不能单单服务于政治、服从于政治，它应当具有"某种超越政治层面的意义"。① 在这种独立思潮的积极作用下，不仅课程内容的文化选择问题上，儿童的文化取向开始受到重视，在教学层面的文化释放中，儿童也越来越是一个重要的文化选项。

二、释放的文化状况

从文化输入的影响角度看，近世对教学的文化影响较大的文化体来自两个方面，一是美国，一是苏联。

最早输入我国的是赫尔巴特教学法，以赫尔巴特的教育思想为基础的"五段教学法"强调教师的主导作用，注重课堂教学形式的规范化，适应了班级授课的需要，也优于私塾教学中常用的强调死记硬背，因此给教师提供了极大的便利。但由于这种方法本身具有的缺陷以及在运用中的机械性，使得它与机械灌输的方法日渐接近，压抑了学生个性的发展。与此截然不同的是，20 世纪初，美国的"进步主义教育运动"带来了以儿童为中心、活动为中心的关注学生个体发展的教学思想与教学方式。

比如，克伯屈的"设计教学法"，由学生自发地决定学习的目的和内容。打破班级授课，打破学科界限，摒弃教科书，强调教师的任务在于利用环境引起学生的学习动机，帮助学生选择活动所需要的教材等。"道尔顿制"于 1922 年被介绍到中国，提出打乱班级，教师不再系统讲授教材，而只指定一些参考书并布置一些作业，学生独立学习教材后向教师送交作业，通过后再进入下一步学习。② "文纳特卡制"更为激进，

① 胡伟希等：《十字街头与塔——中国近代自由主义思潮研究》，上海人民出版社 1991 年版，第 253 页。

② 瞿葆奎、丁证霖：《"道尔顿制"在中国》，《教育研究与实验》1985 年第 2 期。.

它把课程分成两部分，一部分按学科进行，由学生自学读、写、算和历史、地理方面的知识技能；另一部分是通过音乐、艺术、运动、集会以及开办商店、编辑、出版、自治会等活动，来培养和发展学生的个人能力和"社会意识"。[1]

这些教学形式着眼于适应学生的个别差异，弥补班级授课制的不足，培养学生学习的自主性、自觉性、责任感和自我教育能力。在二十世纪二三十年代，在世界范围内广泛传播，影响深远。[2] 但是，这些积极的影响未能触及中国深层的文化土壤，受政治层面的影响，建国初期，我国教育工作的方针为"向苏联学习"，几乎走向了一个极端。

当时，中国教育界学习的主要是凯洛夫1948年版的《教育学》。这个理论体系影响了中国达半个世纪之久。凯洛夫教育思想中，教学"是在学校有计划地实行着的工作。这个工作在于教师有系统地把知识传达给学生和组织学生的活动，使其自觉地、积极地和坚实地学会一定的知识、技能和熟练技巧，并且在积极的教学工作的基础上，使他们每一个人都养成与共产主义教养任务相适合的品格"。[3] 教学是教育的基本途径，凯洛夫教育学以及苏联教育，特别强调给学生传授系统的知识，他们也因此批判杜威的实用主义，强调教师的主导作用。凯洛夫认为，教师本身是决定教学的培养效果之最重要的、有决定作用的因素。虽然他也提出学习是学生自觉地与积极地掌握知识的过程，但他又认为，教学的内容、方法、组织之实施，除了经过教师，别无他法。这一点确立了教师在教学过程中的权威性，与传统教育中的师道尊严相一致。

尽管后来仍是由于政治的原因开始对苏联的教育思想进行过批判，但"批判虽猛烈，却并未切中要害"，我们仍然接受着其基本的教育观

---

[1] 瞿葆奎、丁证霖：《"文纳特卡制"在中国》，《教育研究与实验》1986年第1期。

[2] 张华：《课程与教学论》，上海教育出版社2003年版，第322页。

[3] 顾明远：《中国教育的文化基础》，山西教育出版社2004年版，第240页。

念、教育制度、教学模式、教学方法等。这些并未因批判而改变，相反，把全盘接受的东西当作自己的传统。顾明远先生称这种现象为"苏联教育经验的本土化"。[1] 导致这一现象的原因很多，比如意识形态的接近、文化传统的相似等。其与赫尔巴特思想的承接，也使得新中国成立前就广受赫尔巴特思想影响的中国教育界更容易接受。

三、整体的释放结构

从整体上来看，这一时期在课程内容的文化选择上相较于前两个历史时期都更为复杂。具体表现在以下两个方面。

一是课程内容的文化选择具有空前的张力。一边是具有民族文化身份认同的儒家经典，一边是孕育现代科学的西方文化。经过实践的检验，此二者之间能否融合、如何选择是一个非常复杂的问题。这个问题至今都萦绕在中国的现代化进程的文化场域之中，也不断地有学者对这个问题发表新的看法。[2] 这种张力的复杂性不仅表现在两种文化的不同的思维习惯与生活关注，还表现在两者所附着的政治意识形态，所以，在此消彼长的课程内容中，一方面我们在不断地让内容的文化结构更加"科学"，另一方面我们的选择也非常犹豫，并随着政治形势的变化有所反复。这种中／西的话语模式，成为一种思维的定势。

二是课程的文化结构与教学的文化释放之间的张力。移植一种文化的物化成果要比移植一种思想或者行为方式容易得多。我们在学科设置上学习西方，希望能够更好地学习科学知识，但由于科学方法和科学精神的匮乏，使得我们将科学知识的教学教得不够科学。1921 年，美国教育家孟禄应邀来华调查中国教育，他一针见血地指出了当时中国科

---

① 顾明远：《中国教育的文化基础》，山西教育出版社 2004 年版，第 253—255 页。
② 何兆武：《中学西学之争下的近代化道路》，《中国教育报》2006 年 12 月 12 日。

学教育的缺点，其中之一就是科学方法运用不良，机械地接受科学知识、忽视实验。[①] 学习科学的知识，要在学习的过程中把握科学的方法，在不断探索的过程中培养科学精神。同时，不仅要转变个体的学习方式，还要重视主体际层面的交往学习，即如前文所述的以一种"文化的逻辑"展开。可是教学的文化转变是非常困难的，它涉及人的思想意识和行为模式，因此，它似乎很难快速地与课程的内容文化同步。这就是一种文化释放的失调结构，即教学无法释放出课程内在的文化价值。

三是教师对整体的文化释放结构缺乏主体的把握。教师对课程内容的文化释放结构不具有主体性的把握，容易导致忽左忽右的摇摆现象。1953 年第 7 期的《人民教育》曾对语文教学有过类似的评述，从中可以看出当时的普遍现象。

> 解放初期，把旧有的那一套注入式的方法和陈腐的或反动的教材推翻了之后，在许多学校里，几乎是很普遍地进行"课堂的民主讨论"；等到提出加强课堂教学、加强教师的主导作用之后，"课堂的民主讨论"风是逐渐息止了，然而学生在课堂上的必要的活动也同时息止了……我们的语文教师，在改进教学的过程中，不断地在风浪中摇摆，一下子倒在这一边，一下子又倒在那一边，老是掌不稳舵。（《稳进地改进我们的语文教学》）

虽然这种掌舵不稳不能全归因于教师自身的素养问题，但这个现象本身已经说明课程内容的文化选择在这个时期表现得非常不稳定，这种不稳定就透射出课程内容的文化选择尚无自身的独立性。

---

① 孙培青：《中国教育史》，华东师范大学出版社 2013 年版，第 393 页。

第四节 文化选择的两点启示

这一部分回顾了历史上出现过的三个时期的选择状况，似乎可以获得一些比较初步的认识。

一、关于"选择的标准"

选择的标准问题，可以说是核心问题之一，因为任何时代的选择总是依据着某些标准才得以进行。但是否存在一个可以说得清的标准依然十分可疑。因为即使在特定的历史时期内，其内在的选择标准也并非完全一致。

在社会的原初文化层面，上述的历史阶段大体上经历了"同源繁荣—单质纯化—异质混合"三种状态（单质并非真的"单一"，比如佛教文化的融入、道家与法家思想的吸收等，但在主流文化叙事中大致如此）。相比之下，近世的文化状况比之先秦更为复杂。虽然同为社会问题的思想解答，但先秦时的解答还能够依照思想与文化的传统，各家学说大多是通过"向后看"的方式到周朝的礼制中去寻找（老子找得更远，回到了初民社会），这其间的思想延续不难理解。但到了近世，异域文化的强行输入，让"思想的延续性"与"文明的冲突性"同时成为两个非常重要的问题摆在人们面前，并且似乎还有着此消彼长的矛盾状况。这种状况给近世乃至现实的文化发展制造了一个逆转性的命题，这个命题无法通过"向后看"获得更多的启示，因为没有先例，只能"往前看"才能够想象和创作出可能的答案（从这一点来看，秦汉以降的文化倾向算是"保住当下"）。

从秦汉以降漫长的"中世纪"可以看出，单一的文化选择标准似乎无助于文化的发展。所以对标准问题的探讨，应该放弃"求得一致"的思路。先秦和近世的状况表明，"双向的标准"更符合课程与文化的发展思路。在上述的三个历史时期中，秦汉以来的文化选择标准是单向的，它只有儒家文化一个方向，因而其道路越走越窄，越走越没有活力（当然从积极的角度来说，也带来了长期停滞但却十分稳定的社会结构）。如果说，课程内容在静态的文化选择上有什么标准的话，我以为首先就需要保证思想的活力，即被选出来的作为课程内容的文化依然需要葆有生命力，必须是思想的形态而不是僵死的教条。如何能保证思想的活力？关键不要让思想丧失张力。

先秦时期的各家思想很有张力，这种张力存在于共时态的空间里，不同的主张之间构成了一张思想之网，没有谁的主张绝对有效，其合法性只存在于有限的范围内，因而也就没有思想的霸权。性善与性恶、内圣与外王、仁与法等，没有所谓的"定于一尊"，因此，对待同一问题常常同时或相继出现迥异甚至相反的主张，这些主张在与异己的思想相抗衡过程中，不断吸收对立面中合理的成分，自身才能不断有所发展，对立双方共同的发展就在改变问题的背景，因而整个问题的探索就在向前推进。近现代以来的文化张力更为复杂一些，不仅在共时也在历时的层面上有明显表现。既有本民族文化与异域文化之间、中与西的分野与融合，还必须面对古与今、存续与消亡、继承与创新的文化改变。

如何保持课程内容的思想张力？我想就是要同时保有一些相互对应的范畴。比如：（1）社会与个人。课程文化的选择必须同时能够促进社会的发展以及个体的成长。它既要定义一种好的个体，也要定义一种好的个体间关系。（2）传承与创新。带着怎样的视野去选择既有的文化传统，又需要同时开创新的文化视界去满足今日乃至未来的人们的生活？（3）本土与异域。借鉴过来的异域文化是多元文化共同发展的时代里绕不开的问题，该如何让它在自己的文化土壤中生存，如何被自己的胃消化成为自己的一部分？

这种相对的范畴可能是思想区别于教条的特征之一。由此可见，所谓"选择"并非简单的取舍，它更接近于一种整体的架构，它需要摆放好一些复杂的关系，能够容纳丰富的思想文化。这体现了文化选择的整体性。我甚至有种盲目的猜测，一种文化中越是能够容纳这种具有两极相对状态的文化要素，这种文化的生命力就越强。因为似乎在文化的发展中，任何单极的选择都不是良策。

整体性的选择为其中的个体的文化创造预留了空间，因为矛盾是创造的动力源泉。在相反相成的观念体系中，个体可以有更多属于自己的建构。这可以看作是选择的个性化效用。以语文课程为例，我们在编写教科书时，不可能只提供一个纯净的真善美的世界，而必然有这些价值的对立面（如假恶丑）。那么在对私德或公德，抑或是个人情感和超道德的认识构建上，每个人都会依据自己的理解去组建自己的道德认识和情感意志，在善与恶的两极中定义着自己眼中的价值判断，从而构筑各自的精神世界。而从整体选择到个性化的发展，又是一种张力结构形态。

由此，我同样联想到关于语文教材的一些争论。比如"读经"，有些人主张让孩子读经典，用经典取代语文教材。这也是一种文化选择，但却是一种单质的选择。它剔除了经典以外的文化价值。就好比为了让一个人健康成长，天天大鱼大肉，但实际上，其实更需要的是一种搭配，有时候也要粗茶淡饭，这样的营养才均衡，才更利于一个人的发展。① 对于语文教材如何对待经典的问题，我曾多次征询过苏教版小学语文教材的两位主编张庆和朱家珑先生。他们对于经典的态度是非常审慎的，既不唯经典也不拒绝经典。比如作为经典篇目组成之一的名家名

----

① 关于读经典后文有略微细致的讨论，此处不赘述。

篇，社会上一些声音常常指责教材不够经典，不是每一篇课文都是名家名篇。两位主编认为，经典虽然有益，但与学生有距离，很多名家名篇并非为儿童学习语文所撰写，因此，会给学生的语文学习带来很大的压力，特别是小学生，为了理解一篇经典文本背后的意义所指，需要了解很多铺垫性的知识，需要许多深层的社会体验，这些对孩子来说未必合适。当然，像冰心、老舍以及一些经典的儿童文学作家，他们也有为孩子创作的文章，选入教材毫无问题，但还有很多经典是不适宜选入作为教材的。教材中除了选入一些非常适合的经典文章外，还需要有一些朴实的文字，这就是一种他们自己称之为"平民取向"的文化选择，即为最普遍的孩子学习语文提供一个基础的范本，而不是一个高高在上遥不可及的完美，因此，教科书的文化选择中，就采用了"日常与经典"共同融入的文化选择方式。既有需要虚心涵泳的经典文篇，也有只供获取信息、学习运用的日用文章。

保持思想的活力，这也许可以看作是对文化进行选择时的"第一标准"。

二、关于"文化的选择"

如果说，静态的文化选择是从文化总体中进行选择的话，那么，"文化选择"还有一层动态的意涵，即"以文化的方式去选择"，它暗含的意思是只有用文化的方式去选择，才能释放出物化的、符号化的文化中真正属于"文化"而不是其他（比如知识）的因素。

在上述三个历史阶段的发展过程中，就课程内容属物的文化层面而言，我们隐约能够看出一条课程文化与教学主体相背离的线索。如前文述，先秦时期这一层面的文化状况与教学主体是自然融合的，因而，在课程所传递的文化是"体验的文化"，即"选择—信仰—教学—践行"融为一体的状态，各个私学大师做出了具有源头意义的文化选择去解决现实问题，具有高度的文化自主性。这种情况到了秦汉以后发生了重要的变化，意识形态的诞生使得其后的文化选择只能沿着既定的轨道前行，个体的创造性只能约束在这个轨道的范围内，尽管仍然有儒学或理学大师可以做到信仰、教学、践行一体，但在最初的一环"选择"上，就已经失去了原创性，这种原创性的丧失尽管是文化发展的必然，但是却造成了一种微妙的变化。先秦时期的私学大师们并不用太在意"教学"对于文化释放的效果，因为教学与他们的生活方式几乎很难划清界限，他们的生活就是教学（就好像古希腊的一些哲学家不是特意搞什么哲学，他们的生活就很哲学），他们的生活观念很多时候就是课程的内容，因而，有效的教学就发生在日常的生活交往之中。从这个意义上来说，这种生活方式的自然表现是最为朴素也是最贴切的"文化式"的选择。但显然，到了在别人规定的知识轨道上行走时，这种融合的状态就逐渐分离了，如何用更好的方式去释放外在于我、先在于我的生活的课程文化，成了教育者必须面对的问题。

如果秦汉以降这个问题还不是那么明显，到了近世以后就非常凸显了，因为课程层面的文化组成已经包括了"不在我的生活方式中所创造的文化内容"，教学主体与课程的文化内容之间的疏离感更加强烈，这种文化之间的疏离在很大程度上使得"体验着的知识"变成了可能是"仅仅知道（却未必认同）的知识"，这就改变了课程内容层面的文化状况。不仅改变了文化内容的构成（中与西），也改变了课程的文化功能（继承与创新），同时也改变了课程内容的文化与教学释放的文化之间的关系。先秦时期的"自然融合"和秦汉以降的"必须认同"让课程内容在属物与属人的层面上能够很好地相互作用，能够实现一种相互的强化与匹配。但是由于内容层面与教学主体的疏离，使得属人与属物层面的文化变得相互隔膜起来，这才有前文所引的"一下子倒在这边，一下子倒在那边"的状况。由此不难看出，课程的文化状况的变化也必然要求教学的文化释放能够有相应的改变。

正是由于这种疏离的产生，导致了两个后果，一是与科学世界一起催生了一个外在于教师的"符号世界"（如前文述），这使得信仰、教学、践行整合的状态变得彼此分裂，教学不再是融入日常生活的事件，而是专门化的教学实践。二是教学有了相对独立的文化需要，而这一点恰恰是教学的文化释放层面没有做好的。这种"没有做好"体现在两个方面。

一是误用知识的方式去释放文化。对于组成课程文化只采取知识学习的态度而不是文化的方式，就使得文化的品质得不到释放，学生学到的只是一个个现成的结论，而不是思考结论的过程与思维方式。就连文化意涵浓厚的语文学科，也在很大程度上变成需要依赖死记硬背掌握固定答题方式的学习项目。文化的选择方式就是要从知识的表象中去揣摩思维的历程，体验情感的生成。比如对传统文化的学习，是否止步于知晓一些繁复的传统文化知识，还是透过这些传统文化去领悟其中渗透的文化传统？我想后者才是一种文化的选择方式。

二是错位的文化释放。当用一种文化去解释另一种文化时，也许看到的仍然是自身的某些属性。著名的儿童绘本作者李欧·李奥尼说过一个"鱼就是鱼"的故事。一条鱼儿想知道陆地上的事儿，他根据青蛙的讲述，在脑海中形成的图像是：人是用鱼尾巴走路的鱼，鸟是长着翅膀的鱼。总之，他跳不开自己鱼儿的视野，文化的解释也是一样。

从历史的总体脉络来看，教学的文化释放与课程内容的文化组织呈现出日益分离的状态，这就导致了一种"错位的释放"的产生。比如包含着实验过程和方法的科学结论，如果采用一种"读书、内化"的教学释放方式，就无法将其中的科学方法与精神释放出来，相反，只能够记诵一些脱离产生过程的文化果实，这就是一种错位的释放状态，它使得我们即使在课程的内容层面融入了科学文化的内容，但在教学的实际情境中，却仍然是一种科学文化的贫乏境况。这一情况至今在实践的教学层面也未能完全处理好，所以在诸如《义务教育语文课程标准（2011年版）》中仍然在课程基本理念里强调要"积极倡导自主、合作、探究的学习方式"。因此，课程内容的文化选择问题还涉及"作为课程内容的教学文化选择"问题，而这个问题必然是一个课程与教学重新整合的问题。

由此，我们确立了下述三个方面的研究范畴，教学文化选择、教材文化选择与教育文化选择，因为这三个方面基本可以涵盖"对文化的选择"与"以文化的方式选择"这样两个重要的方面。

第四章　选择的前提批判和过程描述

选择的前提需要解决的是"为什么选"的问题。这通常在选择的过程中被隐藏起来，不易察觉。但是，当我们将课程内容的文化选择看作一个"工程问题"而不仅仅是"理论问题"的时候（前者关心的是人自觉建构的价值性人工实体，后者关心的是描述客观规律的逻辑体系[①]），人的价值参与就显得非常重要。因此，选择的价值前提就进入了问题的视野。这种前提昭示着课程内容的文化选择所期望实现的效果，或者说达到的目的。这个目的在课程与教学领域就表征为"教育目标"等问题，也就是当学生接受了如此选择的文化后，我们期望他能够成为怎样的人。从这个角度上来说，价值前提就映射了目的论的维度。因此，回答为什么这样选的问题尽管是一个可能无从核实的假设（不可能再把历史上从事选择的人拉回来问问为什么），但可以从实际的效果上去进行一些可能性的推断。

[①]　见徐长福：《理论思维与工程思维——两种思维方式的僭越与划界》一书（上海人民出版社 2002 年版）。具体关于思维方式的分析见第五章。

第一节　政治选择的前提批判

前文在谈到先秦课程内容的文化选择时，已经阐述了作为第一选择的政治维度，这很正常。因为在先秦时期今日可见的文化内容几乎都围绕着政治展开，寻找一条可行的政治思路是当时人们面临的最大的问题。因此，先秦时期的文化重心就如孔子所言："人道，政为大。"（《礼记·哀公问》）这非常类似于古希腊的所有文化成果几乎都可以囊括在哲学的范畴之内一样。东西方开启了不同的文化的源头，但在文明觉醒的初期，"混沌不分"倒是极为相似的。

但是，文化与政治的关系是在不断发展的，当文化从初期只是作为政治思想的构成，到今日的繁荣发展之后，政治已成为与文化并列的社会系统，甚至成为广义文化的政治层面时，作为第一维度的政治选择即使没有失去合理性，也至少不够充分了。那么这个基础如何改造？为了便于分析，我们引入"前提批判"的概念与方法。

一、"前提批判"的功能

前提批判是一种哲学的思维方式，它是一种思想的反思。孙正聿先生对此有过如下的阐述：[①] 人类的思想活动可以区分为两个基本的维度，一个是"构成思想"的维度，一个是"反思思想"的维度。科学是把思维和存在服从同一规律作为"不自觉的和无条件的前提"，去"构成"关于世界的"思想"；哲学则把科学所构成的关于世界的思想作为

---

① 　孙正聿：《前提批判的哲学理论——一种哲学研究范式的自我阐释》，《社会科学辑刊》2008 年第 1 期。

批判对象，"反思"科学所构成的"思想"。哲学对科学的"反思"，是"反思"科学思想中所隐含的各种"前提"。他认为，所谓"思想的前提"就是"思想构成自己的根据和原则"，是构成自己的"逻辑支点"。同时，这种前提具有"隐匿性"和"强制性"。从隐匿性来看，思想的前提是藏身于幕后的操纵者，它不易被思想自己所发觉；从强制性来说，这种隐秘于思想活动的前提规范着人们的所思所想和所作所为，从"思想的形式和内容"到"行为的形式和内容"，这就是一种"逻辑强制性"。而对思想的前提批判就是揭示这种隐匿在思想背后的前提，并解除这些思想的"逻辑强制性"，这样才能更新人的思维方式、价值观念，进而推动实践的整体变革。

由此可见，前提批判有两个理论功能，一是揭示隐秘的思想前提，二是消除这种前提的逻辑强制性。在这两者的基础上，作为一种实践的人类活动，就需要生成新的与更为合理的思想前提，并据此去进行更好的实践。

二、政治选择的形上思考

政治选择在近世以前表现为作为唯一选项的第一选择。一方面，政治选择是第一位的选择。无论是先秦的百家思想还是儒学独尊的秦汉以降，之所以将各种学说纳入课程内容的范畴，首先是因为它们有助于政治问题的解决。先秦要解决的政治问题是治乱，秦汉以后要解决的政治问题是存续。一种文化的选择必须首先符合如是的政治标准，才能够进入到课程的文化范畴。另一方面，这种政治选择是唯一的第一选择，换言之，当诸如礼制、孝道进入课程的文化时，在政治选择的第一维度，只需要符合政治的需要即可。由此才能理解为什么秦汉以降的儒家文化中，外王的思想渐渐淡去，而内圣的方面日益加强，因为如是才符合"顺民"的基本要求，如是才能扑灭人们心中对于更大的政治问题的兴趣，只对内心的问题感兴趣，而不会去想诸如"当前政治制度合法性"等问题。这是从根本上延续现有体制的"心灵管理术"，各种经典都需要在这样一个框架内去获得解释，从而使得文化的创造空间大大缩小，挤压出诗词这类高度智慧的语言艺术（人们只能把智慧用在语言艺术的创造上，更大的文化创造空间已经被堵死了）。

近世以后的情况略有不同。政治与文化的关系在不断演进，此时课程的文化准入中，进入了西学的内容，而此时的政治问题已演变成存亡，因此，政治选择无法彻底从延续自身考虑，而不得不去考虑以更新课程的文化的途径实现"开启民智"的目标。因此，这一时期的课程内容，在文化选择的基础上，政治与个人出现了初步的合作，尽管开启民智仍然是为了政治生存，但至少个人的维度较之前两个时期来说，有了合法的地位。

由这三个历史阶段的文化选择来看，政治选择的思想前提是无处不在与无时不有的。比如，政治选择的优先性对于课程与文化的关系有个基本的判定，即课程应该传递社会所需要的文化与价值。又如，政治选择的思维方式规约着教学中的思维形式。比如孔门弟子喜欢问仁、问孝，孔子用日常生活的经验给出不同的回答，就是表达了一种用好的生活去形塑好的政治的愿望。理学和心学窄化了人心的问题，扑灭了心灵的疑问之后，也是愚民政治的思维方式。由此可见，政治选择不仅在价值准入的层面，也在内容组成和教学形式的层面，规约着课程内容的文化选择状态，即它既让符合政治需要的文化内容进入课程，也约束着师生以符合（至少是无害于）政治需要的方式展开教与学的过程。

从形上的角度上来说，政治问题就是要协调人与人（如国内政治）、国与国（如国际政治）之间的关系。就如《尚书》在开篇阐明的那样，所谓"协和万邦"（《尚书·尧典》），表示当时的政治问题表现为圣王们有了协调各部族关系的权力和统筹各种诸如治理洪水、制定时令、商议王位继承等部族事务的权力（《尚书·尧典》《尚书·舜典》）。因此，政治问题的形上表述就是关系问题。定义一种关系就是定义了关系中的个体及个体间的联系方式。比如"君君臣臣父父子子"（《论语·颜渊》）的关系就定义了其中的个体必须符合伦常和礼术，不可逾越。这才可以理解所谓"三年无改于父之道，可谓孝矣"（《论语·学而》）的文化依据。

但是，近世以来输入的西方文化，不仅带来了科学的文化与知识，也带来了科学精神和民主价值中蕴含的"个人意识"，这种意识寻求个体的解放，"以自我价值实现和潜能发挥为核心"，实现从自我到社会的发展过程（而不是儒家以超功利的道德为核心实现从社会到自我的发展过程）。① 因此，当我们将科学知识、西方政治经济文化等西学纳入课程内容的时候，也将这种个人发展的意识融入其中。所以，近世的政治存亡问题直接导致了一个新的思路：当我们无法通过定义一种好的关系来保证个体和民族的存续时，就必须转换成通过好的（更强大的）个体去创造未曾有过的好的关系。关系不再是定义个体的先验约束，而很有可能是个体后天的创作对象。

由此笔者设想，第一选择很可能不是只存在一个基础"关系"，而是同时存在两个基础"关系"和"个人"。因此，衡量一个好的课程内容的文化标准，不仅可以形成一个好的关系（好的政治），也立足于形成好的个人（全面而充分发展的个体）。这也是"外王"与"内圣"并重的传统思路的现代版本。

---

① 杨启亮：《评古典儒学的人本主义教育观——兼与西方人本主义教育观比较》，《中国社会科学》1990 年第 4 期。

三、关系与个体

如何证明这一假设的可能正当性？当课程内容的文化选择的思想前提改写为"关系"与"个体"时能够推出怎样的命题也许可以作为一种佐证。①

先秦的经验说明，"回到过去"的选择机制是不行的，世界已经改变，课程如果选择过去的文化无法解决现实的问题。秦汉以降的历史表明，一种好的课程内容的文化选择机制，仅仅具有"维持现状"的自我肯定的价值是不够的，它即使不能决定但也"辅助"着社会文化的自我重复，并最终扼杀文化的创造性。政治的问题从治乱到存续到存亡时，我们发现，之所以如此的课程选择行不通，是因为少了时间的未来性。面向过去和维持当下都不足以支撑起一个符合当下社会需要的文化选择机制，我们还需要"面向未来"。"教育要面向未来"，必然需要面向未来的课程文化选择。而由前文的分析可知，基于"关系"的文化选择，通常表现为政治和文化的延续性，它必将是面向现在与过去的，如是的课程选择更多地具有"传承文化"的功能。而着眼于个体的个性解放，

---

① 下面的两个推论分别受到了叶澜先生和赵汀阳先生的研究的启示。叶澜先生关于"世纪之交中国学校教育的文化使命"研究指出，走向 21 世纪的中国教育必须有超前的文化意识，所谓"超前"就是"学校不但要承担传递人类已有文化的使命，而且要承担构建为未来社会培养新人的新型文化的使命"，基础教育又是这一改革中先行的先行。由此我引入了"未来性"（叶澜：《世纪之交中国学校教育的文化使命之思考》，《教育改革》1996 第 5 期）；赵汀阳先生在讨论现代理论立论基础时认为，"个人"是现代首要的和最大的产品，它从根本上改变了人的生活状态，但同时个人的存在基础很不牢靠，其导致的悖论是"个人在获得绝对价值的同时导致了每个人的贬值"，"个人成为标准而解构了一切价值标准"，因此"个人是一个非良基存在"，在此基础上他认为中国传统文化中着眼"关系"的思维方式，对改良这一理论基础很有价值（赵汀阳：《作为产品和作为方法的个人》，《江海学刊》2012 年第 2 期）。受此启发，我用"个人"的维度来弥补"关系"的不足。

全面和充分的发展就是基于个体的文化选择的特征，它是一种现代人本主义的关怀，一种人自身意识觉醒的呼唤，尤其是把教育中的儿童当作儿童看，而不是"某种关系中的分子"看，它的文化兴趣在解放、在创新。如是的课程选择更多地具有"文化创新"的功能。由此似乎可以推出，基于关系与个人的文化选择，是课程肩负"传承与创新"的文化功能的逻辑前提。这恰恰是我们所需要的。这是第一个推论。

推论二，课程内容对文化的选择需要同时具有自上而下的文化约束和自下而上的文化自觉与认同。其实，并非只有西方文化里才有"个体"觉醒的因素，中国历史上同样有文化自觉的发展时期，这些文化自觉的发展都是以"人的自觉"为前提的。比如先秦的百家争鸣、魏晋之际的名教自然之辩、唐宋之间禅宗的兴起、明清之际的个性解放思潮以及明末清初的维新革命等，"都是试图将作为个体的人的要求，从道统、政统中解放出来，使之能够自省、自由、自在、自新、自立"。[①] 这些个体意识的觉醒之所以未能完成人的启蒙，就在于教育受到皇权和国家的严格约束，在于课程传递着纯粹政治教化的文化内容，无论是礼乐教化还是以吏为师，圣人的种种说教使得课程对文化的选择只具有自上而下的说教功能与规训效果，其所描绘的文化世界都是政治的想象，唯独没有将活生生的个体的发展与成长考虑在内，所以也就缺失了无数个体对课程所选择的文化内容的深层认同，他们只需"遵守"就行。这显然是基于关系或政治/国家层面选择的结果。而基于个人的选择就需要课程在有自上而下的文化约束的同时，也要关心自下而上的文化自觉与认同，它需要尊重个体的自我认知，立足于个体的社会生活需要和精神成长的需求，从而在国家与个人的发展上，求得一种平衡。

因此，基于政治的维度所进行的课程内容的文化选择，无法建构

---

① 曹胜高：《文化自觉的前提批判》，《吉林大学社会科学学报》2012 年第 1 期。

起理想的课程内容。而这种理想的课程内容的建构，依赖于一种饱满的文化选择过程。

第二节　一个饱满的文化过程

仅仅从政治的维度进行选择显然是不够的，一个含义饱满的文化选择必须包含以下几个层面。

（一）政治学与社会学意义上的文化选择

即从普天下的文化成果中，依据特定社会形态和思想的标准，选择社会与政治意识形态所需要的文化成果，经过特定形式的加工，进入学校课程领域的过程。这种文化选择是"选择"最为初级层面的意义。这个层面的选择具有双重的价值。一是推动社会的发展，由于"吾生也有涯，而知也无涯，以有涯随无涯，殆已"（《庄子·养生主》），因此，有必要将人类社会的历史经验的精华部分选取出来以传递给新生一代，让他们尽快掌握千百年的知识积累，早日肩负起推动社会发展的重任。这其实也是课程诞生的最初意义，是由人的死亡意识直接导源的行为。二是"以突破时间、空间的局限和个体的直接经验的局限"，[①]扩大了个体的认识范围，促进了个体的发展。但是这两者又从属于特定政治团体的意识形态和不同社会阶层的价值取向。因此，这个层面的选择只能是一种有限选择，或者是基于特定价值的选择。也就是前文所述的第一维度的政治选择。需要指出的是，这一层面的文化选择，并不改变原初文化的存在形态，它是一种撷取，而不是重组，并且其中主要包含的是物

---

① 王策三：《教学论稿》，人民教育出版社 2005 年版，第 93 页。

化为意义符号的人类文化。

（二）课程论与心理学层面的文化选择

这是在前者的基础上，将选择出的社会文化按照学校培养的目标、计划、活动经验等加以设计和编排的过程。课程的概念比较宽泛，广义的"课程"指为了实现学校培养目标而规定的所有学科（教学科目）的总和，或指学生在教师指导下各种活动的总和，而狭义的"课程"就指一门学科或一类活动。① 无论怎样的内涵，都可以看出，这一层面的文化选择加入了"教与学"的维度，因为它必须考虑教师和学生作为"人"的因素。由此可见，这一层面的"文化选择"有两层涵义，一是作为一种选择法定文化的教育过程。也就是按照教学的目标、计划，选取适宜的文化内容组织成为教学的进程。二是作为一种文化的选择方式。基于特定的价值取向和重组方式的课程选择，能够形成课程形态的文化，这种文化体现着特定形态的课程选择的整体风貌，它使得课程本身就具有文化的本体性质。这一点在不同取向的教育主张中表现得较为明显。

比如 20 世纪初期美国的进步主义教育运动，倡导儿童个性的自由发展，认为传统教育不考虑儿童的兴趣、发展与能力，因而认为以成人为中心和以学科为中心的课程文化不可取，而主张代之以儿童为中心、活动为中心的课程文化。他们秉承了自然主义的教育传统，认为"小学生在校园中互相学习知识，比你在课堂上给他们讲的东西还有用一百倍"。② 杜威在芝加哥大学实验学校中实践了活动中心的课程，他认为，科学必须与儿童的生命相沟通，应该以儿童为出发点、为中心、为目的，促进儿童的生长和发展。因此，课程的内容组织必须心理学化。传

---

① 　中国大百科全书出版社编辑部：《中国大百科全书·教育》，中国大百科全书出版社 1985 年版，第 207 页。

② 　[法] 卢梭：《爱弥儿》，李平沤译，商务印书馆 1978 年版，第 140 页。

统学科课程的逻辑组织超出了儿童的接受能力，而心理学化的课程则是"依照经验实际生长的情况；它是历史性的，它记录了采取的步骤，即有效的以及不确定的和迂回曲折的步骤"。① 由此不难看出，进步主义教育观下的课程所形成的尊重儿童的文化形态，经由活动化、心理学化的重组，社会原初文化转变成一系列围绕儿童组织的经验，从而创造了进步主义的课程文化。

50年代的"学科结构运动"在批评进步主义教学实效的同时，提出与之相对的"学科结构课程"，一种以专门的学科领域及其线索为核心开发的课程。它强调"组织起来的知识领域"（概念、原理、方法）和"该知识领域的探究方法"，二者统一为"学科结构"，以学术性、专门性、结构性著称。其倡导者布鲁纳认为，懂得基本原理（学科结构）"可以使学科更容易理解"，可以使记忆具有"再生性"，可以帮助"训练迁移"。② 这种精英教育取向的课程主张所形成的以学科结构为核心的课程文化，尽管效果不尽如人意，但也给出了一种课程组织的文化取向。

当然，在一些极端情况下，课程层面的文化选择表现得更为明显。在欧洲中世纪僧侣学校中，自然科学的知识也被当作传播各种神学观念的载体，数字都具有神学的意义指向，比如"1"代表唯一的神等。③ 这种宗教神学的价值赋予，使得当时的课程的文化呈现出一种"对权威的奴性的顺从"，因为"精神已经离开了它自己，已经丧失了它的自由，所以牢不可破地被束缚于某种外在它自己的东西上"。④

---

① [美] 约翰·杜威：《杜威教育论著选》，赵祥麟、王承绪译，华东师范大学出版社1981年版，第87页。
② [美] 布鲁纳：《教育过程》，邵瑞珍译，文化教育出版社1982年版，第41—43页。
③ 王天一等：《外国教育史（上册）》，北京师范大学出版社1984年版，第79页。
④ [德] 黑格尔：《历史哲学》，王造时译，上海书店出版社1999年版，第425页。

由这些例证不难看出，课程层面的文化选择所关心的问题不是或者说不主要是"选择什么"的问题，而是"如何将所选择的文化内容依照某种逻辑或思想组织成何种形态以利于学习者更好地接受"的问题，这是形成结构的、形态的、组织的文化的依据所在。这一层面的文化选择显然已非"撷取"，而是"重组"。

作为课程内容的物化形式与文本载体，教材一直是向学生传递知识的重要凭借。它同样存在着文化选择的问题，是课程形态的文化选择的具体化。一方面，它与课程的文化选择有同构性，它同时作为一种文化载体和一种结构性的文化存在。另一方面，它比之课程文化更为具体和现实可感，它需要考虑包括学科性质在内的更为细致的效果问题。比如小学语文教材既选取了体现特定价值观的文章篇目，体现出对文化的承载，也有自身对于特定课程文化的个性呈现。比如一本按照知识系统编排的语文教材，就会依照字词句篇、语修逻文的知识点、能力点组织；而主张体现语文实践性的教材，则会更多地编入语文实践的活动，在听说读写等综合活动的过程中，让学生领会语文的知识和方法（学会运用而不是仅仅知道）。这就形成了不同的"教材文化"。值得注意的是，对"教材文化"的研究，大多涉及的是诸如语文、历史、英语等人文性较强的学科，而对于科学性较强的学科，"教材文化"的研究较为少见。其实，数学等学科的教材同样涉及教材文化的问题，只是前者更为明显。教材文化的选择不仅体现了课程文化的取向，也反映出教材编写者的个性倾向。它是更为复杂的工程问题（详见第五章）。

课程与教材层面的文化选择，其呈现的内容、方式、结构等直接塑造出了不同的课程教材文化的形态，为学生与教师提供了重要的教学凭借。这表明了文化选择不仅是"撷取"的，更是"重组"的，不仅是"载体式"的，而是"结构性"的。

（三）教学层面的文化选择

这是对课程文化进行动态的、活化的选择过程。它一方面将课程中所蕴含的文化因素释放出来，使其从可能状态转变为现实的状态；二是用教学的过程、形式等构筑起教学层面的文化形态，并使这种呈现出来的文化形态对学生施加有意识的积极的影响，从而构成一种潜在而重要的课程内容。这在前文我暂时统称为"文化的释放"，在本章试图对其进行细致一些的分析，讨论它是如何参与到课程内容的文化选择中来的。

以上的分析试图说明，课程内容的文化选择作为一个饱满的文化过程时，包含了选择、重组与释放三个层面的文化过程。选择是知识合法化的前提，重组是合法知识课程化的过程，而最终主要通过教学的文化释放来实现。

这里有一个问题，即"课程内容的文化选择"与"课程文化的选择"的关系，本研究在这两者的使用上会出现混用，这恐怕难以避免。因为笔者试图说明这样的一种状况：大多数情况下，课程内容显然是包含在课程的概念中的，但是"课程内容"却有超出课程的部分，比如教学中所渗透的隐性的课程内容，它无法被简单地包含在"课程文化"中，但显然它又是作为一种重要的课程内容而存在，并且存在的方式就是动态的"文化"的方式，也就是教学的文化。

考虑到将文化作为一种动态与静态相统一的综合理解，所以课程内容的文化选择作为一种饱满的文化过程，它必然包括了静态与动态的层面，选择必须被理解为一个统一的文化世界，否则就不是一个教育的文化的整体。

同时，这种饱满的文化选择过程还意味着一种哲学方法论：任何一种课程的、教学的文化呈现都必须在作为解释条件的"情景"中才能有效地加以理解和分析，那么，必定存在着一个最大的情景去理解课程与教学中的所有文化问题，而这个最大的情景就是这个"饱满的文化选择过程"。

　　长期以来，当我们谈论课程的文化选择时，通常会将关注点放在选择过程的选择和重组的层面上，而将动态的教学文化过程作为"教学文化"的问题探讨。但是，即使今天我们仍然从狭隘的层面理解课程，也不能忽视"作为课程内容的教学文化"了。这其间的关系发生了某种转变。

　　课程的诞生的确是为了传递人类的生活经验，没有这种选择与重组的经验与文化，有知者的关于世界和人类生活的睿智意见会随着死亡席卷而去，不留一丝痕迹。后继者将日复一日、年复一年地去探索在前人那里业已熟悉的路径，如果这一过程在人类的代与代之间不断地重复上演，不啻是个无奈的悲剧。古希腊的"西绪弗斯神话"早已清晰地表达了人类的这种恐惧（诸神处罚西绪弗斯不停地将一块巨石推向山顶，却又让石头由于重量每天滚回原处，第二天西绪弗斯又从事同样的劳作）。恐怕再也没有比进行这种无效无望的劳动更为残酷的惩罚了。从这个意义上来看，课程内容的文化选择的确在前两个层面上更为重要。

　　但是，今天我们面对的问题似乎已经有了转变。课程所承载的文化内容在人的学习与发展中的价值与地位正在转移重心。在知识社会到来之前，"掌握知识"是教育最为重要的目的，因为这种知识是系统化、可传播和有价值的社会经验，它是文化存在的物质形式，是实践经验的凝练和概括，是人的智慧与情意的凝结与固化，因而它对于发展中的个体来说，最具有文化的价值。而理想、情感、方法、体验、智慧、意志、信念等，对于个体来说，是掌握知识的伴生物，是需要强调与坚持的附属物（不是学校教育的核心，但没有不行）。但是，这样的认识当知识社会来临时就出现了无法克服的难题，因为知识的膨胀使得所能掌握的知识占有的比重越来越少，尤其是在有限的学校教育阶段中。所以，历史上才出现了"实质教育"与"形式教育"的论争，后者强调要发展多种感官的能力，以培养不断掌握知识的能力。有点类似这种争论的延续，在当下的课程与教学中，前述的各种"副产品"不说替代但至少成为了课程与教学的核心内容。知识的广博已经不再是衡量个体是否"有文化"的唯一维度，而必须同时具备好学的态度、科学的方法、实践的能力、健康的情感等。

这中间也折射出了人们看待知识的眼光的转变。石中英先生提出了所谓"文化知识型"的概念，这种知识的观念认为，"知识并非是对客观事物本质的揭示。知识是对人们所选择的认识对象特征及其联系的一种猜测、假设或一种暂时的认识策略。所有的证据都是不充分的"；"存在各种各样的知识陈述形式，它们彼此之间不可代替，具有文化性、相对性和多样性。概念、符号与范畴都是一定文化的产物，不反映事物本质"；"知识/实践、知识/权力、知识/性别、知识/利益等之间存在着复杂的关系。没有价值中立和文化无涉的知识，也没有一种普遍有效的知识"。[1] 这种知识观突破了客观的、实证的、本质的知识的局限，把原本许多"非理性"的范畴纳入了知识的领域，而这些非理性的因素就是一种文化境遇性的因素，包含了这些因素的知识，就有了文化性。

由此笔者认为，不仅仅将作为课程内容的教学文化纳入课程内容文化选择的视野中是符合当前的课程教学现状的，而且这一维度的文化选择也是更为重要的。同时，这一层面的文化选择较好地回应了前提批判中提出的"面向未来"与"文化认同"的问题。因为教学是一个课程对文化打包的逆过程，将课程的文化展开呈献给受教育的个体时，必然融入当下的情境和新个体的文化认识，这正是推动文化更新的内部动力，也是让个体在内化的过程中，形成观念认同的重要过程。因此，下

---

[1] 石中英：《知识转型与教育改革》，教育科学出版社 2001 年版，第 83—84 页。

面一节重点讨论作为课程内容的教学文化问题，而将教材文化、教育文化等放在后文讨论。

第三节　作为课程内容的教学文化

教学，对"一般的教育工作者"来说，就是指"教的人指导学的人进行学习的活动"，[①] 是教师与学生以课堂为主渠道的交往过程，是教师的教与学生的学的统一活动。通过这个交往过程和活动，学生掌握一定的知识技能，形成一定的能力态度，人格获得一定的发展。[②] 教学是"教师教、学生学的统一活动"，在这个活动中，"学生掌握一定的知识和技能，同时，身心获得一定的发展，形成一定的思想品德"。[③] 通过这样的列举，我们不难看出，对教学的认识，我们关注到学与教的统一性，关注到作为一种活动的交往性，以及对学习主体来说的发展性等，这些都是在教学的过程中实现的，因而其实也隐含了对教学"过程性"的判断。这样理解教学没有问题，但如果这样理解教学文化，尤其是在课程内容的层面上，可能就显得不够。作为课程内容的教学文化，是一种文化的存在，具有本体论的价值。

我试图将教学的文化看作一种文化本体的存在，而不是一种传递课程内容的工具，它在思想、信念、环境、行为的基础上，通过批判与反思，建构起具有教育性的文化内容，使自身获得一种自为的文化品质。作为一种"自在的文化"的教学，是一种"介质性"的存在，它表现为对课程内容的"适应性"品质，它关心如何更好地传递，并迫使学

---

① 李秉德：《教学论》，人民教育出版社 2002 年版，第 2 页。

② 张华：《课程与教学论》，上海教育出版社 2003 年版，第 33 页。

③ 王策三：《教学论稿》，人民教育出版社 2005 年版，第 87 页。

习者认同与服从所传递的课程内容。而作为一种"自为的文化"的教学，是一种"建构性"与"生成性"的存在，它不是单单地传递课程内容，而是与静态的课程内容组成一个文化的整体，从而突破教学对"文化与符号的印制"，以文化的形态培养学习者一种理性的思维能力与价值判断，在批判地吸收各种课程资源的基础上，成为自主性发展的存在。它要求摆脱工具理性的制约，改变知识教化的性质，从而让教育过程成为"成人"而不是"造物"的过程。

教学作为一种文化的本体存在，意味着教学并非仅仅是一种技术的世界、一种过程的存在，它更是一个充满意义的世界。这个世界中不仅承认学科课程中的核心概念、知识组织、学科结构等知识论的课程内容，还将学习者的爱好、兴趣、情感、价值、生活经验等非学术性的知识看作价值论的课程内容。其目的不仅是提升人的理性，也观照人的心灵，让学习的过程突破工具性的介质，变为意义性的目的。过程本身就是学习的目的与价值之一，本身就是重要的内容、修养的情感和内化的价值。这种由工具到本体的功能转变，可以看作是教学的文化自觉。

这种文化自觉在社会发展的平稳时期（如近世以前的漫长的封建时期）不会成为特别突出的问题，但是当社会进入剧变的发展期，就会日益凸显出问题。因为后者对教学作为一种文化的本体提出了新的要求，它必须具有一种面向未来的"超前"性。叶澜先生在谈到当今中国学校的文化意识时指出，① 社会的转型（生产力、产业结构、经济发展模式等构成的社会发展模式的改变）已经渗入到社会生活的各个层面，影响改变着人们的观念、态度和作用世界的方式（作为动态的文化的转化）。这个过程将影响到更为深层的人的转型，即"中国人的生存意识和生存方式的生存性转型"，"在生存的时间意识上，从重视过去向重视

① 叶澜：《试论当代中国学校文化建设》，《教育发展研究》2006 年第 15 期。

未来转化；在生存方式上，从稳定向发展转化；在生存的价值追求上，从趋同向多元、自主创造转化"。

她认为，在实践的过程中，转型的实际发生远远比这种二元的表述要复杂得多，变革的艰巨与痛苦，表现在"对社会已有各种稳定结构体系和秩序的突破"，而旧制虽旧，新制未必立即能立，中间的过程就是混乱和无序，各种规范的突破与底线的失守，使得贪婪、邪恶、荒唐与积极、健康、发展并存。时代的浪潮让人既兴奋又沮丧，既渴望又焦虑，既获得又失落，因而是一个"需要人人在风浪中学会游泳的时代"。由此可见，教学的文化，作为整个教育文化中最活跃、最富有创造性的文化，必须是超前的，是塑造未来的，是接续教育文化继承与创新的触点，是教育参与社会文化转型与重建的核心。

社会的转型，文化的责任（包括第一章言及的"世界责任"）以及当下的"超前性"需求，使得作为文化本体而存在的教学文化在当今必须具有一种整体、建构、超越的文化目的，即需要在活化、传递、创生课程内容的同时，形成学生对待外部世界和内心世界的"积极而理智的、富有情感的行为，探索、创造、超越现实的态度与作用方式"。①

教学文化的目的首先是整体的。这延续了文化的普遍属性。因为教学文化首先就表现为一种教学生活、教学生态环境，是支持教学过程的精神性因素。这种整体性有两重含义。一是整体的影响学生。教师的教学思想、教学行为、教学习惯、师生间的制度文化、交往方式、契约关系等，在学校尤其是课堂中，构成了一个整体的文化场，全面地影响着学生。这种整体性表现为教学文化并非改变着学生对某一个问题或某一类问题的看法，而极有可能是关于整个世界和人生的态度。一位教师对外部世界的惊异感、探索欲和解决问题的生活实践，尤其是他在课堂

---

① 叶澜：《试论当代中国学校文化建设》，《教育发展研究》2006 年第 15 期。

上用这种开放的方式带着学生认识真理，认识真理在生活中的展现，而不是仅仅去记忆、理解、背诵、再现，这样的教与学时空就创造了一个开放的文化空间，学生就容易将学习和生活看作一个整体，从而对世界充满了求知与探索的冲动。如此的整体性的影响也相应地带来整体的影响效果，所以在学生身上所引发的改变也必然是整体性的。所以第二就是学生的改变也是一种整体的改变。如果说学生受到的知识文化影响是专门的、分科的，那么教学所施予的价值文化影响则是整体的、综合的。它改变学生对待事物、他人乃至世界（当然也包括对于知识）的情感与态度。

教学文化的目的还在于一种建构。知识文化常以静态的方式呈现，价值的文化多是一种动态的过程，就好像教学本身就是一种过程的存在一样。所以教学的文化还可以作为动词来理解，它活化着知识形态的课程，并创建着一种新的文化。荷兰哲学家冯·皮尔森就持一种动态的文化观，认为文化就是"人对周围力量施加影响的方式"，这个角度改"历史积淀"为"相互作用"，认为"文化是人的活动，它从不停止在历史或自然过程所给定的东西上，而是坚持寻求增进、变化和改革。人不是单纯地问事物是怎样的，而是问它应该是怎样的。以这种方式，它能够通过确立超过实际状况的规范（超越性），而突破自然过程中或历史过程中所产生的确定条件（固有性）"，"提出标准和运用标准的活动形成了一个超越的方面，它要求个人和集体不断地采取主动行为，建立新的起点，从而以这种方式突破自然的固有性。正是这种活动为人类历史提供了动态因素"。① 因此，动态的文化观意味着不断突破固有的自然性和自然的固有性，需要有新的起点，这体现出教学文化的"创作性"。

_____

① ［荷］C.A. 冯·皮尔森：《文化战略》，刘利圭等译，中国社会科学出版社1992年版，第4—5页，转引自叶澜：《世纪之交中国学校教育的文化使命之思考》，《天津市教科院学报》1996年第5期。

即教学的文化是师生及各种教学媒介之间关系的创作，它不是已成的而是未知的，不是凝固的而是流动的，不是过去的而是未来的。对于文化，我非常赞同这样一种说法：关于自然和纯粹形式的真理几乎是预定了的；关于生活和文化的真理则是在行为中制造出来的。[①] 一种富有文化气息的教学不是去单单思考如何把既定的规则和知识更有效地传递给学生，而是在一种不断变化、建构的教学环境中，思考解决问题的创意。这种创作的意象在学生精神世界的实现，就是一种文化的思想的建构，如果较真地去明确"建构了什么"，那可能无法从知识论角度确切地回答，而只能模糊地说，是一种"眼光"，也就是叶澜先生所提及的对世界的"态度与作用方式"。

我非常喜爱的王栋生（笔名"吴非"）老师的随笔中有如下的一篇文字，颇能说明这个问题，教学文化在其中就是一种无形而巨大的课程的意义之网。为了说明问题，我摘录原文（《在教学实践中创造》[②]）如下：

> 为什么很多人不重视教师的作用，不把教师作为专业人员？为什么社会做了很多努力，教师的社会地位仍然没有得到实质性的提高？这些，与教师自身的发展状况也有关系。20世纪80年代，有大学教师私下问我说，一定要离开中学，"中学教师的工作是重复性的，不会得到发展"。当时我不解，问他："大学的教学难道没有重复性？"他回答，高校可以通过科研，逐渐脱离教学，争取较多时间从事教学研究。——他的解说当然是错误的。可是从某种意义上说，他的话也揭示了一个问题，即：重复，有可能导致创造性的丧失。
> ……

---

① 赵汀阳：《赵汀阳自选集》，广西师范大学出版社2000年版，第70—71页。
② 吴非：《致青年教师》，教育科学出版社2010年版，第57—59页。

有位年过而立的教师告诉同事，她"已经五年没有看过一本像样的书了"，但学生还是比较喜欢她的课。因为日常教学在她不过是重复劳动，学科教学内容也没有什么变化，五年前的学生需要她那样教，五年后的教学可以依然如故。在她个人而言，一切已是旧的、熟的；对学生而言，基本上却是新的、陌生的。中小学教学中的简单重复导致一些教师的工作技术含量变小。我由此发现了基础教育某些僵死症的病因之一：教育应当是动态的过程，教育者却可以凭静态的知识储备去完成，教师也就会缺乏专业发展的追求。如是，教师的教学完全可能被其他形式取代，特别是在远程教育高速发展的今天。

……

我大学毕业前在中学实习，听指导教师说《祝福》，有板有眼，头头是道；高校毕业后到中学教书，听了同事的课，才知道这套"教参"是全国中学语文教师上课的法宝，用这种统一模式，不会出乱子，当然也难以有智慧。以后中国的高中学生都知道"二进鲁家，三幅肖像，四根绳索"，至于鲁迅的创作是否如此构思，却没有谁想到要去探究。那时我就体会到，这种"重复"将会使教师终生得不到有效的发展。

20 世纪 80 年代，无意间从一份资料中看到，鲁迅在《祝福》中关于钱的记录很有价值，我思考后觉得很有道理，可以借此让学生关注小说中的细节。我在教学中设计了这样一个问题："找出作品中有关钱的描写，说说这些描写在作品中起到什么作用。"……我不否认这种教学仍然有局限性，但我认为，这至少比按通行的思路有所变化。对改进教学而言，这种变化的作用也许有限，但是能跨出一步，总比原地踏步有意义……虽然当时我可能还停留在探讨"绳索"的原位上，可是在探讨的过程中，学生发现：经典作品中的细节处理很有讲究，有了细节的真实，才能有小说的高度生活化，在以后的阅读中要特别注意。与此前的教学相比，学生多了一种思考问题的方法，懂得分析作品主题的切入点不止一个⋯⋯

（略去部分的大意为，在后来的教学实践中，王老师随着对鲁迅的理解的加深，又尝试了另一种思路：帮助学生认识柳妈这个人物在小说中的作用，学生的讨论和发现很有新意，给他留下了深刻的印象。）

有创新意识，教学中就不断会有新的发现⋯⋯如果我们没有创造意识，非但学生从我们这里学不到什么，我们的工作也将是简单重复、非常无趣的。

一个重复劳动的教师必然构造出一种重复取向的教学文化，无论这个内容对学生而言是新或是旧，它其中隐含的文化逻辑就是重复而没有创造。当这种隐性的以文化形式存在的课程内容被学生习得之后，必然整体地影响着学生对待求学、对待知识的态度，甚至会影响他们看待世界和在生活中的行为方式。王老师从微小的教学改变开始，开启了教学文化中的可能性和创造性，对经典的阅读方法以及解决学习问题的思路就不再是一种对知识的记忆过程，而是需要不断地有所创造，有所推进，有所更新。内化如此的教学文化，恐怕比读透嚼烂任何一部具体的作品都更为重要。因为这种过程建构起的是一种开放的眼光，一种探索的、创造的实践态度和方式，也是让生活变得有趣、有意思而不是单调重复的途径。

前文我们讨论一个饱满的文化选择过程是一种最大的文化解释的背景和情境，在这里也可以看得分明，《祝福》也好，鲁迅也罢，这些承载了丰富文化价值的课程内容（物的层面），单独地去理解和阐释它们体现了何种课程文化是缺乏意义支撑的，它们到底能够体现何种现实的文化，必须放到这个更大的文化背景中才能获得充分解释。在重复授课老师的课堂中，这篇课文这个人物就只能如是，没有其他的可能，只是静态的知识，可能也是死的知识，而在开放了更多可能性的教学文化中，它们就改变了面貌，生动起来，活泼起来，意义之网也被一张张织出，又一层层拨开，深不见底也异彩纷呈。如是的课堂所选择的课程内容与前者相比，显然具有迥异的文化属性。

从王老师的文字中我们还可以看出，一种良性的教学文化由于其建构性的特征，使得它还具有生长性特质。文中教师对于《祝福》的理解也在不断地学习中加深，学生对于《祝福》的思考与回答，也给了教师以更为多样的切入启示，可以想见的是，这样的老师在一遍遍的教学中，由于学习和生活阅历的增长，以及师生间的教学相长，师生共同建构起的教学文化必定是充满生机、不断成熟的。当教师持一种开放的文化观念时，其自身也是受益者。

同时，一种教学文化一旦形成，又是较为稳定的，这其中不仅有"教学无意识"的缘故，还有一种教学文化所主导的"教学习惯"的原因。"教学习惯"所呈现出的教学行为，并非仅仅是一种纯粹的行为动力定型，也不是纯粹经验、形体的，而是以精神为内容的。① 因此，教学习惯是教学文化的承载，它是"教师在长期教学实践中养成的一种比较稳定的、带有自觉性和潜意识特征的教学行为"，存在于一切教学文化活动的方面，② 因而具有相对的保守性，其形成与真切的改变，都是一个长期的过程。就好像我在日常的教研活动中常常有这样一种直观，一位教师在课堂上非常温和、耐心，对学生的错误也毫无苛责、多加鼓

---

① 高兆明：《论习惯》，《哲学研究》2011 年第 5 期。

② 肖正德：《教学习惯的意蕴、特质与改变路向：教学文化变革的视角》，《华东师范大学学报（教育科学版）》2012 年第 3 期。

励，但是学生就是有一种心生的胆怯，不敢贸然回答，显得十分拘谨。而另一些老师则没有这些刻意的鼓励和温和，仅仅是自然的生活式的随性，学生却毫无胆怯之感，既有失准的回答，也有精彩的言语。推想背后的原因，大概一种偶然的教学行为的转变，是无法改变长期存在的教学习惯与教学文化，也无法立刻转变学生的的"方式"与"眼光"。由此可见，作为教师自身，一种文化自觉的状态就显得多么重要与珍贵（这也是王栋生老师让我敬重的一个原因）。

当我们把教学习惯、行为等属于教学文化的内容视为一种主体性的文化存在，看作一种以文化的方式存在和习得的课程内容的时候，我又想起了那个泗水河畔与学生谈论人生和理想的孔子，如是的课程内容的文化选择，不正是一种教育在文化血脉上向最初的教育本真意义上的一种回归吗？我们前文说，孔子的生活、思想、行为、教学等都是融为一体的，他的知识不是现代意义的"科学的知识"，而是一种体验的知识，一种成人与成仁的知识，他的知识就是他的人，在他的门下，学习就是成人的践行，尽管这种"成人"有着时代的局限性，但学习的（知识）和生活实践的统一却是非常鲜明的。当人类文明的发展创造出了脱离生活实践的知识，尤其是以学科知识为代表的科学世界的诞生，使得原本作为课程内容的生活方式脱离了"知识"的范畴，让生活和学习割裂了开来，学习竞争本身成了求知的目的，完满的生活意义却被遗忘。而当社会的进步和文化的发展对"知识人"提出了新的挑战的时候，一种具有创造性、主动性、个体性的"文化人"要求就进入了教育的视野，新的环境、复杂性的世界使得人们对教育的培养目标有了新的思考，知识的概念、课程内容的范畴也被重新界定，一种学习与生活、生存与创造的高度统一的文化观念正在形成，"做人"与"求学"两种断裂的文化在更新的层面上，有了逐步融合的需要与空间。这是文化的回归，也是文化的超越。

第五章 教材文化建构的思维方式划界

教材作为课程内容的重要载体，体现着一定的教育理念和课程取向。教材的内容决定了教材文化有何种属性，这种文化属性又如何影响甚至决定着教材文化选择的标准与过程。从当前的一些研究来看，问题不在于看起来更理想的观点，而在于各种理想的观点为什么都不能兑现。其中的问题可能不在具体的观点本身，而在于运作观点的思维方式。因此，笔者试着借助一些已有的研究，通过对思维方式进行反思，揭示教材文化选择的路径与结构，从而能够从教材文化的选择与建构中，进一步透视课程内容的文化选择的机制与状况。

第一节 教材与教材文化

对教材的理解决定了从什么角度定义教材文化，因此，需要先明确"教材"的涵义。

一、教材及教材内容

目前，教材的定义比较多样，比较有代表性的包括：

《中国大百科全书》认为教材是：(1) 根据一定学科任务，编选和组织具有一定范围和深度的知识技能体系，一般以教科书的形式来具体反映；(2) 教师指导学生学习的一切教学材料。①

教材是由一定育人目标、学习内容和学习活动方式分门别类组成的可供学生阅读、视听和借以操作的材料。它既是教师进行教学的基本材料，又是学生认识世界的媒体。②

教材就是在一个有目的的情境的发展过程中所观察的、回忆的、阅读的和讨论的种种事实，以及所提出的种种观念。教材直接包含在社会交往的情境之中。③

教材是教学过程的一个要素，最普遍的广义说法是，教材包括了教师的教授行为中所利用的一切素材和手段。在此意义上，教材是"教授及学习的材料"，是师生之间的媒介。④

教材的编订是课程编制的第三个层次，是根据学校课程方案和学科课程标准的要求，选择和组织课程的内容的最后一步。⑤

由此可见，教材的基本要素包括符号化和规范化的语言信息与思想，并且是已经承载在一定介质上（如语言、纸张、磁带等）的，这些内容的组织又是为了教育教学活动展开的。因此可以认为，教材是教学过程中教师用来协助学生学习达到教学目标的各种知识信息的材料。它是一种"教学材料"，其设计的目的是为促进学生身心发展的教学服

---

① 中国大百科全书出版社编辑部：《中国大百科全书·教育》，中国大百科全书出版社1985年版，第144页。

② 廖哲勋：《课程学》，华中师范大学出版社1992年版，第197页。

③ [美] 约翰·杜威：《民主主义与教育》，王承绪译，人民教育出版社1990年版，第192页。

④ 钟启泉：《现代课程论》，上海教育出版社1980年版，第329页。

⑤ 李秉德：《教学论》，人民教育出版社2002年版，第173页。

务的。①

教材中最为主要的单位是教科书（除了教科书以外，各种用于教学过程的辅导材料，也可以归入教材的范畴）。在当前看来，教科书不仅是主要的、规范的，也是常态的，因此，此处所讨论的"教材"，就暂取其狭义，特指"教科书"。它是根据教学大纲或课程标准编写的系统反映学科内容的教学用书。它有这样几点属性：（1）它是社会实践的产物；（2）它服务于一定的课程与教学目标；（3）它是知识与文化的复合体，是以系统的形式存在的；（4）它相对稳定。

教材是课程的重要组成，它反映和体现着课程价值、逻辑和内容。教材的内容选择与组织结构都受到课程哲学、结构、模式的影响，因此是研究课程的重要一环。同时，它与课程也有区别。课程侧重于研究课程系统的目标、功能、结构、评价、进程等，是一种较为宏观的思想与计划，而教材则是一种"硬件"，是实体，是观念的物化形态。

从以上的分析可以看出，教材与课程的关系非常紧密，它与课程之间有一种相互作用的关系。它既体现着课程的整体思想，也作为一种物化的因素。教材的整体编写也影响到课程的整体设计，并可能成为课程改进的自下而上的推动因素。

这种相互作用也体现在教材内容与课程内容的关系上。一方面，教材的内容来源于课程内容，它需要从课程领域中选取一系列的间接经验和直接经验加以组织，构成教材的基本内容，这是课程内容的反映形式和集中呈现。也就是说，从教材的内容中，最能够直观地看出课程的价值取向。另一方面，教材的内容也在丰富和充实着课程内容。而且在教育转型时期，在教材繁荣发展的时期，教材的内容有可能推动课程内容选择机制的更新。这种更新的最终动力来源于教学实践的探索，由于

---

① 曾天山：《教材论》，江西教育出版社 1997 年版，第 8 页。

教学实践的创造性，使得利用教材进行的教学时刻都在重构着教材的内容与结构，当这种重构积淀出一种普遍认同的规范与取向时，推进课程内容选择机制的变革就可能发生。

以语文课程为例，改革开放初期，语文课程持一种"基本工具"的观念与定位，当时的教学大纲（1978 年）对教材编写的要求除强调思想政治教育之外，主要有三点，一是强调循序渐进，这种循序渐进要求很明确，初中侧重记叙文和说明文，高中侧重议论文和复杂的记叙文。二是注释要针对不同的年级特点和课文特点，详略得宜，深浅适度。第三就是要求语文知识力求精要、好懂、有用。尤其是第三点要求，直接影响了 1987 年版的统编语文教材，形成了以能力训练为序的较为严整的编写体系。比如，① 初中教材从纵向说起，贯穿六册书的线索有四条，即阅读训练、作文训练、听说训练和基础知识；而高中教材贯穿六册书的线索则有五条：读写知识和能力训练、听说知识和能力训练、文学鉴赏知识和能力训练、文言文阅读知识和能力训练、现代汉语的重点知识和能力训练。从横向说，每个年级的语文基本能力和基本知识的教学要求和内容就是一个层次，六个年级就是六个层次，这样纵横交叉，构成一种网状结构，交叉点就是单元。受这种课程观制约，不仅教材的内容编写按照知识点、能力点的顺序展开，当时的教学也自然强调知识点与能力点的灌输。

但是这种课程教材的缺点就是忽视了人的主体性，以至于到了 20世纪末时，"人文性的缺失"成了教学实践中被普遍关注的问题。1997年第 11 期的《北京文学》刊登了 3 篇文章，分别从学生家长、中学语文教师和大学中文系教师的角度谈论了语文课程的弊病，引起了一场文

---

① 洪宗礼等：《母语教材研究》第二卷，江苏教育出版社 2007 年版，第 8 页，倪文锦执笔"本卷导论"部分。

化与教育界的讨论，直接影响到新世纪的课程改革。2001年《全日制
义务教育语文课程标准（实验稿）》就提出"（教材）内容的安排要加强
整合，突出重点，简化头绪，避免繁琐化"；密切联系学生的经验世界
和想象世界；注重情感态度和知识能力之间的联系，致力于学生语文素
养的整体提高。教材的内容序列也不再生硬地循序，而是强调要有开放
性和弹性，以满足不同学生学习和发展的需要，等等。因此，新课程的
教材中出现了新的面貌，如"重视专题活动"，编入综合性学习。实验
教科书都非常重视专题活动的设计，从课文后的练习到单元中的综合练
习，不再按照知识点的网络去布局，而是尽可能把阅读、习作、口语交
际等综合起来，让这些语文内部的内容要素相互协调，互相促进，又加
强与生活实际的联系，以促进学生"整体的发展"。从教材的内容中就
可以看出从"语文知识"到"语文素养"的课程观念的转变。新的教材
的编写，也促进着语文教师和研究者对语文课程的理解逐步深化（这一
点在语文"课标"2011年版的修订可以看出，比如加入了"与教材编
者对话"的要求）。

由此可见，课程观直接影响着教材观，影响着教材内容的选择，
但同时，自下而上的实践推动，反映出教材文化在教学实践中的重构对
课程的逆向作用，推动课程的更新。此外，从课程文化选择的角度上
看，教材文化是教学文化选择的依凭之一，它们相互作用，共同构筑着
课程内容的文化状况，因此，这一视角也很重要。

二、教材文化的属性

作为承载文化内容的教材，本身具有特定的文化视域。教材文化
指由教材的内容、结构、形式等因素综合形成的一种文化状态。教材文
化的属性主要受到教材所选择的文化内容与组成结构、呈现方式等因素
的影响。这种内容与结构的选择有两点较为显著。

一是选择即建构。教材的内容选择，不是单纯地依照某种标准从课程内容或者社会文化中选取某些适合的部分截取再拼合。尽管其要素并非凭空产生，而是有所选择，但选什么、如何选、选来的素材又如何组织等，这些不仅受到文化、政治、经济、教育大环境的制约，还受到来自不同层面的价值约束，比如教师、学生、家长；编写组、出版社、教育审查部门；课程标准、学科理论发展、课程论、教学论，乃至纸张、绘图等。这些因素涉及了众多复杂的、矛盾的，甚至不怎么相关的因素（比如印刷的质量与教学的方法这两种因素原本并没有太多的关联）。因此，与其说是教材的内容的"选择"，毋宁说是内容的一种"建构"。

二是主体性的参与。也就是特定的"价值"引导，即"能带给人们的某种实际功效或利益"。[①] 教材内容的选择是基于特定的课程教学观念的，这种观念包括了课程的价值取向，它反映了特定人群的特定课程意图，是以实现意图为目的的。这种意图是基于人们认为课程"应该怎样"的认识，这是教材进行内容选择的出发点，其所选择的任何内容都受课程价值的统领，为价值服务。不同历史分期的课程价值不同，即使是同一时段的课程价值也未必统一，这也是教材在今天采取多样化发展形式的价值缘由。

教材内容的建构性与价值化也决定了教材文化呈现出相应的特点。

教材文化的建构性看起来比较容易理解，但当我们审视教材时，却未必能够自觉到这种建构性意味着什么。比如对语文的教材文化来说，日常的视野甚至研究的视野常常会抱有"缺什么补什么"的想法。比如，看到教材中选自经典文存的篇目少了，就批评说"经典缺失"，[②]

---

① 冯契：《哲学大辞典》，上海辞书出版社 1992 年版，第 581 页。

② 参见《民间会诊小学语文教材》，http://zqb.cyol.com/content/2010-10/20/content_3429236.htm，中国青年报 2010 年 10 月 20 日。这一报道在当时引起了不小的反响，从一定程度上反映出对教材的一些认识。

提出要增加反映经典文化的篇目，仿佛内容增加了，就更好地传承了经典的文化精神。如此的思维方式使得那种表面上融入了时代风貌而骨子里传承着经典文化意识的教材文化被忽视。①

对教材文化的认识似乎不应当采用一种"机械还原"或"分割"的思想方法，这是一种近代科学的还原分析方式。它试图把一个研究的对象分解为简单的要素。相反，教材文化的研究需要的是一种"复杂性"的思想方法，它需要从整体、部分以及部分之间的相互关系加以考虑。这是复杂性理论的一种表现。法国当代复杂性研究者埃德加·莫兰认为，复杂性的原则之一是全息，即某些系统中，不仅部分处于整体之中，而且整体也处于部分之中（比如细胞构成了有机物，但细胞中包含了有机物全部的遗传物质）。复杂性思维方式不用不可分割性来替换可分割性，它呼唤着二者的交流，应用可分割的东西，但把它插入不可分割的联系之中。这意味着确定性与不确定性之间的联系与对话，这是一种贴近人性和生命状态的思想方式。②

这种复杂性预示着教材的文化组织中存在着博弈和策略，意味着不确定性的存在，因为结构本身是复杂的。比如我们常说的"自由、平等、博爱"，看起来三项互补，其实它们也相互对立：自由趋于破坏平等，而如果把平等树立起来，它又趋于破坏自由；最后博爱既不能被颁布，也不能被树立，而只能被激励。因此，一种可能的策略就是根据历史的条件来促进或是自由，或是平等，或是博爱，但在任何时候都不要

---

① 语文教材中这样的例子不少。比如苏教版小学语文教材中的"词串识字"，"骏马　秋风　塞北／杏花　春雨　江南……"用传统韵语识字的方式，结合今天的集中识字方法，贯穿古代文论中关于诗歌"意象"的功能，使得原本枯燥的识字课文变得颇有文化气息，这就是一种内在的传承，一种文化精神的传承。因此这一识字课文的编写方式后为多个版本所移用。

② ［法］埃德加·莫兰：《论复杂性思维》，陈一壮译，《江南大学学报（人文社会科学版）》2006 年第 5 期。

真正与另两项对立。这使得我们的认识改变不了长时段中的不确定性，它注定"永远是在一个不确定性的海洋中穿越确定性的群岛的航行"。①

这种复杂性来源于教材所要复合的不同文化主体的需求，比如法规文件、教师、学生、家长等，这些文化需求是多极的，是不在某一个能够自洽的逻辑体系内的，因而，它需要从符合它结构的思维方式去理解它本身。这就是本章后半部分要讨论的"工程思维"（这种多极的文化状态是促使我从工程思维的视角看待教材文化的问题的原因）。

就上述的第二点"价值的参与性"来说，似乎同样清晰可见却往往不被重视，尤其是思想方法的重视。比如，对教材文化的研究中，有这样一类研究，设定某个价值基础，从这一基础去审视当前或已存的教材，经过量化的分析，得出这套教材在某几个价值维度体现较好，某些价值维度体现不够。这种研究思路从直观上看没有太大的问题，但却没有关注到教材文化的价值参与性。因为选择一种价值主导的教材必然只是以满足该主导价值为目的，它并不宣称自己是普遍有效的，突出强调 A 价值的教材，也许就根本不关心 B 价值。所以用一种主体性去批评另一种主体性不具有方法论的合理性。而且如此的批评直接带来一个后果，就是对教材价值的"过度期盼"，希望教材中可以充满所有理想的价值。为了不让教材文化存在明显的弱项，就试图将所有能够想到的正向价值都塞进教材的文化世界之中。这不光容易导致了教材文化的杂乱、复杂和臃肿，还导致了成人意志的过度体现，塞进了成人认为好的文化后，反而不去过问这种价值到底对于学生具有何种教育意义。如此的做法反而从自身的内部消除了主体性，因为容纳一切价值等于没有主体价值，形成了一种价值的悖论。

---

① ［法］埃德加·莫兰：《复杂性理论与教育问题》，陈一壮译，北京大学出版社 2006 年版，第 71—73 页。

从教材文化的建构性和价值性，以及当前对教材文化研究的考察，使我对教材文化的选择背后所运用的思维方式产生了疑问，因为显然当前的方法不是那么贴合。这里需要引入"工程思维"的相关研究加以认识。它似乎能够提供一种认识图景，便于看清问题。

第二节　思维方式的反思

思维方式是人类行为的运行逻辑，不同的人类行为对应不同的思维方式。因此，思维方式的误用导致一种行为的起点性失误。阅读徐长福先生关于工程思维的著作给了我很多的启示。[1] 这种启示始于一个颇有意思的问题：我们究竟是要探寻客观真理，还是要绘制生活蓝图？由于后续的讨论必须以两种思维方式的划界为前提，因此首先做一简要概述，再展开讨论。

一、理论思维与工程思维简述

从工程思维的视角来看，历史上许多极其高明的人文社会工程（比如柏拉图的理想国）都没有能够成功的原因在于思维方式的误用。这是人文社会学科中，理论学科与工程学科的混淆所致。前者是探求道理，意在将一种本然的法则揭示出来，供人们去遵循；后者是为了绘制蓝图，意在刻画一种应然状态让人们去实施。此二者在思维方式的层面具有很大的区别。

---

① 详见徐长福：《理论思维与工程思维——两种思维方式的僭越与划界》，上海人民出版社 2002 年版。关于"工程思维"的研究，此处均参考了徐长福先生的著作与文章，下文不再一一注出。

（一）实体与虚体

世界上有两类东西不能相互还原，一是实体，一是虚体。实体，就是实实在在的个别性存在。当作为主体的人利用作为客体的人和物建构起来的具有一定规模的人工物品就是工程。人和工程都是实体，实体是多元的。众多的实体之所以能够结合成工程，就是依靠它们各自具有的属性间的必然联系，这种必然联系就是"虚体"，也就是"理"。无论某种理论是否表达了正确的"理"，这种理都自成一体，因而，虚体的世界也是绝对多元的。

实体完形是在工程中予以操作界定的实存个体，它具有若干属性，一个实体无论是天然的还是人工的，其所具有的多种属性的组合都摆脱不了偶然性。因此，实体所具有的各种属性间不必然都有逻辑性联系。虚体完形与之相反，它是指通过属性间的必然联系而构成的逻辑性系统，它是工程建造的依据。这种属性间的必然联系既可以是实体内部的，也可以是不同实体之间的，总之，唯逻辑必然性是从。

虚体依附实体存在，但并不与实体一一对应。因此，不能以为认识了与实体相关的虚体就等于认识了实体本身。认识某个虚体只是懂得了某种道理，而任何实体都包含无数种道理；认识虚体只需逻辑一贯，而认识实体则必须通过若干虚体对之综合定位。它需要一种包含逻辑却又高于逻辑的思维方式。

由此，作为实体完形的一种，人有着五花八门的需要，每一种需要都要求满足，因此，都会去追寻与之相应的客体属性。如果自然界没有现成的实体具有这种属性，那么，人就会努力将其创造出来，而创造的必定是实体。新的实体无法凭空产生，只能以现成的实体为材料，其实质就是"利用现成实体身上某些属性间的必然联系来导出理想中的新属性"。这种新属性必定是存在于所创造的新的实体之中，这种创造的活动及成果，就是工程。

工程是人自觉建构的人工实体，它体现特定的人类意图，是价值化的实体。但工程建造的过程是实体与虚体的多重复合，不是一理贯通的虚体思维所能解决的，比如作为材料的实体并不是仅仅具有人所期望的属性，它有剩余属性，这种剩余属性与实体同在，无法排除，当它们交织起来就非常复杂。因此，有必要区分理论思维和工程思维。

（二）理论思维与工程思维

在区分了实体与虚体之后，就能够得到与此二者相应的思维方式。

虚体的思维方式是以属性间的必然联系为根本规定性，它对思维方式的要求是逻辑自洽、无矛盾，概念与概念之间、前提和结论之间必须是严格的逻辑推论关系。而实体思维则不同，由于实体杂有众多的属性，这些属性之间，有的具有必然联系，有的则没有。因此，逻辑推论无法把握实体，而只能诉诸非逻辑的直观和描述，以理性直观的方式将关于实体身上的各种属性的描述复合为一个整体。因此，认识实体身上的某一种属性必须借助虚体思维，但要将众多的属性构成一个完形，必须依靠实体思维。

当引入人的主体规定性时，会发现人有两类价值目的。一是认知，一是筹划。认知是为了人情对象的本来面目，筹划是为了弄清已有的条件做成某件事情。认知的最高成果就是形成理论，理论是用抽象概念建构起来的具有普遍性的观念体系；筹划的典型表现就是工程，工程是用具体材料建构起来的具有个别性的实存体系。前者是客体对象的主观化，后者则是主体意愿的客观化。

将认知/筹划和实体思维/虚体思维相匹配后，具有现实性的思维方式有两种，一是认知型虚体思维，它的专业层次就是理论思维；二是筹划型实体思维，它的专业层次就是工程思维。

此二者的关系大致可以表述为：理论思维是非价值的逻辑化的思维

方式，工程思维是价值化的非逻辑的思维方式。前者的功用在于分门别类地发现属性间的必然联系，后者的功用在于将位于不同联系中的属性复合为一个工程整体。理论思维力求有约束力的客观道理，工程思维力求有操作性的主观设计，理论思维服务于工程思维，工程思维服务于实践。

工程思维在当下的提出有着相应的社会环境。当人类生活以生长为显著特征时，建构只是一种偶然的社会现象，社会发展停滞或缓慢，生活内容大致容纳在习俗或教条之内，人们所需要的主要不是改造世界而是解释世界，不是变革环境而是适应环境，因而，理论思维在日常生活中几乎是畅通无阻的。但是，当人类的生活逐步过渡到以建构为主题的状态时，工程思维就成为一种优势的思维方式，因为只有这种方式才能处理完形各种不能逻辑相连的属性的稳定可靠的操作程序，如果仍然沿用理论思维，就会遗漏实体完形的大量属性而造成严重后果。在这两种社会生活状态的转换期，就容易引发思维方式的混淆。

由以上的分析不难推断，教材的建设无疑属于一项人文工程，这项工程的主体部分就是教材文化的建构。因此，教材文化的建构实际上就是一个工程设计的问题。一个工程设计相较于以逻辑性主导的理论思维来说具有如下极其不同的地方。

比如我们根据住宿的需要设计宿舍，根据交易的需要设计商场，根据集会的需要设计礼堂，但无论宿舍、商场还是礼堂都要设计配套的厕所，上厕所是住宿、交易、集会这些本源需要的邻近需要。在教材的文化建构中，教与学可以看成是它的本源需要，而适应不同的地域差别、能够在适合的媒介上呈现等就是它的临近需要。本源需要与邻近需要都可能是多样的，因而需要工程设计的统筹。

与之类似的是，客体身上的属性也是杂多的，有本源属性和邻近属性。比如编写教材的人员，它需要整合多种文化内容进入教材，但是他不仅仅如是，他有感情、有文化的偏见（中性）、有知识的视野和局限等；呈现教材的介质，能够呈现出怎样形态的文化，不能表现出什么样的文化意蕴，这些客体的属性也需要综合考虑。

这些复杂的属性在设计时，就会出现多种可能，而任何工程的建构都最终只能实现一种可能性，我们只是尽力将它们调整到最有利的状态。这就是工程的或然性、自由性和创造性的体现。

作为主体的设计者，由于对工程中所包含的虚体的认知情况不同，其所设计的倾向也注定不同，比如对课程、教材、教育、文化、社会的理解，编写者的理解都各不相同。并且更为重要的是，主体在工程设计中所能够运用到的虚体（理）几乎是无穷多的，最后的选择是主体依据自身的判断所综合选取的。

由这些阐述足可以见出，设计教材和建构教材文化，不是某一种理论所能够单独支撑的，非逻辑的直观与价值的复合恐怕是教材文化选择必须面对而理论思维却帮不上忙的问题。但事实上并非如此，理论思维常常会越俎代庖来设计作为工程的教材工程建构，这给教材文化的建设带来很大的问题。同样，如果用工程思维去建构理论，那么理论也会遇到类似的困境。引入这种思维方式的划分，就是想要看清楚我们遇到的究竟是怎样的问题。

二、教材文化建设的困境与问题

当前以"教材文化"为主题的研究多是以"认知"而非"筹划"为起点，比较常见的思路是以国内或国外某一版本或几个版本为认识客体，从时间维度（现代/传统）、地域文化、学科文化等，对整套教材的文化呈现做出统计、分析和说明。而且常常在研究的最后，会有"指导建议"或是类似的部分，即从前面的研究分析推出指导教材文化建设的改进策略等。

这是比较寻常的路径。最初我对其产生的疑问是：这样的分析与研究究竟对教材编写有没有作用？因为就教材编写的过程而言，"体现某种文化价值"只是众多考虑因素中的一个方面，它无法合理合法地推出"按照某种文化价值的取向去编写教材"。于是基于特定价值的"建设性意见"往往只能是意见而无法进入到教材文化建设的过程视野中。这就使得此类研究的价值大打折扣，因为它似乎是为了改造实践的，但却由于价值的特殊性带来的局限性，使得实践无法采用。

与这类研究相对的状况是，很难见到从设计的角度探索如何选择与建构教材文化的研究。换言之，我们多从认识出发谈建构，而不从建构本身出发谈建构，前者是认知，后者是筹划。因此，从认识出发的建构方案似乎一开始就走错了方向。

那么，究竟有没有一种从建构本身出发的研究可以指导实践呢？如果当前的这种基于特定价值的研究无法给实践提供确实的路径指向，那么问题出在哪里呢？从思维方式的角度来看，认识教材的文化属性是一种理论思维，它研究教材文化属性间的必然联系，研究的是虚体的问题，而教材建设属于工程建构，对它的研究则需要实体思维，尤其是教材的文化建设需要的是工程思维（一种专业层面的实体思维），因而，这种思维方式的错位，导致了上述的一些问题。这里试对这一问题做些分析，以期能够对建设教材文化这一工程问题的思路能有所启示。

为了论述的便利，下面的讨论我暂以小学语文教材的编写为例，它可能不能涵盖所有教材编写的思路，但的确又有很多共性的问题。

（一）教材文化建设内部的思维方式问题

在人文学科的教材中，价值观是教材文化的重要组成，在语文教材中更是如此。当前中小学的语文教材以文选型教材为主体，教材的主体设计是建立在一篇一篇的文章组织起来的基础之上的。因此，对选文的思想价值做出怎样的价值判断，直接影响着对教材文化的理解。

在这个过程中，教材本身是一个实体，它依据自身文化选择的标准选入一篇一篇的课文，这些进入教材的课文也是实体，课文所反映的价值观和各种思想情感，使其具有多种文化的属性。这种文化属性不是单一的，并且随着认知主体的改变也会产生不同的理解。但是，一方面，想要穷尽这种价值观并且保证所有的价值取向都是非常理想的，这种状态几乎不可能存在，因为人的立足点总是特定的，心力也总是有限的，而作为一篇打开文化世界的文章来说，它又是丰富的；另一方面，即使可以有非常充分的文化筛选，考察文章关涉的所有价值点，在把它组织进教材的时候，也必定是基于某种价值观所认定的"主体属性"。比如《歌唱二小放牛郎》这篇课文，将其选作课文在价值上主要是取"歌颂抗日小英雄"这点，而将"挑在枪尖"这样较为残忍的描述加以价值的淡化。换言之，课文选择的过程是一种价值的抽取过程，不是抽取所有的价值，而是特定价值体系所认定的重要的价值。这里就出现了思维方式的僭越问题，因为选择课文建构教材内容文化本是工程问题，与之对应的是实体思维，但由于实体过于复杂，而作为虚体思维的理论思维具有较高的经济性，即"以一般把握个别"的性质（一类一类的认知要比一个一个的认知简单得多）。这是人的一种以有限生命认知无限世界的先天禀赋，也是一种无法克服的恒常的矛盾。因此，就非常自然地会把这篇课文归入诸如爱国、抗日英雄等类别中去，这是用理论思维把握实体的化繁为简的倾向。

在这样一种思维方式僭越的过程中，理论思维通过抽取特定的属性去把握作为实体的课文，但是相对于它所把握的属性来说，剩余的遗漏的属性可能更多，比如相对于歌颂抗日英雄来说，"凶残的场面""引发的对日本的民族非理性情感"等就被忽略了，这是实体虚化的经济型认知的代价。而这些剩余属性一方面由于被舍弃，因而不能够在新建构的教材文化中予以体现，另一方面也不能够被选择所使用的理论思维所解释，因而就成了"问题属性"。这些问题属性不仅会消解理论自身的合理性，也会引发对教材文化认识的分歧。

这种分歧不仅体现在对一些关于教材的争论中，也体现在日常师生的教学过程中。由于问题属性的不可避免与大量存在，因而，教材文化还具有相当的不确定性，它们在教师眼里的样子绝对不会与编写者眼中相等同，教师也不会按照编者所架构的文化取向去原样教授。他们自然会采用诸如淡化的方式，绕过一些他们并不认可的文化取向，比如"过度的教化意味"等。

除此，理论思维的僭越还有一种反向同质的思维方式。比如有些观点提出，语文教材中应该以文学经典为主要内容，认为文学可以涵盖儿童语文学习的一切方面，如此云云，也是一种理论思维的僭越。我对这个问题曾写下过一段文字：

　　　　语文教育中包含人文教育，用富含人文精神的文化经典（主要是文学经典）塑造孩子的精神品质是十分必要的，没有人会否认。但是，正如"课程标准"中所言，"工具性与人文性"的统一，是语文课程的基本特点。虽然人们对这一表述还不够满意，但至少在目前这是公认的表达。也就是说，语文教育有超出人文教育（文学教育）的部分。转换成逻辑的表达就是，文学教育并不能替代语文教育，因为有一些功能性目标它无法实现，因此，它只能是语文教育的部分，这是其一。这一"部分"在语文教育中到底有多大分量，是否是一个具有绝对优势的主体构成？这一问题的另一个表达，或者说这一问题在小学阶段取决于，小学阶段的学生最需要的，或者首先需要的，是否仅仅是文学教育？这是其二。
　　　　答案可能是否定的。小学阶段的语文教育，是要培养学生

"全面的语文素养"，首先就是使用语言文字的基本功，同时（或进而）培养孩子的人文精神与健全人格。而文学经典，首先更有利于开启心智、启迪思想、慰藉情感和滋养心灵，更多的是情意方面的内容，而非首先是语言文字的基本功。

那么随之而来的反问可能是，难道经典的文学作品就不能培养孩子的语言文字的基本功？如果将孩子的语文素养、语言能力窄化为文学素养或文学性语言的基本功，那么答案可以是肯定的。但是，孩子需要的是基本的生活语言，它不仅仅是文学性语言，还包括了一些非文学性的语言（比如科学性的、思辨性的等），并且往往非文学性的语言占据了主导的地位。说出一种语言，就是制造了一个世界，文学性的语言构筑的是文学世界，它可以帮助孩子解决文学世界中的问题（如欣赏、感悟），但却不能帮助他们完全解决生活世界中的问题，或者说不能解决他们生活中最主要、最重要的一些问题。比如各类文本的阅读、各种场合的交际、各种活动的参与等，无论口头言说还是下笔成文，很多情况下要求简明、扼要、准确，而不必甚至不需要修饰、雕琢、想象等（后者显然是文学所长）。

对于孩子来说，应付日常生活是首要的，而文学性审美大多是相伴而生或锦上添花，总之是不可能倒置的。因为没有基础的生活语言作为支撑，再好的文学语言也无法生根。

除此之外，学生的生活中还有很多应用文体，阅读的许多书籍、进行的许多创作，都是非文学性的。过分地夸大文学的功能，也许反而会导致人们对于想象、语词、情感的滥用。作为奠基性的工程，小学语文理应给予孩子能够独立生活在现时代的语文能力，而不仅仅是在某一个方面、某一种语言领域中有专长的高材生，这不是基础教育的使命，也是无法搭建的空中楼阁。基础的语文教育恰恰是丰富孩子的日常生活语言，从而在其成长过程中，不断地可以回溯到源头，而不是去构建文学的空中楼阁。换言之，也只有学生充分发展了生活语言，才有可能在进一步的学习中，顺利地走进文学的世界，这是一个必要的前提。

那么，语文教材，在孩子与文学经典之间，究竟该起到一种什么样的作用呢？它该扮演一种什么角色？不得不承认，这个时代是让经典尴尬的时代。即使在成人社会，经典文学的（文字）阅读阵地始终在不断缩小，总有被大众文化吞噬的危机。但显然，教育需要必要的乌托邦，孩子必须要经历这种有历史积淀的文化精华的熏陶，那么，文学经典在小学阶段该以怎样的方式影响孩子？或者说，语文教材该以怎样的方式引导孩子接近文学经典？

首先看看文学经典与孩子之间的距离到底在哪里？概括起来看，无论东方与西方的文学经典，其与孩子的距离仍然是成人社会与儿童世界的距离。何谓经典？无论怎样的定义恐怕都不能否定它们是成人社会认可的经典（即使是所谓的儿童文学经典）。也就是说，其价值的认定方，从来都是成人而不是儿童。所以，经典的文本中常常包含的是人类社会（成人社会）认可的，一些永恒的、具有超越性的主题，如爱与恨、生与死等，概莫能外。

就作家而言，没有成人社会的历练，不体验成人社会的酸甜苦辣，不看尽世间冷暖，是写不出经典的文本的；而对于读者来说，如果自身没有这样的积淀，没有对爱、恨等人类情感的深刻体验，也是无法真正读懂经典文本的。换言之，文学经典与孩子不仅有空间上的隔膜（比如西方文学经典），还有时间上的隔膜（年纪、阅历的因素等）。这些隔膜都不是在很短的时间内可以消除的，它大多需要时间的冲刷与浸染。那么随之而来的反问是，既然经典与孩子如此隔膜，那还需要他们在小学里学习吗？如果需要，语文教材又该如何引导呢？

我想，显然是需要的，否则，也不会有如此多的声音来讨论这个问题，但语文教材该扮演什么角色，还是可以讨论的。语文教材需要让孩子知道经典、了解经典、走近经典等，但不是代替经典，也无法代替经典。教材中应当有经典的文本，但经典的原文进入教材，却是要慎之又慎的，不是毫无疑问、自然而然、直接可用的。

除了经典与孩子在文化时空上的隔膜之外，至少还有这样几点是它直接进入教材的"阻碍"：第一，经典文本的形成，尤其是文学经典，都有一定的时代背景、文化时空，而越是经典的文本，这种文化情怀越重、越广，越不容易把握。它往往超越了个体、家庭、城市，通常是要在国家民族、人类整体的意义上，才能把握住经典文学文本的时代脉络。这些东西的把握，不仅会造成孩子理解上的困难，也会给老师的教学带来巨大的困难。第二，经典文本通常较长，虽然节选是一个很好的思路，但往往容易断章取义，在很大程度上削弱经典的真正价值。第三，经典的文学文本在语言上有"文化拖累"。比如中国古代的文学经典，除了语言文字上的差异，在思想上，也大多渗透着封建社会、农业文明的思想，而西方的文学经典除了翻译的走样之外，还夹带了一种脱离文化土壤的"单边文化果实"，使得一种良好的文化思想成为一种无源之水而常常被误解。因此，教材是不可以成为经典汇编的。

正是基于这样的情况，我们（苏教版）对于教材中直接节选经典是非常慎重的。并且在直接节选之外，还创编、吸纳了一些可以引导孩子接近经典的文章。如，通过《孔子游春》，引导孩子了解儒家思想中的精华；通过介绍海伦·凯勒的故事引导孩子阅读《假如给我三天光明》；通过《一本男孩子必读的书》引导孩子阅读

《鲁滨逊漂流记》等。

　　综上，语文教材本身并不能想当然地去充当文学经典文本的角色，学生对于文学经典文本的感悟与学习，最佳的途径还是去阅读文本的原著，并且还需要有一定的社会性积淀。但是语文教材本身却可以拉近学生与文学经典的距离，可以用少许的片段、经典意义的阐释以及一些关于经典的文本，激发起孩子对于经典文本的学习兴趣。当然，如果有非常适合的文学经典文本，语文教材也并不排斥，比如我们节选了萧红《呼兰河传》中《我和祖父的院子》，就是成功的典型。

尽管文学经典对学生的语文学习非常有价值，但是将文学所具有的文化属性（虚体）看成是语文教材（实体）的全部属性或是本质属性（即将某些特定属性看得比其余属性更为重要），以理论思维来认知实体，还宣称把握住了实体的"本质"，这是一重僭越；以这种理论思维的认知，来试图建构即筹划教材实体，这是从认知到筹划的第二重僭越。这两重僭越显然缺乏合理性，因为它排斥了对语文教材其他文化属性的认知。

　　笔者以为，特定价值对教材属性的把握，无疑非常重要，它们是认识教材整体的必要条件与组成，但是我们无法在认识了一种或几种属性之后，就宣称把握了教材实体的全貌，从而排除其他的可能，因为它将思维方式僭越的问题放大到了极致。由此看来，理论思维的僭越似乎难以避免，并且十分危险。

（二）教材文化认识的整体性僭越

　　如何建构一套小学语文教材的文化品格无疑是非常重要的问题，也是教材编写者们非常重视、各方面的研究者非常在意的一个问题，以至于出现了前文提及的各种价值维度的批评。但是，作为参与到教材建设和教材文化设计过程中的一员来说，有一个问题不得不引起我的注意，即一套教材的文化价值到底在怎样的程度上影响着学生的价值世界？

价值取向的比例统计以及对文学经典的强调云云，这些主张似乎都暗含了这样一种逻辑：我们的教材呈现出怎样的文化结构，就会直接在学生的价值体系中兑现，两者是大致同构的。因此，教材的文化世界不仅不能少了什么重要的价值取向，还必须有一个合理的比重，一个符合某种规律的比例，这样才能让学生的价值世界健康地发展，"打下好的精神基础"。可以看出的是，这种思维路径仍然是理论思维的方式。它不仅追求自身的逻辑自洽，还把这种对应性的逻辑关系延伸到作为教学过程结果的学生文化世界的建构中。如果按此思维方式去进行教材文化的建构，那么，不仅会让教材文化变得臃肿繁琐（因为不能有缺席），而且还会导致文化结构的趋同（因为都向着最好的文化结构去努力）。这似乎走向了教材文化建设的对立面。

在学生的文化世界的建构中，教材文化整体是作为参与性的实体出现的，而文化世界的建构本身就是一个工程问题而不是一个理论问题，其发展过程中有很多非逻辑的复合，不是一个从起点向终点，一步一步逻辑推导出来的结果。它会因为环境、个体差异、遗忘、对抗与抵消等不同的经历而产生不同的效果，一种在建构时看起来多么合理的教材文化也许在学生文化世界的建构过程中变成非常消极荒诞的部分。

这一点虽然处于教材文化建构过程之外，但却深深地影响着教材文化的建构本身。因此，从更大范围的工程设计出发，教材文化的建构过程必须考虑更为复杂的因素。

一是教学的改造。无论教材文化如何建构，它都必须在教学的过程中呈现自身。因此，教材文化实际是以一种动态的方式发生影响的，而教学的过程必定是以实现特定的课程目标为导向的。如语文课程的总体目标（我们仍以语文课程为例）不仅包括价值观，还包括知识与能力、过程与方法，以及人的情感态度等维度，不仅有爱国主义、集体主义的思想熏陶的方面，还有思维能力、想象力创造力、学习习惯、语言能力等综合素养（见"课标"）。这些课程目标都在具体的教学过程中影响着学生。而教学过程又不可避免地具有教育性，所谓"教育性教学"即是如此。赫尔巴特认为，人的观念、情感、善的意志是不可分割的。作为知识传递过程的教学和作为善的意志形成的道德教育是统一的，只有通过教学进行的教育和只有通过教育而进行的教学，才可能是有效的教育和有效的教学。"不存在'无教学的教育'这个概念，正如反过来，我不承认有任何'无教育的教学'一样。"① 因此，对学生情感和意志进行陶冶和训练的过程与知识习得和智慧启发的过程是统一的，多方的知识来源与多样的教学风格必定给学生的文化价值世界产生多样的影响，教材文化只是其中的一个方面。

二是时间的吸纳。学生的文化世界不是读几篇课文、一套课本就能完全形成的，甚至不是学校教育阶段所独立形成的，它必定是个长期并且充满了变化的过程。环境、同伴、生活遭遇等都会在时间的长河中积淀文化的因子。所以，这其间的变化远非教材文化建设所能预定。

三是多向的牵引。文化与价值的学习一方面在于主导价值观的引导，另一方面也需要经受不同价值的相互冲突与牵引。一个充满文化冲突的价值世界，其教育价值未必低于一个纯真的真善美世界。比如朱光潜认为，② 美学视角的道德就是努力让尽可能多的自然冲动得到很好的组织，甚至给两种相反的冲动以自由发展的机会。比如哀怜和恐惧两种

---

① [德] 赫尔巴特：《教育学讲授纲要》，载赫尔巴特：《赫尔巴特文集 3》，李其龙、郭官义等译，浙江教育出版社 2002 年版，第 12 页。
② 朱光潜：《文艺心理学》，复旦大学出版社 2011 年版，第 102 页。

情绪本来带着两种相反的冲动，哀怜的冲动是趋就，恐惧的冲动是避免。因此，日常生活中这两种相反的冲动往往无法同时存在，但是悲剧就可以同时引起哀怜和恐惧，因而可以给两种相反的冲动以自由发展的机会。从这个意义上他断言，"艺术作品愈伟大，它所调和的冲动也就愈繁复"。从这个意义上理解语文教材文化时就不难认同，多向性的价值牵引也许具有更大的教育价值。

上述的各种因素显然没能穷尽，但已经可以看出教材文化建设无法采用"镜像式"的理论思维方式，追求周延、比例等各种价值配比。而且，在基础教育阶段的小学语文教育中，这种成人意志的过度介入，把教材文化看成理论推导一样按部就班，必然使其过度地定位了自身的教育价值。

由此可以认为，对教材文化这个整体的认识，也需要工程思维的视角，考虑多方面的因素，去进行更多的有价值的文化复合和文化创意，而不是将教育这个工程化约为简单的理论问题。

第三节   两点可能的推进

由前文的分析可以看出，目前我们所遇到的关于教材文化选择的很多问题，背后都受到思维方式的影响，尤其是思维方式的僭越所带来的误判。那么，当我们试图以工程思维指导教材文化建构的过程时，就必须回答工程思维到底是怎样运作的。

徐长福先生在论述工程思维时，认为工程思维不仅能够把实体所具有的不同虚体分别揭示的各种属性非逻辑地复合为一个整体，还能够以工程主体的特定价值需求为指针，在作为主体的人和作为客体的工程所各自具有的属性复合体之间建构起整体性联系。这些联系本身都是逻辑的，但是将它们合成一个整体只能是非逻辑的方法。因此，工程思维是将主客体之间的各种价值联系非逻辑地复合在一起并据此去设计工程完形的思维方式。①

比如，语文教材中一些课文的创编就是一项工程。以苏教版小学《语文》一年级下册识字 6 为例："夜晚 繁星 亮晶晶／爷爷 奶奶 小丁丁／竹椅 蒲扇 萤火虫／牵牛 织女 北斗星"。这样的词串识字课文围绕一个中心构建"词语韵文模块"，语义相关、形势整体、合辙押韵，具有整体性、形象性和可读性。学生在识记生字时，将图像、语音、语义挂起钩来，在识字的过程中，提高认知和审美能力。在这项工程中，用集中呈现的形式满足集中识字的要求，用合辙押韵的方式满足韵语识字和诵读的需求，用图文结合的形式满足意象组合的需求，这些都是逻辑的，但是将这些不同需求与学生识字的需求复合起来，满足识字教学的需求，却是非逻辑的一种创造，这种非逻辑的创造恰恰是这种识字形式的成功之处，它汲取了多方的优点，突破了之前的识字教学的诸多难题，如今已成为一种经典的识字形式。

但是，对工程思维仅止于"非逻辑的复合"似乎还不够清晰，我试图沿着思维方式的角度，将工程思维的这种特点往下有所推进。

一、水一般流动的视界

作为一项工程建构的教材文化建设，需要将各个层面的文化属性复合起来，这就注定了我们无法按照诸如儿童文化、经典文化等单一属性进行排他性的逻辑建构，而必须考虑不同文化属性以及属性间的关系，从而复合出一种最符合人的发展需求的教材文化的完形。因此，建

---

① 徐长福：《理论思维与工程思维——两种思维方式的僭越与划界》，上海人民出版社 2002 年版，第 83—84 页。

构教材文化的视界就不能是静止的，它不能止于某种文化属性和价值点，而必须在不同文化价值属性间流动，是一种流动的视界。教材的文化世界正是在这种流动中，不断丰富，不断复合，成为一个未必是最合理但可能是最好的整体。

这种流动，这种复合与人生命存在的样态是相通的。人的自然生命是人最本真的存在形式，正因为这样，人才有着与其他生命形式不同的本质，人的本质是在不断的实践中占有、丰富的。老子对此曾有过水的隐喻，"水善利万物而不争，处众人之所恶，故几于道。"（《老子·第八章》）人的生命像水一样具有自然性，柔弱而不争，无所不容，无所不用。故人应效法水，才能更真实地接近和体现"大道"，水是"大道"在自然中本质的再现。所谓"道，冲而用之或不盈。渊兮似万物之宗"，"湛兮似或存"（《老子·第四章》）。因为大道是虚状的，故其无所不包，无所不容。因此"旷兮其若谷，混兮其若浊。"（《老子·第十五章》）因而，人的生命也具有"百川归海，有容乃大"的品性。这种自然生命观具有极强的包容性，也提供了一种文化价值建构的方法论依据。

仍然以前文所论及的语文教材的价值取向为例，一种价值取向就是一种文化主张，主张就是一种立场表达，像水一样的视界流动对于特定的文化价值属性来说，具有消除特定立场和话语霸权的效用，它允许所有可能的价值与文化出场，从所有可能的文化价值去看待问题，形成一种"立场之流"①（这与全文所论及的复杂性思维在确定性与不确定性之间的穿梭颇为相似）。

这种如流水一样的文化立场，与自然科学所要求的"客观中立"不同，客观中立是几乎没有立场，或者尽量悬置立场，而面对教材丰富

---

① 赵汀阳：《再论"自由的困境"》，《学术月刊》2006 年第 3 期。

的文化世界，以及教育所面对的纷繁的现实，主观立场不仅无法排除，而且还是真正的精华所在（立场也恰是工程的必须），失去了主观立场，教材文化建设就失去了方向，如水一般流动的视界，是为了将各种仁智皆现的丰富的文化价值都考虑在内。同时，消除任何文化的话语霸权带来的对文化世界建构的限制。

在颠覆传统形而上学的大厦之时，尼采用哲学语言也有过同样的表达，他解构了传统形而上学，把一切对世界的解释置于平等的地位：不是在真理面前平等，而是在"不存在真理"这一点上平等，即没有任何绝对的真理。这种解释就是"置入意义"，就是个体对于世界的透视，有多少个透视中心（即个体的人），就有多少种关于世界的透视，客观地认识世界并不是超越一切的透视，相反，是综合了一切透视，是一切透视的总和。①

为什么需要容纳各种存在的"透视"，保持水一般的视界？因为教材的文化世界是一个复杂的综合文本，在这样一个复杂的文化世界中，学科的、儿童的、教育的、文学的、经典的、现代的等，多方的文化价值属性相互之间并非都是相容的，儿童对于直接经验的需求一点也不低于学科对于间接经验的要求，各自立场上的合理性使得教材文化在建构的过程中，必定存在某些地方是"真理失效"的，"失效"并非是否定真理的存在，而是承认这样一种事实：对于教材文化建构而言，可能存在着相互矛盾的真理。在不同的价值之间游走，就是为了让多种真理并存，从而相互解构掉各自的普遍必然有效性，仅仅在各种真理为"真"的地方使用它们。

这种流动的视界一方面赋予了教材文化以"生成的权利"，它是生动的现实生活本身（工程问题），而不是某种理性思想的逻辑推演与永

---

① 周国平：《尼采与形而上学》，新世界出版社 2008 年版，第 150—186 页。

恒体现（理论思维）；另一方面，它赋予每一种文化价值以建构教材文化的合法、平等的席位，平等是对话的前提，有这样的前提，多样的文化在教材的空间里才能产生良性的互动。

因此，教材的文化建构不是任何文化价值或者立场的单纯演绎，而是一个复杂的、不可被简单化理解的非理性过程，似水一般流动的视界正是要求在这种纷繁的文化现实面前通过视界的融合，努力直面复杂的现实本身。

二、二元问题解法

水一般的视界对应的是"非逻辑的复合"问题。而在认识工程各部分的属性上，仍然是需要逻辑的。但是理论思维的僭越往往披着逻辑的外衣，把一些并非严格意义上的逻辑对立造成矛盾的假象。二元问题就是其中非常突出的部分。

尽管建构教材文化的复杂性意味着一种同样复杂的思维方式，但并不能否认的是，它同时也需要一些相对简单的理解，因为一个和现实同样复杂的理解似乎就难以理解，尽管简单的理解总是不准确而不尽如人意。最简单的理解是二元性的，① 也是我们思考教材文化建构（甚至生活问题）最基本的方式。

语文教材文化的建构中长期争论的一些问题，从表面上看都是些非此即彼的两难困境，实则有很多都不是严格的二元结构，其中有不少是出于修辞学效果的考虑才对比地使用的，这造成了不少混乱，当然也在不同程度上推进了语文教育的发展。

比如在语文教材文化中一直比较强调的对于传统文化和现代精神

---

① 　二元性是最简单的理解形式，但二元论却不是最简单的理论模式，一元论是最简单的。

的轻重问题。首先，什么算轻，什么算重，尽管可以硬性划分，但就其本身而言是相对的，是不明确的；其次，轻重之间的连续性决定了这一区间内的无数个点都是"不太轻到不太重"或"不轻不重"（日常生活中的"大小、黑白"等都是如此），其实这两极与它们之间的其他点一样，都不过是一个连续性上的一个量级，但我们更喜欢说这样的连续性的两极是有道理的，能够谈论两极，就等于说文化的传统与现代性之间的区间在某种程度上已经规定清楚了，于是我们就或多或少地有了理解。这种修辞性的二元论表达并不是真正的二元性问题，二元论是关涉对象的叙事方式，不是针对观念的判断方式。它其实是试图形成某种对比以便更加简单鲜明地产生理解，且不管这种对比是否合适。这种对比的意义在于双方是互为背景的，并且由于互为背景而各自显现出来。[①]而严格的二元结构不是把语文的教材文化描述成"这种样子"或"另一种样子"，而是两种相反的可能性，即"是这样"或"不是这样"。

这并不意味着我们不可以使用文化的传统与现代这种二元叙事方式去探讨教材文化的问题，而只能说明我们喜欢这样的对比仅仅是出于喜欢或者习惯而没有必然的道理，正如我们常把"苦与甜"对比，它们之间并无必然的二元对立，只是我们制造了这一对比。假如我们需要，我们也可以制造出另一个什么性来与传统和现代对比，正如我们也可以让"咸与甜"作为对比一样。因此，如果用严格的二元性思维去探索我们习惯上造成的二元叙事命题，使得"这样"与"另一种样子"的关系，误变为"是这样"与"不是这样"的关系，就会造成"争论"的困境，而这种困境常常都伴随着混乱。

因此，关于教材文化建构中的一些二元结构的问题，如本土／国际、社会／个人、群体／个体、维护／超越等，这些二元的叙事方式永

---

① 赵汀阳：《二元性和二元论》，《社会科学战线》2000 年第 1 期。

远只能是关于教材文化的复杂现实的某种叙事方式，而并非只能有这一种叙事方式，这种偶然的描述只能等待历史的评价，而不是简单的孰轻孰重的判定。这近似一种语言的风格而不是一种思想的语法。

在现代性自我膨胀的过程中，虽然人们早已发现二元的思维方式带来了人类思想前进的种种问题，以至于使它臭名昭著，但不可否认的是，它仍然是我们被迫或隐蔽着使用的基本思维形式。不使用它，我们甚至可能无法展开思维。但是，如若将教材文化建构中产生的种种二元表达命题，都待之以严格的二元性思维去探讨解决之道，我认为这是造成对语文教材文化状况误解的原因之一，这其中的区别如果混淆，会陷入长久的迷途之中。20 世纪起起落落、旷日持久的"中西"比较，诞生了许多无理的二元表达，而当今天我们反思历史时，我们可以在逻辑上做出这样简单的判定：中西的不同，仅仅意味着 A 和 B 的关系，而不一定是 A 与非 A 的关系。

第六章 教育文化选择的融合走向

　　教育文化是伴随着教育的诞生而产生的。它是教育活动过程中物质成果与精神成果的总和。它包括了价值层面（如教育思想、理论）、制度层面（如教育政策、法规）、器物层面（如器械、设施）、行为层面（如教学、管理等）。随着教育的发展，教育文化的内容也日益丰富起来，形成了很多教育的亚文化形态，如课程文化、教学文化、教师文化、教学管理文化等，因而是一个非常综合的领域。这个领域中的各种因素都会直接或间接地参与到课程内容的选择过程中并影响选择的结果。这其中就包括前两章所讨论的教学文化与教材文化。

　　在教育文化丰富的内涵中，有一个区域的文化状况颇为独特，它不在上述的亚文化形态之列，而是形态间的关系状况，可以简要地概括为亚文化之间的互动状态。比如说，在对课程内容进行文化选择的过程中，教材文化是一种静态的呈现，教学文化是一种动态的发生，但教材文化与教学文化之间还有一种互动的关系，正是在这种相互作用中，进行特定价值的课程内容选择。在几个亚文化形态里，最为重要的，恐怕就是课程文化与教学文化之间的关联了。因为其他的文化状况都是通过这两者的互动，才真正发生在教学实践的现场。

　　因此，本章所论及的教育文化，并非是个囊括了整个教育现象的文化范畴，而是聚焦在互动，在课程文化与教学文化的互动关系上，这也可以看作是认识教育文化相关问题的一个切入口。

本章试图讨论这样几个问题。一是当前教育文化中课程与教学的分离问题，这也是促使我从这一角度展开讨论的原因；二是课程与教学互动的文化结构；三是借鉴两种方案探索改进的思路。

第一节　课程与教学的分离

课程与教学的分离，是本章所讨论问题的出发点。这是一个理论问题，也是一个实践问题。也许在实践层面所造成的影响要比理论的探讨更容易让人感受到它的紧迫性。

一、表征：民主与效率的"矛盾"

"正是由于过去的漫长，才呈现出今日的形式……我们之所以并未直接感受到这些过去的自我的影响，恰恰是由于它们在我们的身上是如此的根深蒂固，它们构成了我们身上无意识的部分"。[①] 这种无意识的积淀，就是文化的力量。所以想要观察自身文化的特点，往往需要有所比较，一个参照就像一面镜子，从中才更容易看出自身的样子。

观摩了 2013 年全国小语会主办的"两岸四地"语文教学观摩研讨活动后我深有感触。大陆、香港、澳门、台湾四地的老师齐聚，授课、研讨、交流。尽管四地的语文课程定位不同，无法简单地做横向的比较，但直观的课堂感受还是给人以很强烈的对比和冲击。尤其在课堂的直观中，很能够体现出不同的教育文化中对于"教学民主"的体认。这里无法全面地还原课堂的全过程，仅呈现一些零星的笔记。

---

① ［法］涂尔干：《教育思想的演进》，李康译，上海人民出版社 2006 年版，第 17 页。

"帮我读"与"配合我"：香港的语文教师上课时，请孩子读课文，习惯性地表述为"谁来帮我读这一段"。而与其同台的一位大陆老师上台后，与学生合作朗读课文时，则提出非常不同的要求，"你们配合我来读好这段话"。

"你确定要分享吗"：一位香港教师在教学"不同的笑"时，问学生有没有被嘲笑的经历，她希望让孩子懂得，并不是所有的笑都很友善。这时一位四年级的女生举起手来，老师立刻问道："你确定你要分享吗，这里这么多人？"看着孩子确定地点点头，她才松了口气，让孩子继续说下去。

"写作是个孤独而又享受孤独的过程"：一位台湾老师在回答大陆老师的提问，为什么不在课堂上让孩子写片段而选择回家写的时候，台湾老师直言，写作是个孤独而又享受孤独的过程，我觉得今天听课老师太多会影响孩子的写作思维。

……

为什么对这些语言非常敏感？因为我知道放在大陆的语文课堂上，情况会非常不一样。比如孩子分享"被嘲笑"的经历，我们的思路是尽量让孩子说，发言越踊跃越好，越精彩越好，如果真的说出了自己被嘲笑的痛苦经历，说不定还会掌声响起，认为教师引导得好，给了孩子勇气云云。同样，课堂上的练笔，老师不仅常常喋喋不休地善意提醒，还鼓励听课教师四处走动，看一看孩子的书写过程，如果这个班的书写又工整，放上实物投影展示的文章又有亮点，那教师的课也许就会颇受好评……我们似乎都在为教学的效率着想，却并没有为孩子着想的意识。

我们在这个文化氛围中待久了，感觉不出我们的做法有什么不妥。努力地引导孩子说出不敢说的经历，不正好体现了教学的引导有效吗？让学生当堂完成习作或者片段，选几个好的展示出来，不正能说明读写的指导取得了成效吗？我们就是这么想的。我们把教学想得面面俱到、复杂完备，力求让学生成为课堂的主体。可是，也许我们至今都不太明白，什么是主体性与主体间性。

本次课程改革强调师生的平等、对话，强调学生学习的主体地位，我们的教育文化也发生了很多的改变。比如对平等对话背后的"教学民主"，我们从各种角度对其进行阐发。所谓教学民主，就是在课堂教学中坚持民主平等的原则，师生平等参与、合作学习，促进学生学习的一种教学方式。① 教学民主就是"突出学生的主体地位，创设民主、和谐氛围，激发学生的主动参与意识，开发学生的学习潜能，指导学生学会学习的一种现代教学过程。"② 教学民主是指教师在教学中，"对学生人格、个性、主体地位及其他方面全面尊重的状态、现象。"③ 可见，我们并非不知晓民主的课堂需要平等、尊重、自由。但是，为什么我们总是知道却做不好呢？因为我们对另一种价值选项更为看重，就是"效率"。在一场协作教学的课堂上，大陆的一位优秀教师与台湾的老师先后执教了两节课。一个非常明显的直观是，台湾的老师课堂民主气氛明显，但似乎效率不高，一节课下来学生的"收获"平平，学生的注意力并不是处于高度集中的状态。相反，大陆老师一上台，立刻给人以一种强势的牵引感，民主的氛围一扫而空，学生的眼睛围着他转，思路也跟着走，高度聚焦，因而效率就显得比较高。

这里赘述这些观感并非是想对孰优孰劣做个比较和取舍，而是出于对一个问题的思考，即我们该怎样理解效率和民主之间的矛盾？它们有没有矛盾？当港台的课堂教学显示出充分的教学民主时，往往有的课堂会呈现出一种"不定向流动"的状态。而大陆的老师尽管牵引较强，

① 张国民、周春爱：《浅析民主教学》，《教学与管理》2003 年第 3 期。
② 庞大镶：《关于课堂教学民主的思考》，《人民教育》2000 年第 9 期。
③ 李年终：《关于课堂教学民主性的思考》，《广西社会科学》2002 年第 2 期。

却能够让学生进行更多的训练，近似一种"定向的冲击"，似乎更有效用。问题在哪里？

当我把经验的观察与所获的感受引入本论题的思考中，我觉得其中恐怕还是一种教育文化的差异，不同的教育文化有着不同的指导理念和不同的文化支撑。当下我们的教育文化土壤，似乎对效率的追求更为热切，这种热切的程度甚至已经到了不顾教育自身的规律，不顾孩子成长的规律的地步。

"效率"是影响当下教育文化状况的重要因素，对效率的不同理解奠基了不同教育文化的土壤。我们秉持的效率观，通常就是与时间赛跑，单位时间的工程量越多效率越好，可是这偏偏不是一种健康的教育文化的效率观，健康的教育文化其对效率的认识不完全是求快求多，有时也求慢求少，因为快慢多少不是教育的效率的衡量标准。我有一段文字表达过教育要"慢慢来"的观点。①

> 我们常常要求孩子，完成一项活动（如春游），就要写一篇文章；读完一篇文章，就要仿写、扩写；学习了一种文章技法，就立刻要在习作中练习、运用。一言以蔽之，我们很急。
>
> 其实，这仍然不仅仅是一个习作教学的问题，而实在是一个社会问题，我们都感觉"一万年太久，只争朝夕"，都爱赶时间。寄信，最好是特快专递。拍照，最好是立等可取。坐车，最好是高速公路、高速铁路、磁悬浮。坐飞机，最好是直航。做事，最好是名利双收。创业，最好是一夜暴富。中国人为什么丧失了慢的能力，以至于成为"急之国"？②

---

① 李亮：《习作教学忧思》，《江苏教育》2011年第4期。
② 《中国人被指丧失慢的能力 不耐烦成为社会心态》，2010年7月14日，见http：//news.sina.com.cn/c/sd/2010-07-14/162520678104.shtml。

　　美国传教士亚瑟·亨·史密斯于 19 世纪末在《中国人的性格》一书中认为中国人"漠视时间",而几十年后中国人也感染了"盎格鲁—撒克逊人经常性的急躁"。我们可以认为这是工业文明、现代理性追求效率、技术,科技至上所带来的社会文化心理病症,但也是教育的症候。

　　当今的教育领域充斥着这样的问题,大家仿佛都患上了一种"落后恐惧症",什么都唯恐落后,也就什么都提前,把"起跑线"提到娘胎里还不甘心,"提前识字热""国学经典热",不管孩子愿不愿意、适不适合,都让孩子先学起来。一个美国的幼儿园孩子,当他画了一个圈,告诉妈妈这就是老师教的"O"时,妈妈表扬了他,却起诉了老师,理由是当孩子还可以把圆想象成很多东西的时候,老师扼杀了他的想象力①……无度提前的做法,塑造的只能是"反季节儿童",②反季节的蔬菜味同嚼蜡,反季节的儿童可就危险了。

　　……

　　教育,是慢的艺术,尤其是语文教育,它更像是农业文明,而不是工业文明,我们似乎应找回这样的教育生态:"我,坐在斜阳浅照的石阶上,望着这个眼睛清亮的小孩专心地做一件事;是的,我愿意等上一辈子的时间,让他从从容容地把这个蝴蝶结扎好,用他五岁的手指,孩子慢慢来,慢慢来。"(龙应台《孩子你慢慢来》)

这种追求效率的教育文化在教师的教育研究层面也有着明显的体

---

① 薛法根:《教育的闲适》,《江苏教育研究》2009 年第 8 期。
② 郑渊洁:《反季节儿童》,2009 年 5 月 29 日,见 http://blog.sina.com.cn/s/blog_473
abae60100eamc.html。

现。即今天的老师更多地关心的是教学问题，关心的是教学的设计、教学的流程，课堂的教学要设计得巧妙、精细，要有足够的内容含量，要让学生思考、实践等。这是很多语文教师日常思考的主要问题。我们关心如何教得更多、教得更好。换言之，我们总是在试图提高效率，追求"有效课堂""高效课堂"……唯独不怎么关心人，不关心人的主体性、自主性和创造性。

这种仅仅关注教学效率的文化取向所反映出的问题在于，教学丢掉了育人的价值维度，仅仅只关注传授的效果。教育的文化其实就是人化，使人成为人的过程。这种"为人"的文化价值物化在课程的具体形态上，这种具体的物质形态须与教学相互作用、共同释放，才能够将人化的价值现实化。而一种断裂的课程与教学的关系，使得教学从育人的链条上脱离下来，不顾育人的价值目标而只关心技术的效果达成，这恐怕是教育中见物不见人的深层原因。一种分裂的课程与教学的观念使得课程的育人价值被架空，教学沦为知识灌输的渠道，课程也成了有待传输（到学生脑中）的货物，从而失去了教育自身的文化品性。而这些，都与"技术理性"相关联。

二、控制：技术理性的广泛影响

课程与教学分离这一问题的教育表征并非凭空产生，社会发展的进程导致了这种基于控制和效率的发展观。教育作为一种社会系统，"嵌入"在整体的社会结构之中，因此，特定历史阶段的社会发展也必定影响着教育系统。

启蒙运动以后，人们对自然的控制和利用程度，随着科学技术的发展也日益扩张。人对前现代时期的文化的神秘性日渐消失，进入一种"祛魅"的状态。祛魅原本是一种文化的世俗化发展趋势，将人从中世纪的神学中救出。但是这种解放人的宗旨并未理想地得以实现，以至于

"告别了崇高、失去了深度、完全'前台化'及'感觉化'了的世俗文化充分暴露出了庸俗化的品质,诸如实利主义、拜金主义之类的现代唯物质主义文化,已完全丧失了文化的光辉与尊严"。① 缺失了神圣感的文化与现代社会的各种产物(如科学、技术)的共谋,逐步形成了对人的理性的崇拜。

人类的这种理性崇拜主要表现为期望通过合目的、合规律的行为对环境加以控制以反证自身主体性。它的目的在于有效控制,在于提高效率。1911 年美国的科学管理之父泰罗出版了《科学管理的原理》,确立了泰罗中心主义的思想基础,即受到经济利益驱使的人是可以控制的,科学的管理可以对人的工作进行有效控制,进而推动生产效率的提升。追求效率、追求科学理性的社会文化取向映射到教育文化中,就导致了课程与教学的科学化发展,以及两者之间的线性关系———一种断裂的互动关系。

在课程研究中,表现为一种课程的科学化追求。所谓课程的科学化,就是将课程开发的过程纳入理性的轨道。其先驱者博比特和查特斯以泰罗主义的思想为主导,采用活动分析的方法,把人的活动分析为具体的、特定的行为单元的过程与方法,他们把教育过程等同于企业的生产过程,学生等同于有待加工的原料,通过对生活的精细分析来获取课程目标,再围绕目标进行内容的选取和组织。这种理性化的课程开发模式,一直延续到泰勒原理以及其后的各种"目标模式"的变形,这些模式都只热衷于开发课程的程序,而并不关心课堂教学的实践。

这种科学化的课程开发模式所塑造的课程文化具有如下特点:(1)追求普适。课程的开发是一系列可以控制的程序,这些程序是以客

---

① 郝德永:《课程与文化———一个后现代的检视》,教育科学出版社 2002 年版,第104 页。

观、有效的控制为核心的，并且是可以复制、普遍适用的。(2) 传递性。开发出的科学课程内容只需要被教师准确传递，因而教学的创造性与衍生性就被忽视了。(3) 客体性。教育过程中的教师和学生均为客体。教师只需要接受课程专家开发好的课程，然后传递给学生，教师和学生都处于课程开发的过程之外。

教学的心理学化是教学的科学化的表现形式。这也是教学科学化的体现之一。从 18 世纪末、19 世纪初裴斯泰洛齐倡导"教育的心理学化"以来，至赫尔巴特的《普通教育学》(1806 年) 和《心理学教科书》(1816 年)，教学论在 19 世纪就成为哲学心理学的分支学科。20 世纪初教育心理学独立分科以后，教学论的研究便日益演变成教育心理学的分支学科，这种研究取向占据了整个 20 世纪的上半叶。

这一时期的教学研究与课程研究极其相似，都采取了效率的取向，寻求有效控制。既对教学方法进行实证研究，寻求更有效的教学模式，也积极探索影响教学效率的教师的个体品质，希冀发现一个最佳教师的标准。

这样的课程与教学就构成一种线性、单向、机械的作用关系，使得教育文化中的课程与教学呈现出了断裂的关系。

三、断裂：课程与教学的人文背离

追求科学化的课程与教学迎合了效率和控制的现代技术理性的追求，并使得教育场域中课程文化与教学文化的互动成为一种"非互动"，一种表现为单向、线性、机械的关系，这是一种断裂的文化状况，因而也背离了教育"为人"的出发点。

课程研究的出发点是社会生活，其目的是通过一系列科学的方法生产出普遍合适的课程内容，当教科书等课程产品开发出以后，课程的开发过程也就停止了，剩下的就是课程的传递，也就是教学的任务了。

因此，课程内容就好像接力棒一样，传入了教学的环节，教学过程中的教师与学生面对的是先于教学情境预定好的课程内容，因而，唯有忠实地传递与接收，不做出课程的变革，并且尽量多尽量快地让学生接受，就是教学的价值取向。

在如此的教育文化中，由课程至教学的线性文化状况，使得课程对教学缺乏实践的关怀，也缺失来自教学的反馈与重塑，因而，课程内容所具有的"社会控制"功能就会被放大。各种制度化的课程文件（包括课程标准、教材等）一方面承担着把社会（或社区）对学校教育的期望和限定转化为具体的教育计划的任务，用社会认可的价值观选择与组织课程内容，从而成为传递社会需求的工具。另一方面被放大控制功能的课程还规范着教师的行为与工作，以使得教师能够忠实地传递课程价值。

课程与教学单向的文化通道使得课程的变革难以发生，教学就变成了忠实执行课程计划的过程。这种"忠实取向"认为，[1] 课程内容主要由课程专家在课堂之外用他们认为是最好的方法为教师实施课程计划而创造，被实施的课程无非是专家预先确立的课程内容的具体显现而已。教师和学生对课程内容的创造和选择没有发言权，缺失了教师与学生的创造性，课程与教学的互动自然显得非常机械，缺乏主体的创造性与生成性。

在第三章梳理"选择的历史"的过程中已经看出，课程与教学的分离是近现代以来发生的状况，并非是教育产生的原生状态。从今天的角度来看，教育与文化的关系主要包括两个方面，一是教育对文化的传承与创新，二是教育本身即文化。[2] 教育作为一种文化，其文化内涵是

---

① 张华：《课程与教学论》，上海教育出版社 2003 年版，第 336 页。
② 田培林：《教育与文化》，台北五南图书出版公司 1970 年版，第 3 页。

在不断丰富与发展的。早期的教育状况，既没有过度复杂的文化成果，也没有文化化的教学要求，因而，这两者并不构成教学实践的挑战。但随着教育的发展，知识的膨胀不仅有从个体经验中独立出来经过物化的组织加以呈现的需求，更有复杂到越来越细化的分科；同时教学也需要形成合适的教学结构。这时文化的问题就产生了，就有了相对独立的课程文化与教学文化。从先秦时期的历史经验看出，课程与教学的融合是一个良好的教育文化生态的结构性因素，但是时代的发展使得此二者无法简单地从分离倒退回原始的未分化状态，而必须是在更高更新的层面上寻求融合。在此之前还明确到底是什么使之产生了断裂，断裂的根源在哪里。

从认识论的角度看，这种断裂导源于二元论的思维方式。[1] 割裂了课程内容与教学过程，割裂了知识和知识由以传播的过程；同时也割裂了目标与手段，把原本具有内在统一性的人的完整的活动割裂为目标与手段，从而导致了特定手段的泛化与为达目标不择手段的状况。二元论是一种简单有效的认识方式，它把世界分裂为两部分，生造出一种对立、控制的机械关系。其产生的根源既包括社会制度的等级对立（如科层制），也导源于科学主义的盛行和科学对世界的全面控制。而在这两者背后，都能看到人的主体性思维方式，因为主体是相对于客体而言的，只有区分出主体与客体的边界，才能更清晰地看到人的主观能动性的发挥与影响。所以主体性恰恰就是人的理性确证自身的价值摄取。

正是这种二元对立的认识论思维，不仅使得课程与教学产生了断裂的文化状况，也使得教育文化结构中，科学精神与人文精神产生了断裂，从而使得科学取向的课程文化与教学文化在断裂的关系中走向了与人文精神相悖的一面。

---

[1] 张华：《课程与教学论》，上海教育出版社 2003 年版，第 79—82 页。

第二节　课程与教学的互动结构

文化就是人化，就是人所创造出的一个意义的世界。这个意义世界的价值就在于"为人类生命过程提供解释系统，帮助他们对付生存困境"，① 教育与文化的互动，或者说教育自身的文化价值就在于帮助和引导人们编织一张超越世俗的、崇高而神圣的意义之网，借助这张意义之网塑造健全的人以形成社会的文明，所以，教育的文化目标始终围绕培育理想的社会文化和独立的文化个体上。

一、教育文化的连续性要求

前述课程与教学的科学化路径，在西方进入到 20 世纪 50 年代末的"学科结构运动"时可谓达到了一个新的水平。结构主义的教育思想以认知心理发展为基础，旨在大力提高教育的质量和数量，这迎合了当时诸如冷战、修正进步主义教育"低下的教学质量"等社会形势的需要，因而科学主义的取向备受欢迎。学科结构运动主张"学术中心课程"，要求课程具有学术性、专门性和结构性。强调作为组织起来的知识领域及相应的探究方法，要求体现学术领域的内在逻辑和特定的一般概念、一般原理所构成的体系，以及学科特定的探究方法和态度等。那时的布鲁纳曾认为，"不论我们选教什么学科，务必使学生理解该学科的基本结构"。② 正是基于这样的基本结构，他提出了那一著名的主张：任何题

---

① ［美］丹尼尔·贝尔：《资本主义文化矛盾》，赵一凡等译，生活·读书·新知三联书店 1992 年版，第 24 页。

② ［美］布鲁纳：《教育过程》，载布鲁纳：《布鲁纳教育论著选》，邵瑞珍译，人民教育出版社 1989 年版，第 27 页。

材都可以在任何年龄发展阶段教与任何一个儿童。

但是这项课程改革并未获得预期的成功，当冷战结束，美国的科技已居于领先，而民权运动及教育改革中暴露出的歧视、偏见、贫穷等问题却日渐突出，这些社会问题对儿童的身心造成了侵害，布鲁纳因此转变了研究的方向，开始基于文化心理学着眼于对教育的文化进行探究，并最终改变了他早前的看法。在回首三十年前的研究时他说，似乎觉得当时的自己太过专注的研究领域是一种"内在心灵中的独角戏"，即个人的认知过程以及如何以合适的教学来促进这种过程。而教育中的交往，应当指向理解。① 要理解教育中的现象和问题，就必须考虑文化心理学的背景，"把文化情境以及其中的各种特定因素（即能为心灵带来形式及内容的那些资源）都考虑进来"，否则一个人是不可能理解心理活动的。"学习、识记、言语、想象等，所有这些都只有参与到文化之中才可能发生"。②

布鲁纳从"教育的过程"转向"教育的文化"，其理论的预设在于，③ 人类的心理活动不是个体内部孤立的活动，心灵的活动是与他人一起生活，它以人与人之间的沟通为基础，依赖于传统、符号等因素展开。由此，我们研究的教育不再仅仅局限在信息加工的心理机制上，而更关注于个体如何在现有的文化叙事的意义之网上来理解世界，融入现有的共享语义机制、信仰、价值观以及普遍文化象征。

布鲁纳教育思想由认知向文化的转变，不仅仅折射出美国社会及文化的格局变化，它有更重要的方法论的启示。他选择的路径是从"个体"到"关系"（前文在论及"政治选择的前提批判"时，提出过基于"关系"与"个体"的课程文化），将课程与教学在文化的意义之网上联

---

① Jerome Bruner, *The Culture of Education*, Harvard University Press, 1996, PXII。

② Jerome Bruner, *The Culture of Education*, Harvard University Press, 1996, PXII。

③ 冯青来：《从教育的过程到教育的文化》，《全球教育展望》2007 年第 2 期。

系起来，从而使得教育文化实现了自身的连续性。这既是教育的需求，也是文化发展使然。教育文化自身必须是连续而非断裂的"意义链"，它需要为教育场域内的行为、过程提供解释。一种断裂或异质的教育文化不具有充分的解释效用，就好像拿今日西方的"教学对话"来看待"吾与回言终日，不违，如愚。退而省其私，亦足以发，回也不愚"（《论语·为政》），并无法说清无声胜有声的深层对话之境。①

教育文化的连续性要求，并不意味着它是包括课程文化、教学文化等亚文化系统的静态组合体，它的连续性恰恰是一种动态的连续，处于教育中的各个子系统，它们之间的互动关系是保持连续性的重要前提。在互动的机制中生成着新的教育意义，也更新着教育文化。这种动态的连续背后，体现出的是人之为人的形上规定。

在认识自然物体的科学世界中，某个物体存在本身是确定不变的性质，这是首要的，而关系则是这个物体外在的联系。因此，对一个自然物的认识需要首先把握其不变的规定性，才能全面地把握其与外界的关系问题。但是这种认识的逻辑不适用于人的世界。在人的世界中，关系不是预定的而是可选的，"选择了某种关系才能确定其相关存在具有什么意义"，即人以及人的活动的意义不是先验的而是后天"做出来"的，因此，某一存在本身的性质并不产生问题，而只有进入不确定的动态关系时才是形成问题和解决问题之所在。也就是说，在物的世界里，是给定 A、B 并由 A 和 B 的性质去定义关系 R。但在人的世界中，必须从关系去理解人及人的活动，即从关系 R 去理解 A 和 B，因此，人的世界里是由关系决定存在的"在场表现"，② 这是人不同于物的存在论问题。

显然，教育的文化过程是属人的，因此，我们无法首先定义出一

———————

① 这是杨启亮先生的观点，此处借用。

② 赵汀阳：《共在存在论：人际与心际》，《哲学研究》2009 年第 8 期。

个标准的教育文化属性，再去认识其中课程文化、教学文化，而恰恰需要倒置这种认识的逻辑，从相互作用的互动关系入手，形成怎样的互动关系就奠基了怎样的教育文化。因此，有必要对教育文化中，课程文化与教学文化的互动关系做些分析。这种互动关系，也是教育文化作用于课程内容选择的基本形式。

二、课程与教学的文化结构

课程与教学的互动是保证教育文化连续性的基础。但是，这种互动又不能简单地理解为"选择特定的课程内容进行教学的过程"。尽管这一过程的确可能蕴含着二者的互动。也就是说，从文化互动的角度来看，并非任何教学过程都有着连续性的文化互动，只有在外显和内隐的文化结构中，在质与量的方面都使文化结构发生了改变，这种连续才是深层的。因此，在考察课程与教学的互动文化状况时，区分出了两种维度：从课程与教学的文化结构看，需要注意到显性与隐性的文化结构；从互动模式看，既有"人—符号"的互动，也有"人—人"的互动。

（一）显性与隐性

文化结构主要指课程与教学相对独立的文化组成。当 1871 年泰勒最初为文化下定义的时候，他认为文化包括知识、信仰、艺术、法律、道德、风俗以及作为一个社会成员所获得的能力与习惯的复杂整体。这样的表述尽管没有明确的划分，但已经可以见出内外之分。后人在这一基础上又有所拓展。克拉克洪和凯利认为，"文化是历史上所创造的生存式样的系统，既包含显性式样又包含隐性式样；它具有为整个群体共享的倾向，或是在一定时期为群体的特定部分所共享"。[①] 这一定义的

---

① 庄锡昌等：《多维视野中的文化理论》，浙江人民出版社 1987 年版，第 119 页。

启示在于，尽管文化元素非常复杂、彼此交错，但我们可以寻求一种结构化的简单的理解。比如按照上面的思路，具有外在表现形式，或是以符号、物质以及人的行为为其载体的文化因素，比如政治、法律、哲学、历史、艺术、宗教、科学、规范、语言体系等，它们是外显的文化结构。而文化的内隐结构并不具有外表形式，而是一种意象或情感的力量，比如价值观念、情感体验、思维方式等。

从显性与隐性的角度看课程的文化结构，可以区分出外显的课程文化与内隐的课程文化。以语文课程为例，外显的课程文化包括文字的符号、语词篇章、句法结构等，内隐的课程文化包括价值观念系统、热爱祖国母语的情感和思想方法等。如是审视教学文化的显性与隐性结构，显性的教学文化包括师生的对话、课堂的教学活动等，而教学内在的价值取向、师生关系、学习的思维习惯等则属于内隐的教学文化结构。

当我们进行两两组合的时候，可以得到（1）同为显性的课程与教学的文化互动；（2）显性（隐性）的课程与隐性（显性）的教学的文化互动；（3）同为隐性的课程与教学的文化互动。需要简单说明的是，第（1）种互动是可直观的，它就是一种言语行为活动的呈现，类似一种实录，第（2）种是可反思的，因为一种隐性的文化结构往往不易被直接的意识所知觉，经由反思却可以观其所以，而第（3）种则是不易自觉需要借助"他人"来发现的。正是基于最后一点的原因，老师之间或跨区域的教学研讨，才显得十分必要。

（二）直接与间接

当课程与教学进行文化的互动时，又可以区分出两种主要的互动模式，即"人—人"及"人—符号"的互动。在"人—人"的互动中，个体既通过即时的语言、行为等发生直接的显性互动，也发生着不易觉察的隐性互动。因为每个人都处于一定的社会关系中，所以无论教师还是学生，都体现着具有相对独立意义的社会关系，而这种社会关系所蕴含的各种影响，就是一种隐性的文化互动。同时，教师通过筛选、修改已有的课程文化材料对受教育者施加影响时，学生与这些材料既产生"人—符号"的互动（即一种直接的、自我的教育），也与材料中所内隐的价值、观念、思维定势、组织形式等间接地产生"人—人"的互动。

前文将教师和教学视作课程内容的组成这一观点的依据可以在这里得到解释。即"人—人"的互动，包括显性与隐性、直接与间接的互动，可以对"人—符号"的互动进行文化结构的同化。[①] 人与人的互动中，尤其是隐性的文化互动过程，可以将人与符号互动的意义纳入进来，使之成为实际发生效用的价值与意义。因此，认识课程内容的文化承载必须将其放到这个"人—人"的互动过程中，才能够看出它成为现实的状态。这种纳入的效应是由于"人—人"的互动过程中，所形成的隐性的文化模式具有更加稳定的状态，是普遍情感积淀的结果，因而是更为彻底的解释背景。

所以，课程内容的文化选择不是一个独立的"课程问题"，因为在教育的文化场域中，课程与教学是"共在"而非单独的"存在"，共在就意味着关系，意味着互动，意味着可选择的、创造性的互动关系，因此，当课程内容尚未进入这个关系的时候，它的存在是尚未在场的，而只有与教学的文化形成共在的互动关系，才能确定课程内容的文化属性，选择了一种互动关系，就选择了一种共在方式，只有好的共在方

---

① "同化"的基本意义是吸收、合并为自身的一部分。赫尔巴特较早使用了这一概念，来表示学习过程中原有观念同化新观念的过程。皮亚杰也用其解释儿童的认知发展。奥苏伯尔则用之解释命题知识的学习（参见邵瑞珍：《教育心理学（修订本）》，上海教育出版社 2003 年版，第 75—80 页）。此处引入"同化"的思想，因为同化的核心是相互作用，通过相互作用，潜在的意义和价值能够成为实际的意义和价值，这恰恰是课程与教学进行文化互动的价值与效果所在，故此借用。

式，才有好的存在意义。因此，考虑课程内容的文化选择还需要跳出"课程"自身的视野，从互动的文化整体中进行关系性的理解。①

第三节　走向融合的教育文化选择

如果说分裂的课程与教学体现了控制的技术理性，那么，走向融合的教育文化选择则体现了追求理性的解放。在解放理性的引导下，教学的过程就是人获得并实践主体性的过程，教育科学研究也摒弃二元对立的视野，不再寻求一种普遍有效的控制的处方，而是更好地理解复杂的教学生活，解释教学情境中的课程事件。20世纪课程与教学的探索中，杜威的"经验课程"与韦迪的"课程教学"做出了重新整合的尝试。

一、杜威方案：经验课程

杜威用经验自然主义认识论重新理解了世界的内在连续性和整体性。他反对那种把经验的对象和经验的活动与状态分裂为二的二元论思维方式，反对把经验和自然、精神与物质变为对立的两面。他认为实用主义的认识论就是要"坚持认识和有目的地改变环境的活动之间的连续性"。他认为，这种二元论的思维导致了课程与教学的分裂。② 这种分裂使得课程教学和教学方法缺乏联系，从而使得课程教材成为事实和原理的科学分类，教学方法成为把课程传递给学生的心智规则，从而使教学脱离课程，成为控制的工具。

---

① "共在存在论"的标准是"共在先于存在"。见赵汀阳：《共在存在论：人际与心际》，《哲学研究》2009年第8期。

② 张华：《课程与教学论》，上海教育出版社2003年版，第83—86页。

　　杜威认为，经验是对所尝试的事情与所承受的结果之联系的知觉，经验的活动包括"个人所做的事"和"环境所做的事"。在教育的经验中，前者对应于方法和教学，后者指课程与教材。前者与后者交互作用，融为一体。

　　根据杜威对经验的认识，可以看出经验课程对于课程与教学融合所做的贡献主要有以下几点：

　　第一，经验课程强调课程与教学的连续与互动，改变"制度的课程"为"经验的课程"。制度的课程主要代表了特定历史时期合法的社会文化规约，体现为课程标准、教材、教学参考书等。而在谈及经验的课程时，首先要引入杜威的贡献。在杜威的教育思想中，"经验"是非常关键的概念。经验不是零散的感觉，是与环境的互动，是"做的事情"；经验包括知识但不仅仅是知识，它必须在适应环境以及适应的过程里实现有机体与环境间的相互作用。因此，认识的、情感的、意志的因素皆涵盖在内，因而教育就是"经验的改造"。① 经验的课程弥合了课程与教学的二元分裂，一方面，教材与方法具有内在的连续性，因为教材都是方法化的教材，教学总是特定教材的教学，内在地包含着内容；另一方面，目标与手段具有连续性，在经验的课程中，没有剥离手段的目标，也没有无目标的手段。经验的课程着眼于课程与教学的文化整合，强调教师与学生对意义的一致性解释和对环境的理解，突破了技术理性的控制。可见，经验的课程不仅颠覆了传统制度课程的逻辑，将儿童置于课程内容的核心，也拓展了"课程内容"的文化边界，将儿童的精神，生活的事件等引入课程内容。因此，"适当的办法就是把学校安排成合于儿童生活、生长的环境，让儿童生活、生长于其中，借以扩

---

① 褚宏启：《论杜威课程理论中的"经验"概念》，《课程·教材·教法》1999 年第 1 期。

充经验的数量和提高经验的效用。"①

　　第二，经验的课程通过课程与教学的互动，促使课程的显性文化
与隐性文化相互作用与转化。尤其文本课程具备的显性文化结构与隐性
文化结构在进入课程教学互动的过程中之前，是以静态的方式存在于教
材等物质载体之中的。教学的过程就是要将表面的和深层的文化内涵挖
掘出来，使二者在教育的文化中获得一致性的解释。在这个一致性的解
释的获得过程中，一些原本是属于隐性的文化结构被教学所揭示，并显
性化为外显的课程文化，以便于学生感知。这恐怕是教学重要的文化价
值之一，"教学"与"自学"从学习的效果上来说，最大的区别就在于
教师要能够帮助学生看到独自学习所"无法看见的意义"。当然一个过
程会有"曲解"，比如产生了超出教材编写者之外的意义，这既可能是
误解，也可能是创新。

　　第三，经验的课程还使课程与教学进行连续的文化互动。因为经
验作为一个主动的过程是占据时间的，"它的后一段时间完成它的前一
段时间；它把经验所包含的，但一直未被察觉的联系显露出来。因此后
面的结果揭露前面的结果的意义……所有这种继续不断的经验或活动
是有教育作用的"。② 可见经验的课程不仅强调主体与环境的主动作用，
还提出了后续经验与已有经验的互动，这些互动产生了许多意义，"这
些意义如此重要，以致反过来变成进一步学习的工具"。③ 由经验的连
续性可以反证课程与教学的文化互动的连续，这种连续教育的文化选择
具有潜在的不断生成的价值，它既是课程的开发过程，也是个体"主动

---

① ［美］约翰·杜威:《民主主义与教育》，王承绪译，人民教育出版社 1990 年版，"序
　　言"第 18 页。

② ［美］约翰·杜威:《民主主义与教育》，王承绪译，人民教育出版社 1990 年版，第
　　88—89 页。

③ ［美］约翰·杜威:《民主主义与教育》，王承绪译，人民教育出版社 1990 年版，第
　　292 页。

生长的过程"。①

杜威认为，传统教育中的教育观念认为，一种教材和一定的方法有内在的文化价值，这是不顾及个人需要和能力的表现。他强调，如果不考虑学习者所达到的生长阶段，任何学科内部都不具备固有的教育价值，那些有教育作用或能够引导生长的，并不在于学科本身，只在于人与符号的互动经验中。② 这些互动的经验在一个接一个的情境中相继地发生，先前情境中学到的某些东西传递到以后的情境中去，变为有效地理解和处理后来的情境的工具。这个过程在生活和学习中不断进行。由此可见，经验的连续性和交互作用是两个并行的重要原则。

对杜威的教育思想有诸多评价，此处不论，但仅就他的经验课程方案对于课程与教学的融合而言，他反对脱离社会现实和不顾儿童身心发育的教育，有着积极的意义。但是当经验课程被落实为教学实践时（即成为一项"工程"时），就会面临将直接经验凌驾于间接经验的情况，而人具有发达完善的大脑，汲取间接经验的渠道的重要性远远胜过前者，因此，"做中学"更多地适用于初级阶段和低浅层次的教学工作，并不适用于处理高级阶段和高深层次的教学工作。虽然杜威划分了学习的三个层次，但似乎实践层面的划分并不容易。正因为这样，要素主义和永恒主义以及布鲁纳的"学科基本结构"才提出了不同的观点。杜威在后期的著作《经验与教育》中坦言，进步主义教育未能理解与实现其教育思想的全部，有些偏激和激进。这其中既有思想的矫枉过正，也有实践（工程）对思想（理论）的必然修改。故此，杜威的方案似乎只具有部分的有效性。

① ［美］约翰·杜威：《我们怎样思维·经验与教育》，姜文闵译，人民教育出版社2004年版，第256页。
② ［美］约翰·杜威：《我们怎样思维·经验与教育》，姜文闵译，人民教育出版社2004年版，第263—264页。

二、韦迪方案：课程教学

杜威的经验课程在实践层面并未获得长久的效果，因为 20 世纪整个时期的课程与教学仍然是以分离为主要特征的。而在此基础上，沿着进一步解放主体性的道路，更多的研究对课程与教学的融合进行了探讨。

当基于一种解放的理性时，制度的课程就转变为"体验的课程"，即需要从教师与学生实实在在体验的视角来认识课程。课程与教学在下面这样的一种理解中获得了融合，即课程不再是独立于教育情境之外之前而开发出的各种书面文本和文件，而是与特定的教学情境捆绑相连的教学事件，由于相互之间高度的依存性，使得教学不再被认为是单纯的运输管道，它是实现课程价值的教育情境、文化情境、社会情境。因此，课程被视为由师生交互作用而产生的一种不断生成的建构。[1] 如此的课程理解，就不是为了寻求一种普遍有效客观中立的课程开发程序与教学设计流程，而是需要寻求对课程与教学及二者的互动所产生的"情境与事件的融合体"进行深入理解的渠道，这是一种新的课程和教学融合的形态，被美国学者韦迪称为"课程教学"（curriculum'n'instruction）。[2] "课程教学"的内涵包括三个方面：

（一）课程与教学的过程是创造内容和建构意义的过程

用前文工程思维的视角来看，课程与教学的过程即为一个建构课程工程的过程。它必须要求师生是主体的存在，并根据已有的各种资源

---

[1] Zumwalt, K. K., *Beginning Professional Teachers：The Need for A Curricular Vision of Teaching*, *in Knowledge Base for the Beginning Teacher*, edited by Maynard C.Reynolds, Oxford, England：Pergamon, 1989, p.175.

[2] See Regina Weade, *Curriculum'n'instruction：The Construction of Meaning*, *Theory into Practice*, 26（1）：pp.15-25. 转引自张华：《课程与教学论》，上海教育出版社 2003 年版，第 88—93 页。

（比如制度课程）进行选择与重组，在这一过程中创造与建立属于自己的意义。这种"自己的意义"脱离了对普遍客观性的追求，具有鲜明的情境性与个体性，其追求的就是课程与教学的不断创造。这与忠实地执行制度课程的教学过程是很不相同的，在后者看来，变革恰恰是低效或是无效的。

由此我联想到前文所述之孔子和弟子们的教学生活，他并没有客观普遍的制度课程，而恰恰只有个体理解、体验、践行的课程，先生与学生的教学并不太计较所有的人是否都学到了相同的东西，相反，他对不同的人施予不同的课程与教学，从而让他们建构起自己对于世界和生活的意义。这种建构由于是切己的体验，因而可以很不相同，譬如孔子的门下既有标准的儒家孟子，也有非标准儒家荀子，而荀子又成为两位著名法家人物李斯与韩非的老师，从这个链条中就可以发现，当课程与教学融为一体并走向个体走向变革时，意义的创造也就自然发生了。

（二）课程与教学的变革就是不断创作课程的过程

课程是既定的还是动态创作的，这是制度课程与体验课程最为不同的认识。在课堂教学的现场中，教师依据关于课程与教学的理论，与学生共同变革着已有的文本课程，学生与教师借助与符号文本的互动，改变着静态课程的意义，融入了个体交互作用的价值，从而建构出"当下的课程事件"。这个创作的过程创生了课堂场域中的教学文化结构，这一结构为情境中的事件提供解释，这些解释所包含的意义，就成为师生共同创生的课程。

不难理解，课程与教学的过程必是融入主体性的过程，而人的活动并没有先在的一个唯一不变的本质可以追索，在教学情境的过程中，师生的文化结构在与文本的互动过程中选择了怎样的教学关系与课程意义，就创作出了怎样的课程内容。这个内容不仅是动态的，还是向教师与学生展开的，它犹如一个开放的文本，只具有各种潜在的文化结构，这些结构与意义必须经由师生与文本的互动才能够转化为现实的意义，并且会与不同的个体文化组合为不同的理解。这非常类似于语文教育中的经典文学作品，一个经典的作品其意义是向未来展开的，是向不同的读者展开的，你带着怎样的"前理解"去阅读，就可以看出不同的意义。

（三）从教学视角看课程，课程就是教学的事件

从课程教学的视角看，课程就是一系列课堂教学事件及由此实现的内容的变革和意义的生成，就是一系列的教学事件的链条。制度的课程只有经过变革与解释，化为教师与学生不断发展的经验时，才具有"课程内容"的实际价值。

由此可以设想，教学事件都是由这样一些意义模块组成的：在每一个意义模块中，教师、学生、文本之间进行着多向复杂的互动，既有"人—人"，也有"人—符号"；既有个体层面的，也有群体层面的。这些教学互动处于课堂文化、教学文化、教育文化乃至社会文化等多层次的文化圈中，意义在其中生成，并不断向前推进。

由此，课程与教学的融合实现了对人的主体性的解放。①

---

① 尽管"课程教学"对融合分裂的教育文化很有价值，但并非毫无缺陷。比如程天君认为，课程研究的视野可以宽广，但课程的概念断不可混淆乃至泛化。就前者而言，课程研究可以涉及"课程本身"亦可推及"同课程有关的范畴"；就后者而论，课程的概念理当也只能界定在"（法定）知识"的位格上，这是课程之所以为课程的逻辑需要，更是迄今的课程所屡屡表明的实践原理。……"课程教学"这一概念的出炉，大概是出于强调"课程"与"教学"紧密相连，故而"整合"的缘故罢。不过，无论如何它都是一个想象的怪胎。详见：程天君：《课程："私人事件"还是"法定知识"？——基于社会学的课程概念重申》，《教育科学研究》2006 第 6 期。其实，课程教学作为一种思想的启示，可能远远超过其兑现为教学实践，即认定它为事实还是价值时，我倾向于后者。因为本身教育的过程就是连续的，是人为地区分出课程、教学的范畴，但是当我们分而视之，视其为控制、传递时，的确压抑了人的主动性，而换成"课程教学"的视角来看，教育的文化才具有解放人的理性的色彩。

三、教育文化变革的走向

课程与教学融合的教育文化追求人的理性解放，如何全面理解这种解放，可以有助于理解教育文化变革的方向。

教育必须要实现对人的解放，就如黑格尔所说，教育的绝对规定就是解放以及达到更高解放的工作。① 但这种解放并非所谓人的自然本性的展开，他认为，在主体中，解放是一项艰苦的工作，这种工作反对举动的纯主观性，反对情欲的直接性，同样也反对感觉的主观虚无性与偏好的任性。由此可以推出，对人的解放就是要把人从自然质朴的本性中解放出来，要从主观性和特殊性中解放出来，使主观意志具有客观性。因为有教养的人的行为举止是遵循事物的普遍性的，"教育就是要把特殊性加以琢磨，使它的行径合乎事物的本性"。②

布鲁纳也提出过类似的观点，他认为教育的重点不在于个体心灵的表现，而在于发现人类心灵具有"从我至他"的一贯脉络。这种心灵间的理解就是意义的互动诠释，当意义实现了从我至他的转换与连通，有限的主观性才具有了普遍的性质。

当引入他人的维度时，互动就必然产生，因此，为了避免一主体对另一主体的僭越，就需要具有"以他人的立场"的立场，因为同一种东西由于与其发生互动的对象不同，就会产生不同的意义。用符号互动主义的观点来看，布鲁纳举过一个例子：具有社会实在性质的一棵树，如仅作为纯然的认知对象，它仅是一种存在，然而一旦以它的意义论之，在"树"之后则有诸种不同的意义。产生这种不同意义的原因是因为与它发生互动的对象不同。植物学家对树的理解肯定不同于诗人、伐

---

① ［德］黑格尔：《法哲学原理》，范扬等译，商务印书馆1996年版，第202页。
② ［德］黑格尔：《法哲学原理》，范扬等译，商务印书馆1996年版，第202—203页。

木者、园林工人等。只有站在他人的立场，从他人的角度，在收集经验资料的基础上，通过"移情"的方法去理解同一客体的意义。如是，人与人之间、人与符号之间的对话及其互动背后的意义才可理解。

这恰恰是教育最为困难也是最为艺术的部分。因为教师想要努力站在儿童的立场总是很难，几乎不可能彻底，因此，对人的解放就成了一个过程而不是某个终点。这个过程将沿着下面的几个方向发展：

一是从实体到关系。当课程教学趋向融合，教育文化向解放人的方向变革时，我们虽然需要重视其中的实体，更要重视教育文化中个体的关系。关系是保持整体连续性与有机性的基本前提。当下的教学过程中，我们比较重视学生个体在新知探索和个性化理解上的主体性，却比较忽视学生群体内部，学生与教师之间是否结成了一种主体间的关系。一种解放个体的教育文化注定不是针对孤立的个体而言的，因为每个人在文化中不是独自生活，而是与别人一起生活。因此，没有一种好的主体际的关系，就不会产生好的主体性的解放。

二是从符号到生活。前文在提到科学世界时提到，生活才是意义之源。尽管我们是借助语言文字这种符号进行学习，但我们的目标并不是语言符号，而是语词背后的意义和价值。但是随着间接经验的日渐丰富与发达，人们越发低估了日常生活经验的教育价值。其实恰恰是生活的现实经验才能够给人的意义学习提供认知结构的附着点，借助生活的经验才能更好地理解。我常常觉得，一些教育思想的智慧，就在于能够见出平淡无奇的日常生活中所蕴含的教育意义，这是一种跨界的融通，一种智慧的体现。比如从农作物的生长和大厦的奠基去理解基础教育，其最大的价值就在于"生活的常识"，这是保证思想任意驰骋的保障。

三是从心灵到文化。课程与教学相融合的教育文化是一种文化有机体。我们通过教育的途径改变了学生的心灵，使学生的心灵充满意义，虽然意义在心灵里，但意义的根源和重要性却来自文化，因为它确实是在文化里创制出来的。由于共享着教育文化的意义和解释，因此，教育文化提供了一种交流的工具，使得个体与环境以及个体之间能够以可沟通的方式了解世界和彼此。"人类演化史上最突出的特征，便是心灵以促进人类使用文化工具的方式而演化"，① 由此布鲁纳认为，虽然文化本身是人造的，但它却也形成了确切的人类心灵工作方式。以此而视之，学习与思考永远都是置身在文化情境里，并且永远都需要依赖文化资源的使用。可见，融合视野下的教育文化着眼于对人的理性解放，还表现在能够编制一张连续的意义之网，能够通达他人，也能回溯传统，从心灵到文化之间，留下的就是教育的脚印。

四是从传递到建构。建构工程是人的主体性最为集中的体现。在认知心理学主导的视野中，教学就是理解制度课程的过程，因此是"为了理解而教"。而到了基于融合的教育文化中时，教学过程就是学生、教师、环境之间的互动并共同创生课程的过程，因此，个人的被动理解就会转变为主动的建构，建构既是属我的，又具有共享的意义，这可以称之为"为了建构而教"。

五是从封闭到开放。融合视野下的教育文化也是向生活开放的，尽管它提供了一个具有解释效力的文化情境，但这个情境同样与生活背景相联系。因为其中的各种文化的互动无一不具有社会性。课程与教学断裂的情境中，课程只是很多有固定形式和组织的符号，以传递的方式复制自身，至受教育者头脑中就终止了"旅程"。而当课程与教学文化充分互动时，这种符号的集合体在文化的意义链条中获得解释，从单纯的符号形态变为"符号—人"的互动状态，使得知识的获得成为一种意义体验的过程。

---

① 　[美] 杰罗姆·布鲁纳：《布鲁纳教育文化观》，宋文里、黄小鹏译，首都师范大学出版社 2011 年版，第 101—102 页。

结语　在文化与心灵间的教育

探讨课程内容的文化选择问题，始终促使我不断地重新思考教育、人、文化三者之间的关系。

一

课程与文化的关系看起来多么亲近。处于某种文化境遇中的课程，按照文化自身的逻辑生成着具有独特文化印记的选择机制，这种机制在显性层面上传承着既有的文化内容，在隐性的层面上则有意无意地埋下了否定自身的文化逻辑，这种逻辑在教学的过程中具有成为现实的可能性，这是教育传承与创新文化的关键，也是本论题所秉持的假设。

但是在实践层面看起来，课程与文化的关系有时又那么遥远。无论是基础教育还是高等教育，很多教师可以凭借儿时受教育的经验，或者长期从业的经验，总之，不用过问当下的或者未来的文化状况，而仅仅凭借过去的"感觉"就可以应付日常的教学任务。比如毕业班的老师依靠应对多年考试的经验，能够猜题、押题，能够拎知识点，能够找到解题的窍门，一样可以让自己的学生在走出校门的时候看起来"不输给别人"。

与之相类似的是，教学的过程与文化也是看起来亲近而骨子里并不近。当"主体性""探究性""儿童的天性"等这些字眼从最初的趋之若鹜，到现在很多老师"提起来都没劲"，整个过程中似乎都未在课堂中实实在在地存在过，还未新就已经旧了。

教育管理的文化也大抵如此，一位知情的老师曾透露，一位新到任的市长把教育局长拉到办公室第一件事就是责问高考升学率，其他不问。一个教育大省的省会的小学教育阶段，有一个让所有老师痛不欲生的东西叫"调研考试"。明里是调研教学质量，暗里就是排名次、论分数。每年抽不同的年级不同的学科，没有抽之前所有老师惶惶不可终日，抽出年级和学科以后，无关调研的老师一概让路，全力配合"调研学科"，分数出来以后更是几家欢喜几家愁，校长如果带着喜讯回来，老师们还能舒心地放假，如果消息不好，关联的教师什么心情可想而知。

有的时候我们习惯了说一套做一套，而所谓文化就恰恰是做的那一套。一个人的心里真正在想什么，也许比语言更为可靠的判断依据是行为。不是一时的行为而是一贯的行为。

二

改变的曲折说明一个问题，我们不能在文化、教育之间直接寻找问题与答案，期望直接去文化中"选择"解决教育问题的办法，也许忘记还有一个绕不过去的因素——人的自身。

人的行为在文化层面的改变是多么的不易。因为文化的问题似乎远远不是日常生活所要面对的问题。日常的教师需要面对班里少数令人头疼的学生，需要面对不同想法的学生家长，需要面对学校领导的各种任务，一种糟糕的情况是学校的各种非教学类事务比教学事务还要繁多。这些眼前的问题就已经牵扯了一个人的大部分精力，为什么还要费尽心思去想一个没有强制要求的教学变革呢？当面临选择的时候，我们需要计算代价，也需要计算成本，也许因袭是最为划算的选项，它既不会太过于与众不同，也被过去经验证明部分有效。

当一种选择还不能够成为一种文化时，它的效果是很无力的。课程专家、教育专家和一些非常优秀的教师在一起制定了课程标准（比如《语文课程标准》），在它尚未成为一种文化时，它似乎只是教会了大多数人去用一套话语体系而甚于一种行为方式。教育的思想成了一种可以谈论却很难实践的东西，这是转型时期的教育最让人困惑的问题。

做着日常的教育工作，我们常常不会去想什么大问题。中国文化的发展该如何选择道路？西方文明究竟给我们提供了什么样的启示？明天的孩子究竟需要怎样的能力？当中国成为真正的大国时又需要怎样的大国思维？这些问题对于日常的教育来说显得太过遥远，但是不思考这些问题似乎无法触及文化变革的深层。

所以，我试图梳理一个当前教育的文化大背景，在这个背景中去思考教育问题，也许并不能直接解决，但至少我们需要明白自己身在何处。而仅仅知道今天的状况还远远不够，还需要知道如何应对。于是从历史的经验中总结，但这就需要一种搜寻的坐标，于是建立了一个选择机制的模型，以这样的坐标进行梳理与总结，希望在梳理过往与思考当下的过程中能够寻找到一些突破点，最终将这些点选择在教学文化、教材文化、教育文化的建构与变革上。

三

通过本论题的研究，我对自己所从事的语文教材编写的工作也有了一些思考。这些思考既是对一些问题的回应，也是一些新的问题起点。

1. 文化的坚守。语文教材的编写就是文化选择的过程，选择的过程必然包括强调与舍弃，因而，"文化的坚守"就显得十分重要。没有一种选择是可以包打天下的，任何一种选择也都不是完美无缺，因而也就总可以找到一些可以被批评的角度。但是，选择是为了解决问题，尤其是解决一些紧要的问题，因此，选择的最好结果不是让每个角度的人都满意，而是尽可能达到最大的满意度。由此，教材的编写就需要坚持一些文化的基点，不轻易地动摇。我在与苏教版小学语文教材张庆、朱家珑两位主编长期的交往过程中，就深深体会到他们身上对一些文化认识的坚守。比如他们都很重视为孩子量身定做课文，而不是简单地选用名家名篇；在入选的名家名篇中，有非常不适合现代儿童学习的语句，也尽量做些调整，达到教材规范性的要求。这样的一些观点，在小学语文领域里不是没有反对的声音。反方也有从某个角度可以立足的辩驳。但是两位先生始终坚持将儿童放在经典之上，强调眼睛向下，并一直在苏教版小学语文教材的编写中坚持了这种文化的取向，这才逐步形成了该套教材的文化特色。

2. 选择的标准。文化选择的标准是一个重要但却十分复杂的问题。在研究之初，我非常期望能够通过研究总结出一些可靠的标准，但在过程中慢慢发现，这样的标准似乎很难总结，只能在互动的状态中，力求多元的张力，而此时，我已经开始有些怀疑"标准"这个思路是否适用于课程内容的文化选择问题了。从某种程度上来说，标准可以算是一种科学世界的思维方式，"我"作为一个绝对的主体，通过"看"，得到对客体世界的一些认识，这些认识如果符合了客体的存在本性，就是一种规律性的认识，因为客体是实存的，所以这些规律也是客观的，因而，根据规律总结出的标准也可以是可靠的。但是，文化的选择涉及人本身，而人的创造与可能性几乎是无穷的，人的自由性与可能性就表现在他可以不按照既定的轨道行走，他可以走出自己的道路，所以，当把学生实际接受的情况考虑进来时，文化选择的标准就很可疑，尤其是具有一种科学规定性的标准，就更难了。但是，为了避免陷入混乱，仍然有一些大的方向可以把握，比如"课标"对教材的选文做了一些规定，总共十条，在谈到这些规定时，课标研制组方智范教授做了一些解释：①就教材的选文而言，应体现时代特点和现代意识，具有全球眼光和人类意识，在继承与弘扬我国优秀文化传统和革命传统方面有所担当，负起责任。同时，要符合学生的身心发展，适应学生的认知水平，密切联系学生的经验世界和想象世界。就文章本身来说，选文要文质兼美，具有典范性，富有文化内涵和时代气息，题材、体裁、风格、类别配置适当，要致力于学生语文素养的整体提高。

这些标准尽管只是方向的规约，但是操作起来往往并不简单。比如我们最常提及的价值引导，尤其是意识形态的传递，并不是常常都能很好地融入其中。这其实是一个困扰我很久的问题。从语文单独设科以来的一百多年历史来看，它从未脱离过政治的强烈主导，无论是教材编写的政策还是篇目的选入，政治层面的文化依然具有强烈的主导作用，甚至常常在编写的过程中需要面对这样的情况：我们主要是基于意识形态的需要选择了某篇课文，教师却要基于语文教学的需要对其进行讲解。这就使得一些老师在教学这类文本时往往觉得无从下手，不知教什么。去年"课标"修订时，在社会主义核心价值体系上有所加强，但为了避免政治性对学科性的破坏，"课标"的表述也在寻求一种平衡。比如巢宗祺先生在谈到"课标"修订时说，加强社会主义核心价值体系的教育是本次修订的主要内容之一，但是，这不是在听说读写的语文学习过程之外另加一项内容，而是应该"根据语文学科的特点"，将思想情

---

① 此处的文字一方面根据课标组对 2011 年版课标修订的解读，另一方面来源于与方智范、巢宗祺等课标组成员的交谈，根据记录整理。

感的教育渗透于学习语言文字运用的过程之中，融入课程实施的方方面面。"加强社会主义核心价值观的教育，不能采用说教的方式，而是应该精心选择阅读、表达的内容"，通过"熏陶感染、潜移默化"的方式，与帮助学生掌握学习方法、提高语文能力的过程融为一体。由此不难看出，一种好的教材文化应当在政治文化与学科文化之间寻求到最大的共性。也就是说，解决政治因素在学科学习过程中的负面影响的方法不是"去政治化"，而是寻求两者的相容。因此，教材的文化选择标准之一，就是满足意识形态与学科特性的相容。这一点与前文我对"个体与关系"问题讨论较为一致。

3. 教材文化的构成。教材的文化构成一直备受重视。我们在编写的过程中常常回过头来审视自己编写的教材，看看是否建构出了一个合理的文化世界。在这种回头审视的过程中，我们曾尝试过用量化分析的方法来统计。比如我曾与几位同事对大陆、香港、台湾语文教材进行一些特定视角的教材文化的观察与比较，包括时代文化、儿童文化、地域文化和价值取向等。①

表2　大陆、香港、台湾小学语文教科书时代文化分析统计表

时代	苏教版	人教版	北师大版	康轩版	翰林版	启思版	现代版
古代	68	46	58	13	9	23	52
	23.86%	13.03%	17.68%	8.07%	5.29%	11.98%	19.40%

① 选取的大陆、香港、台湾现行小学语文教科书的研究样本分别为：大陆：苏教版小学语文（江苏教育出版社 2006 年版）；人教版小学语文（人民教育出版社 2006 年版）；北师大版小学语文（北京师范大学出版社 2006 年版）。香港：新编启思中国语文（2004 课程指引本）启思出版社 2006 年版；现代中国语文（2004 课程指引本）现代教育研究社有限公司 2006 年版。台湾地区：翰林版国语（九年一贯制本）翰林出版事业股份有限公司 2006 年版；康轩版国语（九年一贯制本）康轩文教事业股份有限公司 2006 年版。类似的统计还有其他的维度，比如儿童文化、地域文化等，这里仅举两例。

时代	苏教版	人教版	北师大版	康轩版	翰林版	启思版	现代版
近现代	34	63	60	8	4	10	16
	11.93%	17.85%	18.29%	4.97%	2.35%	5.21%	5.97%
革命战争年代	8	9	11	—	—	—	—
	2.81%	2.55%	3.35%	—	—	—	—
当代	175	235	199	140	157	159	209
	61.40%	66.57%	60.67%	86.96%	92.35%	82.81	77.99%

表 3　大陆、香港、台湾地区小学语文教科书价值取向分析统计表

价值取向	苏教版	人教版	北师大版	康轩版	翰林版	启思版	现代版
国家与民族	46	47	35	14	32	25	41
	16.20%	13.31%	10.70%	8.19%	18.82%	13.02%	15.30%
国际与人类	4	10	6	2	1	2	5
	1.41%	2.83%	1.83%	1.17%	0.59%	1.04%	1.87%
社会发展	16	25	15	5	5	10	9
	5.63%	7.08%	4.59%	2.92%	2.94%	5.21%	3.36%
社会价值	10	2	3	3	3	2	3
	3.52%	0.57%	0.92%	1.75%	1.76%	1.04%	1.12%
自然与成长	67	73	89	32	38	40	59
	23.59%	20.68%	27.22%	18.71%	22.35%	20.83%	22.01%
个人道德	88	133	125	83	68	97	117
	30.99%	37.68%	38.23%	48.54%	40.00%	50.52%	43.66%
认识过程	54	63	54	32	23	16	34
	19.01%	17.85%	16.51%	18.71%	13.53%	8.33%	12.69%
总篇目	284	353	327	171	170	192	268

　　这种统计可以看出三地教材某些文化上的特点。比如：在时代文化的选择上，当代文化在新时期三地教科书中得到充分重视，革命战争年

代文化在三地教科书中差异较大。在大陆的三套教材中都有一定数量的反映革命战争年代的文章，而在香港、台湾的现行教材中，均没有反映。在价值取向上，香港、台湾地区教科书更注重个人道德的养成，大陆地区则是社会价值与个人价值并重。大陆地区约有 1/3 的篇目是涉及个人道德修养的，而港台地区平均在 40%—50%。在有关国家、民族方面的价值引导上，大陆地区以爱国主义及民族自强自信为主，而香港和台湾地区教科书中，主要强调热爱本土文化，增进对本土（港台）的感情。但在对社会价值、社会问题的体现上，大陆教科书有较为宽广的视野和胸襟，对国际和平、科技发展、民族互助等社会领域的问题都有涉及，港台的教科书在这方面关注不多。

在做这项研究时，我们试图通过这样的分析来比较三地语文教材建设的特点，并期望能够优化当下教材的各项亚文化比例。但现在看来，这样的研究方式也许需要，但说明问题的能力比较有限。因为这样的统计虽然的确可以看出教材总体层面的一些构成特色，但却不能说明更为深刻的问题。基础教育阶段的文化内容的选择，究竟对学生的成长有多大的作用。是否可以简单地对应为选择了什么文化内容就能够造就出怎样的人？这个问题就是属物的文化内容在教育场域中的权重问题。或者说，从文化的角度来看教育，动态的文化选择似乎更为重要。此为其一。其二是对课程教材的文化设计是否真的如我们所想，是那样的重要？是否成人的想法都能够进入孩子的大脑？还是成人过于一厢情愿地将课程内容层面的选择问题看得过重了？以小学语文课程为例，童话故事中的"暴力行为"是否就会埋下暴力的隐患？还是仅仅是供学生识字阅读的工具而已？当我们把过多的精力投放在究竟要给孩子什么东西的问题上时，是否忽略了真正的教育的文化问题——我们怎么"给"？行为层面的文化似乎在教学过程中更具有主导性，也可能是更为重要的文化选择问题。由此必然能够推出教材对教学负有的责任。

4.教材的文化责任。教材的编写需要便教利学,从文化的角度来说,就是对教学负有文化责任,要关注教材文化与教学文化的对接与互动。静态知识层面的文化选择当然对教育有着直接的影响,但更为重要的还是作为一种动态与静态混合体的文化状况。因为一种理想的"知识组成"也许可以坐而论道,而真正发生的实践文化则必须是教育情境所能容纳的。所以,课程内容的文化选择问题不仅仅需要考虑很多的文化问题,还需要考虑具有直接作用的教育问题,考虑教学文化、教材文化、教育文化的问题。人的因素是选择的过程中最不可控的因素,也是最富有创造力的因素。选择过程中所必须考虑的人的因素不仅包括教师,还包括学生。在今天所能看到的课堂中,人,仍然是个问题。一位教研员在听了一年的课以后,感慨当下课堂最大的问题就是没有人,老师的眼中没有作为人的孩子,一年听了上百节课,能够留下深刻印象的,能够让人感觉到是人与人在对话交流的并不多。作为个体的人的权利、思想情感的自由等,在我们的文化体系中一直都未曾获得质的认同。加上工具主义的社会文化的侵蚀,很少有教师(尽管绝对有这样的教师)能够把孩子当成一个个鲜活的心灵,去尊重他们,去陪伴他们,与他们在学习的道路上同行。更多的时候,教育给孩子的是负担,是痛苦,是不快乐。付出艰辛的过程不快乐,看到结果的时候也不快乐,等走上社会发现所学非所需的时候,更加无法快乐起来。如果一个学生踏入社会以后能够产生相当的文化自觉,他必定会遇到一个重要的问题,我究竟在学校里学习了什么?教育究竟在我的人生中留下了什么?现成的结论很快就会被淘汰,那么剩下了什么呢?为什么那么多大学毕业生,毕业以后就将自己的教科书扔掉、撕掉,仿佛充满了仇恨?为什么他们甚至对自己的母校也没有什么眷恋?是他们不懂事吗?还是教育自己的过错?

这些问题在研究的过程中有些似乎找到了答案,但很多还没有。

因为它们也许处于我的甚至是这个时代的思想的盲区中。对于寻找答案的过程有一个颇为哲学的比喻：一个人在深夜的路灯下寻找丢失的钥匙，有人问，你只在看得见的地方找有什么用，钥匙如果掉在黑暗处呢？他说，没办法，我只能在看得见的地方寻找，因为这是唯一可以寻找的地方。这是个几乎无法破解的难题，因为必定有些观点、思维是先验存在无法证明的，那么，我所能设想的唯一的办法就是：多些人来找，让寻找的人头上的灯能够更加接近，以减少黑暗的地方。

附录一　像孔子那样做教师

——《论语》新解

经典阅读永远都不会太迟。对经典的解读也从来都不缺乏、不拒绝新鲜的视角。就说《论语》，李零的《丧家狗——我读论语》以其特立独行的价值判断令人侧目，也给理论前沿吹来一阵清风。每个人心里都装有自己的《论语》。身份不同，站位不同，所看到的《论语》也必定不太一样。我们站在普通教师、日常教学、语文教育的角度看《论语》、观孔子，也有别样的心得和收获。

以普通教师的眼光打量《论语》，我们可能会凭借感性经验采用整体观照的阅读取向。《论语》内容比较松散，编排也没有非常明晰的逻辑顺序，我们无法像学者们那样抓住一点去打井，在一个语词一个思想上深挖，相比较我们更感兴趣的是透过孔子与学生的对话，体悟孔子是怎样的一位老师，他的教学风格、教学方式如何，他的提问、讨论有怎样的教学特点等。分析有分析的价值，考证有考证的需要，整体的经验感知或许也会有独特的启示。

从日常教学的视角看《论语》，这部书就是"一部未经整理的课堂笔记"。因为它是孔门众多弟子在不同时期的各种课堂笔记的集合，并且未经孔子编撰审定。① 书中有不少教师或者学生的独白，也有一些与

---

① 钱宁：《新论语》，生活·读书·新知三联书店 2012 年版，第 2 页。

社会人士的对话，但主体部分是师生间的对话，这种形式颇有些类似今天的"课堂实录"，尽管它只剩下了一些片段。从孔子的课堂实录中，不仅能够看到他的教学内容，也能折射出他对教育和教学的理解，还能映照出孔子和学生们的性格与情感风貌。这些层面的分析，也许可以成为基于内容解读的一种有益补充。

站在语文教育的立场阅读《论语》，也会有一些别样的感受。《论语》中自然不会有文道之论，不会有阅读理解或是作文之法，更不会有字词句篇、听说读写，但是孔子教学中的对话艺术，问题意识甚至孔子所营造的教学情境，都无一不让我们联想到今天的语文课堂和语文教师。我们或许能从这样的联想和类比中触发些灵感也未可知！

带着这样的视角和情怀捧读《论语》，再掩卷沉思，不禁感喟，孔子真不愧为"万世师表"！我们实在应该"像孔子那样做老师"，"像孔子那样教语文"！

一、做一个生动的老师

《论语》一书虽是经典，但各篇章对话之间并无上下一贯的系统联系，甚至有时显得突兀和零碎，但正像李泽厚先生说的那样，读罢全书，却仍然可以见出一个"相当完整的生动印象"。那就是孔子。① 透过论语，我们看到了一个生动的教师。

他有爱憎，不做好好先生。后世的人往往只关注儒家的中庸，什么过犹不及，于是遇到事情不置可否，谁也不得罪，成为一副世俗的嘴

---

① 李泽厚：《论语今读》，生活·读书·新知三联书店 2011 年版，第 14 页。

脸。林语堂称之为"超脱老滑"。① 孔子不是这样的，他有自己的爱憎。子贡问他，君子也有憎恶吗？他说有的。他憎恶讲别人坏话的人，憎恶自己下流却毁谤向上的人，憎恶勇敢而不懂理智的人，憎恶专断而执拗的人。有憎有恶才是活生生的人的情感。而且，孔子的爱憎还很分明。他批评管仲"小器"，不懂"礼"，但同时也称许管仲"仁"，认为他辅佐桓公统一天下造福了百姓。

他会着急，急了还会发誓。一次孔子拜会了南子，据说这是一个淫乱的国君妾妇，是一个不道德的人。于是招来了子路的不悦，孔子急得发誓说，我如果做了坏事，老天会惩罚我！老天会惩罚我！("天厌之！天厌之！")。一个老师被冤枉或者被怀疑了，想自证清白又没有太多的证据，情急之下的发誓，多么的自然而然，一点儿也不装腔作势。这也反映了孔子的诚实，拜见了南子而不避子路。

他会被学生批评和质疑。子路首当其冲。老师见了南子，他不高兴，孔子在陈国断了粮食，他也带着嘲弄的语气质问孔子：君子也有毫无办法的时候？老师要去做官，他也不高兴。看来，孔子的学生可以对他说不，可以不高兴！

他会发牢骚。他曾抱怨没有人知道自己，没有人起用自己，怀才不遇而抑郁感叹；面对现实他也会有悲观的情绪，用凤凰鸟来比喻当时天下无清明之望；他还会前后矛盾，既提出"不患人之不己知，患其不能也"，又抱怨"莫我知也夫"；学生质疑时，还会为自己找点辩解的理由。公山弗和佛肸想让孔子去做官，孔子打算去，子路数次阻拦反诘（君子不应与不道德的人为伍），孔子为自己辩解说，一是可以出淤泥不染，二是有机会才能干成复兴周王朝的大事。看上去非常勉强，但的确又是他真实的想法。

---

①　林语堂：《中国人》，郝志东、沈益洪译，学林出版社2008年版，第42页。

如此不一一悉数。足见，孔子其实并非像后世，尤其是宋明理学描绘的那样超凡入圣，他就是这样一个普通的平常人，在学生们的眼中，并没有一个高尚完美的至圣先师，他可以被挑战，可以被质疑，甚至可以被诘问。这在今天恐怕也是十分难得。

今天的老师似乎从孩子进校园的第一天起，就试图扮演一个在孩子看来不会犯错、品德高尚、永远正确的好老师，力求让自己成为一个楷模，更别说在孩子面前发誓，找借口搪塞了。这日益演化为教师的一种群体角色意识，不知不觉大家都去扮演这样一种角色，在这个场域中，教师会做出一个更符合社会期待、符合儿童期望的教师形象，而将生活中的琐碎、烦心、无奈与抱怨等隐藏起来。这当然是一种职业化的需求使然，而且有好的初衷，但效果却未必有益，因为它无形中抽空了教师在学生心中的丰满形象，剩下抽象的外壳，变得接近圣贤却与学生很有距离。孩子会感到，教师的心灵没有出现在他们的生活世界中。

我们以为，一个好的老师应当是一个生动的老师。

生动的老师是一个自信的老师。为什么要维护一个形象呢？大概是因为不自信。认为一个真实的自己撑不起教师这个角色，生怕万一有什么问题孩子会瞧不起。这内在深层的原因就是缺乏人格的自信与文化的自信。一个生动的老师不惧怕暴露什么，一颗为孩子着想的心也容许有各种犹豫、疑惑、焦急、无奈、后悔，但自信的人能够开放应对，越是藏着掖着，有所顾忌，就越会背负沉重的思想枷锁。孔子很自信，自信到能够允许和接受学生的批评，这种批评看来也并不影响学生对他的尊敬。

生动的老师是一个真实的老师。何为"假道学"？就是不真实，就是伪善。孔子不掩饰自己的憎恶，他想去做官，他见不道德的人，一概不避讳，很坦荡。他知道一个不真实的人的教诲也不会有太多的吸引力。粉饰一个美好的教师形象，只会让孩子觉得虚假，觉得老师的教诲所勾勒的世界不在现实之中，老师的心灵也没有参与到师生交往的过程中来，如此一来，何来亲其师，又何谈信其道呢？我们不是总说师生关系、交往对话吗？好的交往必须有心灵的参与，唯有心灵在场，交往才真实，而唯有真实，才可能平等。

生动的教师还是一个能够让学生也生动起来的老师。一个教学优秀的老师也许可以用语言感染孩子，但一个好老师更应该用整个的身心言行来教育孩子，他／她就是教育，他／她就是语文。一个生动的教师，最大的感染力就来自于身教。严格点说，应当是只有自然的身体力行，没有刻意的为人师表。自然状态的表现也许对学生的影响更大。孔子对学生的教诲也绝不仅是"子曰"而已，他的整个人就是教育的最大来源。看看他的学生，哪一个不生动呢？子路的性格直爽、急切正直，子贡聪明灵活，曾点谨慎迟缓。孔子固然喜欢沉默不语的颜回，但他也一样喜欢时不时质问他的子路，宁愿与他"乘桴浮于海"，他也喜欢"不受命"的子贡，甚至对他曾批评为朽木的宰我也有过称赞。学生各种性格的发展，最为突出的价值就在于对人的丰富心灵的尊重，人的心理结构各异，具有无限丰富的生命力与创造性，唯有引导他们各自生动的成长与发展，个体精神的自由才有基础。我们共享文化的传统，但却可以有个体特殊性的发展与创造，这本身就是丰富生活的应有之义。如果教出的学生千人一面，那是教育对人性犯下的罪行。

当下的语文教育，很重视教学，重视课堂，重视各种指导，但不够重视人。没有看到教师自己是作为完整的人，也没有看到作为一个个完整的人的学生。何谓完整的人？简单地说，就是把抽象的"学生"概念、"学习"概念，丰富起来，立体起来，那是一个个生动活泼的生命个体，不是抽象的符号和逻辑。

生活中也有很多这样生动的老师。一次全省的教学大赛，下课的哨音响起时，一位学生的回答还没有结束，学生很想表达，但听见哨音略有犹豫，执教的参赛老师说："我要听你把话说完。"她知道超时要扣分，扣分就出不了线，就会落选，但她俯身耐心听完了孩子的回答，她觉得需要尊重一个完整的心灵。在另一节公开课的课堂中听课，分角色朗读，没人在意那个往往是被老师刻意安排到最后去的孩子没有同桌，一位听课的老师，临时扮演了孩子的同桌，陪他读完了父子间的对话。事件的重点不在事件里的那位老师为孩子牺牲了比赛，也不在公开课的老师教学究竟如何，而在于其中的孩子和老师有了一段生动的经历，经历中彼此的心灵显得那么完整。

一个生动的教师，一个完整的孩子，就应当有许许多多这样的故事。

二、让学生在问题情境中徜徉

孔子和弟子的一些对话，在两千多年以后读起来也并不觉得枯燥，启发、诱导、批评、反诘、叹服、悲悯、无奈，异常丰富的情感蕴含其中。一个循循善诱的老师的形象跃然纸上。最为突出的表现，就是老师善于问问题。《论语》中的对话并非全是简单的问与答，而且孔子的话不多，效果却很好，他是怎么做到的呢？"问题"是一个值得关注的因素。我们简要梳理了一下孔子与学生对话里的问题，似乎能够得到一些启示。

孔子常常用问题来回答学生的提问。与其说是回答，不如说是启发。子游问"孝"，他反问子游，如果"孝"只是养活，那与养狗养马有什么区别？子夏问"孝"，他反问，不给父母好脸色看，仅仅让年长的先吃酒饭就是"孝"吗？子路问如何侍奉鬼神、什么是死，孔子反问不能侍奉人，怎能侍奉鬼？不懂得生，怎懂得死？老人家没有直接回答，给出的问题就像是提示，是拐杖，学生借助对这些问题的思考，就能得出答案。

孔子还不怎么喜欢帮学生"彻底解决问题"，反而有时还喜欢给学生留下点问题。比如子路问"政"，孔子说就是自己带头，大家努力，子路没听明白，要求多讲一些，孔子补充说，不疲倦。再比如樊迟问"仁"，孔子说爱人，樊迟再问如何是"知"，孔子说了解别人，樊迟还是不懂，孔子继续解释道，"举直错诸枉，能使枉者直"。樊迟还是没弄明白，但似乎孔子没有继续解释的意思，樊迟自己出来之后请教了子夏才把问题弄清楚。看来孔子也并不急于通过一次的讲解就彻底解决学生的问题。

孔子还喜欢追问。老师追问学生，是为了帮助学生理清思路。子张问如何做到"达"，孔子反问你的"达"是什么意思？子张说就是在国家和宗族中有名气，他告诉子张两者不一样，然后才开始进一步的解释。相比较而言，孔子更多的时候喜欢等着学生追问。子张、子路、司马牛、冉有都追问过孔子。比如，冉有赶车载孔子到了卫国，孔子说"人口真多啊"，冉有问："人口够多了下步该怎么办？""富裕他们。""已经富裕了，又怎么办？""教育他们。"最为典型的是子张的追问，孔子的每一个回答中，都有他不明白的地方，于是，就有了链条式的追问："如何可以搞政治？""什么叫五种美德？""什么叫施恩惠但不花费？""什么叫四种恶性？"一个接一个地追问，最后终于把问题问明白了。

从这些饱含问题意识的对话中，我们不难梳理出几条孔子关于问题的理念。

第一，思考比答案重要。我们通常认为，学生来请教，当然要给出答案，高明一点儿的老师也许会给出寻求答案的方法，总之，不要让学生带着疑问来，还要带着疑问走。老师的角色规定就是解疑，也就是韩愈所谓的解惑。但孔子似乎不这样想，他也适当地解疑，但他更在意问题，不仅不刻意追求解答得天衣无缝、十全十美、滴水不漏，还抛给学生更多的问题，让学生自己去思考，看来老人家觉得让孩子一直保留着疑问更有必要。

第二，无论是提问还是解答，老师的语言简洁，不啰唆，不担心学生听不懂。老人家三言两语，子路听不明白很着急，非拉着老师让他多说一点。这是多有意思的场景。想想我们说很多，求着压着强迫着孩子听，可孩子呢，并不感兴趣，还很反抗。孔子倒好，就像一个"懒汉"，你问一句，我冒两个字，你再问一句，我再冒两个字，很少见到那种学生不问或不想知道的时候，他对着学生左叮咛右嘱咐的。这样的简洁，促进了学生的思考，他们从老师的话语中获得更多的启示，同时正因为老师的简洁，所以学生的理解有了更多的空间。

第三，要让学生来追问。这是孔子与学生的问答里最精彩的地方。也是与今天我们看到的师生对话最不相同的地方。我们今天的课堂里，老师追着学生问，老师精彩的是提问，因为那似乎显示了老师的水平，老师的语言感染力；学生精彩的是回答，是猜中老师想要的回答，是能够让听课老师响起掌声的回答。因为我们觉得这样，好像就说明在老师的启发下，学生发展了潜在可能，获得了成长。孔子好像倒没这样认为，他通常懒得去设计环环相扣的问题，等着你一步一步问下来，就像前面说的，你问一句，我冒两个字，再问一句，我再两个字。但是你再往下问，问到关键的地方、难点重点的地方，老人家也会滔滔不绝，说个痛快，说到你明白。

这里面有很多精彩我们可以体会。我们猜测，老夫子觉得：（1）学问学问，不会问不叫学问，学生提问的能力和意愿很重要，老师要给他提问的空间，一下把答案和盘拖出，学生就没有了提问的需求。（2）学习应当是一种主动的行为，不是老师追着逼着你勉强你学。而应当是"求学"，不是求着老师学，而是求知若渴地学。本末倒置，没有积极主动性，老师讲再多再好恐怕也不行。（3）老师解答的意愿要和学生求知的意愿相吻合。急急忙忙地把答案和盘托出，一下讲得太多，学生想听吗？唠叨的老师是不是反而会败坏学习的兴味呢？（4）老师的解答要合乎学生的理解水平，子张对孔子的回答每一句都有不理解的地方，说明他知道自己在哪里不明白，这时老师的解答才有意义，如果不管他明不明白就抖落一地的答案，不仅容易超出学生理解的水平，就连学生原本清楚的部分，也混在其中不得要领了。

孔子这些问题之所以美妙，就在于思考，在于对知识的探求，在于求知的满足和不满足。问题，不正是一条通往美妙教学世界的门径么？老子说过一个词叫"众妙之门"，用来形容孔子的教学中的"问题意识"，颇为合适。孔子总是带着学生在问题情境中穿梭和徜徉，此实为教育教学之真谛也！

三、从生活中汲取教育智慧

孔子的教育教学就在日常生活之中发生着。他不仅关心学生的日常生活，而且善于用生活中的经验来引导学生理解一些艰深的道理，哪怕是他所极力推崇的一些深刻的理念，在他看来，也无一不是可以落实在饮食、睡觉、绘画、穿戴、走路上的。所以孔子的教育很有生活的气息和感觉。我们今天把生活看作一种教育资源，似乎还不够开阔，生活能给予教育的启示远不止这些。

首先，孔子关注学生的日常生活。宰我白天睡大觉，被老师批评"朽木不可雕也"，并进而得出要听其言观其行才可。颜回身居陋巷，一盒饭，一瓢水，生活得很快乐，孔子称赞他有贤德。固然，他们生活的方式不同于现在，但孔子对学生日常生活的关注，应该不仅仅是出于生活之便，而是基于学习、生活、人生等之间的联系，而这种联系在今天却日渐被老师遗忘。

现代生活的特点之一就是专门化、精细化，教育从社会总体生活中分化出来，又进一步分为学校教育、家庭教育和社会教育几个空间板块。老师精力有限，面对几十个学生，只能关注到他们在学校在课堂中的表现，甚至只能关注到上课听懂了没、作业完成了没、考试考好了没。如果有孩子成绩出了问题，那一定是课上没认真听，下课没好好复习预习。这些当然都有可能，但很多时候，学习出了问题，病根却在日常生活中。想通过提高学习的强度来治疗学习的问题，有时收效甚微，有时南辕北辙，更有时适得其反。

比如，你可能只留意一个孩子晨读时没有能把昨天的古诗背熟，却未必会想到昨晚他的爸爸妈妈大吵了一架闹着要离婚，他到现在也静不下心来背书而处于惶恐之中；你留意到一个孩子上课思想开了小差，在无聊地把玩手上的橡皮，却未必想到他刚才下课与同桌闹了别扭，正盘算下课如何打破僵局。有些孩子一个阶段成绩突然下滑，你简单地以为他被什么游戏分了心，却未必在意他其实是想借助游戏逃避现实里的什么问题，而如果背后的原因不被及时发现，"成为一个不愿学习的孩子"就会变成一个自我实现的预言，到后来他也认为自己真的爱上了游戏，放弃了学习。在这样一些时候，我们就需要教育的眼光，而不是仅仅局限在教学的视野里。

孩子的生活是完整的，我们的教学只是他/她日常生活的一个片断，教学的问题有好些都有生活的关联。我们单指望在学校、在课堂里将一个人塑造完成，是很难的。在现实条件下，我们要尽可能地关注一些特殊孩子的生活，他们生活中缺少的关爱、遇到的问题，都会以某种形式在学习中传递出来。借用社会学的术语，教育是"嵌入"在学生的日常生活结构之中的，我们的教育面向的是整个的人，而不是某一门学科的成绩，就好像孔子对子贡、子路这些弟子的教诲，早已超出了"学问"的范畴而直指人生。学生对生活有了正确的认识，对学习才会有健康的态度。

其次，孔子重视日常经验的教育意义。这从学生的评价里能够看出。子贡说，老师讲诗书礼乐我们能够听到，老师讲人性天道我们却听不到。因为孔子很少谈大题目，少用大字眼，强调从近处、从实际、从具体言行入手。不是不讲大问题，而是不直接讲，不把问题弄得很高深。李泽厚先生用一言以蔽之，"道在伦常日用中"。① 颜回也评价过老师，他说老师的引导与教诲，发掘了他的才能，好像能够高高站立起来了，但想要继续跟着前进，又感到还有许多未知。

这样的例子举不胜举。比如孔子用敬神的玉器来比子贡（君子不器），既褒其才能之高雅贵厚，又贬其发展不够全面。"好学"就是不追求饮食居所的优越，做事勤勉说话慎重，接近有德行的人来匡正自己。用先有白底再有绘画，来表示内心情感的"仁"是外在体制的"礼"的基础。用麻布来纺织帽子就是礼制。如此等等，都是用日常的经验来阐述大道。

这样的思维方式、论述方式有着实用理性的思想传统，但发觉日常经验的教育价值，却是一种教育智慧的体现。智慧有时就表现为一种跨界的眼光，发现学习与生活、社会与自然中，两种原本看来毫无关联的事物间的潜在联系。这是一种直观的思维、整体的思维，区别于分析的逻辑的思维形式。如果后者更具有科学的倾向，前者就更具有艺术或者美学的倾向。这种思维方式对今天解决生存、社会等世界性的问题都具有不可忽视的价值。简单线性的因果链条式的思维，已经不足以解决现代生活给人们制造的复杂问题，而思维方式的改变，可能是打破这些

---

① 李泽厚：《论语今读》，生活·读书·新知三联书店 2011 年版，第 275 页。

困境的思路之一。

自然原本就是一个整体，人类从中整体地划分出来，个体又从类中划分出来，教育从人的社会生活中划分出来，各个学科又将教育划分为不同的板块。总之，当孩子透过教育去看世界，是很容易看成彼此毫无关联的板块的。孩子往往无法把现实生活中的生动的问题与校园里课堂上书本中的观点与公式联系起来，结合生活的教育，不是生硬地把生活拉近课堂，在课堂中解决几个现实问题，讨论几个现实热点，仿佛这样就是生活化了，重要的是观看知识、观看生活的角度和方式，见出其中紧密的联系，从生活中实践、体验、领悟知识，同时也将知识运用于生活实践之中。"语言文字的运用"不是被旗帜鲜明地提出了么？只有在生活中，才谈得上是运用，其他的都是模拟运用。

再次，孔子的教育常常融化在师生日常的聊天中。他和学生的一些对话与其说是讨论，不如说是聊天，不仅聊日常的话题、朋友的话题，聊天的氛围也很生活化。

孟懿子问如何是"孝"，孔子说不违背。樊迟替孔子赶车时，孔子就对他说，孟懿子问我如何是"孝"，我说不违背。樊迟问什么意思，孔子说，父母活着，按照礼制来侍奉，去世了按礼制安葬和祭祀。学习就发生在这些日常的聊天之中。

一次颜回和子路在身旁时，孔子说，你们何不谈谈自己的志愿呢？子路的志愿是与朋友分享的豪爽，颜回是不夸耀的居敬持志，子路反过来说，愿意听听老师的志愿，孔子说，使老一代安心，朋友一代信任，年轻一代关怀。聊志向，也要相互说说，别只听学生说，学生也很想知道老师的志向呢。

这种日常的聊天具有一种拉近心灵距离的效果，什么是老师与学生的平等对话？高高在上，抛个问题给学生，然后在一旁听孩子讨论，再怎么低下身来，也没有太多平等的情味。与学生像朋友一样的聊天，将教育化在这些日常的语言中，才更接近教育的本真。

如果说，孔子的这些聊天有什么特别值得一提的话，那就是教师的在场，即讨论与对话中"有我"，有老师的存在。换言之，讨论的主体是"我们"，而不是单单的"你们"。是我们一起交流对某个问题的看法，而不是老师来听听你们有什么想法。

孔子也受到道家学说的影响，说如果主张行不通了，就坐木排到海上漂流去，跟随我的大概是子路吧，子路很高兴，孔子马上提醒道，子路比我还勇敢，但只是不知道如何剪裁自己。与学生交流自己面对困境的想法，也随机点出子路的粗犷鲁莽。

孔子问子贡，你与颜回谁比较厉害，子贡说，哪敢与颜回比，他闻一知十，我才知二，孔子说，是不如他，我和你都不如他。师不必贤于弟子倒是其次，把自己也放进去和学生比较一番，该有多大的气魄。

孔子更时常拿自己说事。既有自我谦虚的评价，比如不敢称自己圣与仁，觉得自己只是诲人不倦而已；也有极力的辩解，你们这些学生以为我有什么隐瞒吗？我没有什么不对你们公开的；也有对自己的剖析，觉得自己一以贯之，也觉得自己努力实践做一个君子，但还没有达到。而最为经典的对白，就是子路、曾点、冉有、公西华侍坐，师生五人畅谈理想的场景。孔子不仅没有否定其他几位的志向，也表明了自己的理想与曾点相同。孔子不怕暴露自己的缺点，所以敢于承认不如颜回，敢于与学生交流人生理想，也敢于表明立场。

我们常说孔子懂得因材施教，不同的人来问仁、问孝，问同一个问题他都能给出不同的建议，这有一个前提就是他很了解自己的学生。这是从老师的角度上来看的一种惯常的看法。如果反过来想，从学生的角度来看呢，孔子的学生也一样很了解孔子，也许在学问上还难以企及，但他的脾气、他的兴趣、他的志向、他的爱好、他的憎恶，统统在与学生交流的过程中，一览无余地暴露在学生面前，包括在朝廷上的唯唯诺诺（遵守礼节），和被隐士质问时的无言以对。

在教育的场域里，在师生相互的眼中，彼此都应当在场，就在彼此生活的场域里。我们当前提倡把学生当成一个完整的人看，这是人本取向的必须，其实还少了一半，就是教师在学生的眼中，也应当成为一个饱满而丰富的人，就像开篇所说，教师也要做个生动的人。

正是借助了这些因素，孔子没有把日常生活看作是什么教育教学的资源，而是就在教育中生活，就在生活中教育。孔子没有刻意为之，但却饱含教育的智慧，更暗合了教育中的一些亘古不变的规律，对今天的我们也施予了生动的教育。

换个角度解读《论语》，似乎看清了一些什么，但细细想来时，又显得模糊，如同颜回对老师的评价一般，他用了一个词语叫"欲罢不能"，这恐怕也是每一个阅读《论语》、仰慕孔子、思考教育之人的共同感受吧。

（此文发表于《人民教育》2014 年第 20 期）

附录二 假如老子在今天做老师

——重读《老子》

这不是一个真实命题，但却是一个有趣的命题。老子与孔子很不相同，生平与成书都无十分确凿的记载，再加上他的观点充满了对现实的批判，以至于不细细审视，不运用反向和辩证的思维，都无法从众多的批判解构中看出一些正向建构的东西。让他做老师，着实有些为难。因为大致看来，孔子的命题都是让我们"做什么"，而老子的主张大多是警告人们"不要干什么"或者"不要只顾着干什么"。显然前者更接近教育的常态。也正因为这样，问题也变得有趣。

老子的无为，他的自然，他的不争，即使不能成为生存的基本法则，也必须是人生不可或缺的警钟。一味地入世、开拓仅仅是生活的一个向度，他是一个人背井离乡，踏上征程的指引；而老子的教诲则是另一个向度，他是一个人魂归故里，安身立命，返回精神家园的航标。前者的目标是外在的强大，后者的目标是心灵的安顿，两相结合，才是人生的总体幸福。而幸福，也是今天教育的追求。这样来看，老子的教师角色假设，不仅有趣，还有些现实的价值。

对于这样一位智慧的老师，我们就从一个基础问题入手：怎样的老师才是一个好的老师？

一、不持宰

老子在对世界和真理做出概括时说，"生而不有，为而不持，长而不宰，是谓玄德"（《老子·五十一章》）①。大致的意思是，产生它们但不占有它们，为它们做事但不把持它们，带领它们却不主宰它们，这才是巨大的根本的也是最玄妙深远、难以见闻与描述的德性。这是老子眼中的玄德，这种玄德是一种概括性的、形而上的德性概括，从这点出发，我们引出一个好教师的德性标准，即什么样的教师是一个好的"教师"。为了区别于宽泛的"好教师"理解，我们稍做一个解释，这里的好教师，不属伦理学范畴，而是教育学范畴，也就是说，是一个好教师的教育者标准。

为什么要强调是"教育者"标准？因为我们对于好教师的理解一直比较含混。我们常说，教师要德高身正，要具有诚实、守信、善良等好的品质。但是不难发现，这些是一个"好人"的标准；说教师要热爱事业、乐于奉献、尽职尽责等，又不难发现这是一个"好工人"的标准；说教师要热爱孩子、关心孩子等，不难发现，这是一个"好妈妈"的标准（至少是有较多重叠的）。换句话来说，我们通常意义上所说的好教师的标准，缺乏了"教育者"的维度，没有教育学意味，因此就会让人觉得太宽泛，试图把老师看作一个圣人（集好人、好工人、好妈妈的特点于一身）。这虽然有文化传统的惯性，但确实还没有切中教师职业的关键，需要有更具体的思考。因此，这里借助老子的玄德，提一条属于教育学范畴的教育者的师德标准：不把持学生，不主宰学生。

---

① 后文凡《老子》语句只注章数。

我们从知识传授这个简单的问题来看。好教师就要有一种胸怀，因为你培养的未必是你所信奉的学说与信条的"继承者"，必然可能出现"反对党"，甚至是"掘墓人"。这并不新鲜，类似于所谓"导而弗牵"、启发引导之类的表述。但这都是在教学层面的说法，我们可以再往下扩展一些。不持宰自己的学生，就要努力让自己的教学做到这样几点。

一是要开放学习的内容。叶老对语文教材有个判定，说其无非是个"例子"，是一个学习语言和广阔生活的例子。教师带领学生的学习，就是一个开放视野与心灵和思想的过程，学习的内容有个时髦的词叫作"资源"，有价值的就可以作为资源。虽然提倡开发资源已经不短，但更多的老师还是比较乐于接受被别人开发好的资源，拿现成的给学生用。并且教师往往受到自己的"知识边界"的束缚，而不愿过多涉及超出自己知识边界或者学科边界的知识，因为一旦超出边界，自己就很难再"为师"了，从而或者付诸努力去跟上孩子的步法，或者干脆放任孩子自己摸索，总之不愿过多涉及，这些就是一种约束，就是一种潜在的"主宰"，必须放开。能教学相长的部分就与孩子一同学习，实在没有精力的，就鼓励孩子自己去钻研。

二是学习的方式要开放。教师总是倾向于用自己熟悉的方式教学。比如倾向于实践的，倾向于书本的；倾向于接受的，倾向于反思的。一个有反思倾向的教师，他必定会把这种反思意识传递给学生，使学生的学习也呈现出一种反思的状态。而一个喜欢看书的教师，也必然会感染到学生。但是应该时刻警醒到，自己不喜欢的学习方式，自己的教学所欠缺的学习方式，是否也以缺乏的状态传递给了学生呢？虽然学生有很多学科的教师，相互之间可能实现互补，但有些学科性的缺乏是无法替代的。因此，教师有必要进行反向弥补式的教学，而不要只考虑"我怎么顺手就怎么教"，不顺手的也要尝试教好。

　　三是引导学生学会与他人共同建构属于自己的认识与理解，而不必吸收、内化老师的理解。这其实就是自我意识，内在精神的一种建构。"师不必贤于弟子"，弟子需要有更多的可能性，包括在某些方面超越教师的可能。这其实是很难的。教师的教学在将一种公共的课程知识，经过自己的理解，用自己的嘴教给学生，学生在认同公共知识的同时，也在认同隐含在中间的"教师意识"，没有一个人会自然地希望自己教的学生反过来批判自己所教的东西，所谓亲其师，信其道，其实就展现出了这样一种反向的情感。但是，这恰恰是好教师最为高尚的地方，也就是老子所谓的玄德"长而不宰"。在基础教育阶段，这种可能落实为现实的几率不大，毕竟孩子还在打基础，但教师不应当抹杀这种内在更新的可能，孩子需要的是外在经验与自身思想的综合与发展，他所生成的必定是一个部分蕴含教师意识的思想，而不可能去复制，因此，教师对此就要格外小心，如此这样，孩子才具有独立的精神价值。

二、做减法

　　如果老子看到今天的教育，恐怕最看不惯的，就是"贪"。贪必求多，而多多未必益善，尤其是在基础教育阶段，对待知识的态度如果是多多益善，有时候不仅没有好处，还非常有害。

　　贪多不是教育病，而是社会病、人性病。尤其在今天，当物质财富的丰富程度可以满足日益膨胀的欲望时，贪多的人性潜能就越发被唤醒。我们在精神上、知识上似乎也无意间复制了经济发展的一条规律，叫"原始积累"。但经济的积累也许是社会发展的必需，可是教育如果套用这种贪求数量上的积累，就会进入死胡同。

　　这种积累求多，要更多的学习内容，更多的学习时间，更多的强化次数。为的是有效率，有效果，考试时有成效。最为典型的表现，就是我们拿到一篇课文时，总想面面俱到地教给孩子，把容易想到的，不容易想到的，好不容易才能想到的内容，一股脑儿地挖掘出来，以某种方式传递给孩子。于是，"满"就成了当前语文教学、语文课堂最为突出的问题之一。似乎一节内容丰富饱满的语文课，才没有让孩子白白学习了 40 分钟。

课上满，课后也一样，各种练习、作业，各个学科尽可能地去抢占孩子的课余时间，最后孩子的课余里还是只有课，没有余。老子这位老师会怎么说？他会说，别只顾着做加法，做做减法吧。"为道日损"（《四十八章》）哪，一直要减到无为的程度，才能领悟大道。反对者必然会问，为什么要做减法呢？

老先生会说，长而不宰啊。就像我们前面说过的，不要试图用什么方式去主宰学生的发展。教得太多，过多地教，就会过多地主宰学生的理解。

老先生还会说，五色、五音、五味，伤目、伤耳、伤肠胃呀。无论是什么东西，即便是山珍海味，太多了，也是坏事。我们需要"为腹不为目"（《十二章》），也就是考虑学生的内在需要，而不是对外部知识的过度追求。这番话恐怕不能看成是要人们禁欲，毕竟对物质世界的渴求与向往，推动了生产力的发展和社会的建设。但是我们也看到，物质的发达未必带来它所承诺的幸福，现在的物质发达了，但地沟油、转基因、苏丹红、黑心棉等，没有一个不让人揪心。在语文教育中过早过多地塞给孩子很多看上去很好的东西，是不是会败坏孩子的胃口呢？我们喜欢儿童文学，就恨不得把语文课变成儿童文学课；喜欢古典诗词，就惦记着让经典成为语文的唯一内容。这些东西好不好？当然好，都是精华，但是否要考虑孩子的接受度呢？有人会接着说，只要孩子喜欢就好。可是，孩子喜欢当然好，但如果课堂上教学的都是孩子的喜欢，又未必好。比如孩子都喜欢绘本，绘本本身也很好，但过多的教学绘本，会不会败坏孩子对于文字的感受力呢？会不会滋长对于图画的过多依赖呢？而且，"少则得，多则惑"（《二十二章》），精简的内容重点突出，容易掌握，过多的内容反而迷惑了视线。就好像有些时候我们喜欢精批细改孩子的作文，评语大段大段地写，折磨老师，效果也未必好。老师最重要的东西反而被淹没了。如果一两句点出要害，就可以不用太惧怕批改作文了，效果也未必不好。

老先生还会说，"有之以为利，无之以为用"（《十一章》）。万事万物，当然要有"有"，有了有，才有依凭、有方位、有基础，但是，无也很重要。预留了空间，留下了不确定性，也就留下了自主性、发展性、可能性，有了有，又有了无；学生才有吸收内化，并转而为运用与发展的可能。这一点特别重要，它是基础教育的基础定位的形象说明。所以，语文教育不能太满，挑选最为重要的部分，教给学生，就叫打基础，面面俱到是一种试图精细化基础的意图，而精细化的基础就失去了基础所蕴含的未来可能性；语文的教学也不能太满，课堂上讲完了，做些练习，课后就要留点时间和空隙给孩子，去思考，去翻阅，甚至去发呆（现代人不喜欢发呆，即使用最无聊的事也要让自己忙起来）。这些自主掌握的时间，是孩子理解、内化、综合、生成各种知识的重要空间，都让作业塞得满满的，没有了无，全是有，那么挤占的就是未来的更多的有，过早地将未来可能落实到当下的现实中，是不符合基础教育的基本要求的。太满的语文教学，只看到了有的当下价值，却没有看到无的未来价值，从某种程度上说，是反教育的，因为教育首先是面向未来的。

老子说要做减法，也许还折射出一个教育智慧的问题。当我们用知识的眼光看待语文教育，那么就容易求多、求满，总觉得时间不够用，练习得不够充分，毕竟为学日益呀。这当然有一定的必要性。没有知识的积累和充分的练习，学习就不可能发生。但毕竟人不是动物，人的学习不是仅仅多学点知识，还要智慧地学习智慧。

知识的眼光就是一种把语文教育中的诸多因素、关系、规律，看成是既成的、不变的，是已经放在那里的，任何问题的解决，想要更好，就只能更多，显然这是不智慧的。智慧的眼光可以看成是一种创作的眼光，用实验性的眼光去看待教学，不要试图去遵循什么既有的规律，真理和价值也不是先于教学行为而预先存在的。相反，教育具有实验性，教育的智慧就是要有创造性的行动，然后生长符合那些创意的真理的价值。我们把事情做成了什么样，就创造了什么样的真理。所以，我们看待今天语文教学里的各种要素，知识的、态度的、语词的、技法的等，仅仅把它们按照现有的秩序去摆放，就是知识的眼光，位置固定就只能通过增加数量来获得增长，渐渐地就好像一盘围棋，越下越满，气孔越少。但如换成创作的眼光，在充分实践各种关系的基础上，不断地重新摆放，就相当于重新洗牌，或者重新开局，那么智慧就有了生长的地方。所以从这个角度上来说，勤奋的老师会做加法，但要想成为智慧的老师，还必须学会做减法。

三、不妄为

"道常无为，而无不为"（《三十七章》），被认为是老子的一个重要命题。但是如果简单地把"不为"看成无所作为，什么都不做，这个命题就不可理解，无为不是有为的对立物，而可以看作是有为的重要补充。① 所以，我们还不能停留于"不为"，而是要有所不为，陈鼓应先

---

① 尹振环：《道家的"无为"论》，《中国史研究》1993 年第 4 期。

生说，无为就是"顺任自然，不强作妄为"，① 即不要做那些不该做、不可做的事情，因为如果没有将时间和精力浪费在不该做的事情上，没有干扰万物自身内在运行的轨迹，事情自然能够做得好。

老子说，化而欲作，也就是万物化育成长到一定的程度，就会出现一些想头，想要不切实际地做这做那了。从积极的角度看，物质世界与精神文化的发展，的确促使着人类社会加速的发展。20 世纪一百年产生的财富，也许超过千百年来创造价值的总和。人的精神日益成熟，想法与创造与日俱增，各种思想与发明创造了崭新的物质世界，新技术又为创新的思想提供了更为便捷的条件。在物质匮乏的年代，超前的思想无法在现实中呈现是非常痛苦的事。而技术的发展对思想也是一种解放。

但从消极的方面看，人的想法越多，制造的问题也越多，交通变得更加便捷，追捕逃犯的难度就不断增加；信息时代人的交流更加即时多元，可信息安全又日益引发危机；上天入地的机器越来越多、越来越发达，能源的争夺却成了一个隐形的祸患。如此就等于说，我们在创造了一个新的世界的同时，也创造了与它共同存在的问题和麻烦。有些也许不太可能预先避免，但减少人类过多的妄为、乱为，也许倒能够缓解很多时代性的危机。

教育的问题也是一样，当我们发现"能做的事情其实有很多"的时候，对于有所准备、有所思考、胆战心惊、如履薄冰的老师来说，可能就是机遇；而对于那些图个效应、图个名声、图个新颖、图个形式的老师来说，也许反而是教育的灾难。那么，老子开出的药方是无为，如何按这剂药方治病呢？

一是有所不为。为的要有底线，不道德不智慧的坏事，无论如何

① 陈鼓应：《老庄新论》，上海古籍出版社 1992 年版，第 87—88 页。

都应该避免，应该不干，绝对不可为之。这听起来并不难，但现实中又不免存在。原本非常富有童心的幼儿园老师，也被一些极端的个例破坏着形象，体罚孩子甚至虐待孩子，时有发生；到了有考试压力的学段，紧张的学习压力加上并不够坚强的内心，如果老师再有所逼迫，轻生的事件也偶有发生。这些虽是个例，我们需要理性对待，尤其不要以偏概全污蔑教师群体。但作为教师，自己也需要时刻保持警醒，日常的语言、语气、语调甚至体态，是否有对孩子的不尊重、轻视与侮辱？是否会对一些孩子不关心、不在意、不信任？反过来说，对一些孩子过度的关注是否也不利于他们独立人格的形成？一些通过自省可以避免的事情，是需要勇于否定自己的。

二是不过多干预，不越俎代庖，不做表面文章、乱提口号，不轻易地大张旗鼓，不唯意志论，不轻举妄为。不过多地把持学生、主宰学生，这在前面说过了。不做表面文章、不乱提口号似乎倒不容易克服。这是一个商品经济的年代，包装的意识已经深入人心，也深入了教育。"想出名"就要有口号，就要大张旗鼓，如果确有其实倒还好，但如果徒有其表，就很容易破坏孩子原本生长的规律，破坏了原本就有的和谐。

三是让自己处在一个可选择的状态，保持一种警醒。有一些想法很诱人，很容易一头栽进去不能自拔。老子的无为就是想让人冷一冷，不要急于求成、急躁匆忙。譬如我们已经深刻地意识到，未来社会是一个信息社会，网络环境的学习已经在身边广泛存在，于是将各种网络资源引入课堂教学，从硬件到软件，信息社会似乎描绘了一个极其美妙的图景。好不好？当然好，但能不能一下子就让孩子们的学习完全被信息所笼罩？恐怕还不行。信息资源也只是众多资源的一种，文本的资源、生活的资源仍然是孩子学习的重要载体。信息化也只是人们生活中某些而非全部领域的变化。就好像身在闹市，环境异常热闹，理所当然地应该关心身边发生了哪些热闹的事，但你也可以选择闹中取静，在喧闹中静下来欣赏某个角落，或者像毛泽东那样读读书。想一下子就用信息社会的学习方式替代当下的学习，那么信息就丧失了它作为资源的价值，而反而成了一种意识形态。

四是不要过高地估计教育的价值。教育有自己的可能性限度，树立远大的教育理想当然是需要，但一个理想主义者首先必须是一个现实主义者。觉得教育要做很多事，什么事都可以做，都应当做是危险的。"没有教育不好的孩子"在当下恐怕还只是一种教育理想，当然不是说要放弃哪些孩子，而只是不能脱离现实的可能性与渐进性，既不把愿望与现实，意念与行为混为一谈，也不割裂它们之间的内在关系。

教师这样的不为是希望达到什么效果呢？老子说，"太上，下知有之"（《十七章》）。类比过来也就是让孩子知道有一个老师就行了，不要让孩子感觉什么事都是老师来做的、是老师做好的，而应努力让他们觉得是自己在办好自己的事，这就很理想了。这就是一种主体性的自我解放。老师的能力再强，如果不能让孩子积极地发挥自己的理想，所能达到的教育效果是有限的。万万不可什么都是老师来操心、老师在作为，让孩子发现原来一切的决定权都在老师身上，那么，顺着老师的心意就行了。比如课堂上孩子也许不会去想真正的解答，而是去想老师想要什么样的解答，去迎合老师。这就是多为、乱为的结果。让孩子相信他们自己有解决问题的能力，同时又给予更多的机会让他们自己做事而不受干扰，教师只是从旁支持，似乎也就无为而无不为了。

所以，老子的无为就是要我们有批判性的眼光审视自己的有为和有欲的状态，不妄为，才能更好地去有所作为。

四、要知常

"知常曰明"（《十六章》），老子说。有时候知道恒常，回到本初，就是智慧，就是开明。知常守常是容易说而不容易做的。虚静守常是老子对我们的又一个忠告。在浮躁的时代与社会里，这一点显得极为重要。

对常的理解可以有几个方面。

"常"首先是一种本初的状态。本初的状态有点像起点的状态，我们实施一种教育方法，践行一种育人思路的时候，往往容易"沉醉不知归路"，却没意识到我们其实是"误入藕花深处"。一种有益的思想，在诞生之初往往是很美好的。但是，沿着这种思路往下走，强调得过了头，甚至忘记了当初为什么强调，就容易出问题。比如，20 世纪末，我们觉得语文课程与数学等学科相比较，比较的散，似乎几个月不上也看不出有什么明显的区别。于是，为了凸显教学的价值与成效，就非常强调语文教学要有所得，要让孩子在课堂上有所习得。这本来是好的，学习的基本定义里，学习主体产生认知、情感或行为的变化是必需的。但往下走，就容易越走越远。比如我们提出要一课一得，还要得得相连。这乍一听，也是好的，一个个知识点连成的就是知识体系。于是就把语文课嵌入知识体系中去，追求体系的完整与系统化。结果就逐步走进了知识压抑人性的死胡同。新课程正是在这样的情况下，明确提出了义务教育阶段的语文教学不应追求知识体系的完整，而应从儿童的语文实践出发，从能力出发，从素养出发。这样的改变从何而来？只有回到语文教育的源头去思考才能获得。回到起点就是要提醒自己，我们要培养怎样的人，语文教育是要干什么的，人的发展究竟是否是像知识体系一样滴水不漏、按部就班的。正是回到了教育的原点问题，有些思路才会日渐清晰。

这一点不仅在语文和教育中适用，整个人类发展也基本如是。我们为科学的诞生、为技术的革命而欢欣鼓舞，但飞速发展的科学技术很快就忘记了为人类服务的初衷，两次大战的血泪史足以说明，科技被异化了，它被人类创造出来，进而在发展过程中日渐具有了主宰和统治人类的倾向，于是，人类的反思又从本初的状态出发，抛弃了"物本"回到了"人本"。

所以知常，首先就是要了解事物本来的面貌、初始的状态、原初的动因等，只要不断地返回到起点，重新思考，重新布局，才能更加明确我们在哪里、我们又要到哪里去的问题。老子很喜欢的两个喻体一是水，二是赤子，也就是婴儿。婴儿虽弱，但是有很多自然而然符合大道的最原初的品质，他不计较、不吹嘘、不炒作、不作假、不伪善等，人在长大的过程中，实现的可能性也许远远小于被磨灭或遗弃的可能，并且丧失了很多最纯真的东西。所以，如果一个人在发展的过程中，能够不断地回到最初的状态去思考人生、思考生活，他必定能够获得更多的人生启示。

常更是一种常识，一种朴素。这一点在今天尤其难以做到。进入创新的时代以后，普通、朴素、平淡等一些中性词，似乎具有了某种贬义的色彩，它似乎与碌碌无为、浪费时间、重复劳动等画上了等号。所以，人人都不甘于平淡，可惜大道偏偏就是"淡乎其无味"的。

老子说"乐与饵，过客止"（《三十五章》），奏乐与美食，只能吸引一时的过客，使过客停顿一下脚步，然后离去。真正的大道没有音乐与美食的诱惑力，表面上就是淡而无味的。观看它不值得流连，聆听它不值得倾心，但是却可以取之不尽用之不竭，永远有效。这里的大道，就很像我们眼中的常识，因为最有效最重要的规律，往往就是你视而不见的常识。王蒙在解读老子这段话时有一句话说得特别有意思，他说，平淡，有可能是由于贫乏。平淡，也可能是由于富有。① 就好像一个孩子在初学写作时文字是极其朴素的，但却是不成熟的，而一个更高境界的文学创作，则必定不是煽情而是复归平淡，不那么声嘶力竭的。想要不平淡，想要特殊，想要成为众人的焦点，其实就是一种用表面上的声势来影响世人对自己的审视与考量。

处在浮躁时代的语文教育也一样容易浮躁。真理淡而无味无人喜欢，夸张的话语更容易获得"点击率"，所以有时更受人瞩目。慢慢的勤劳致富没有人会喜欢，一夜暴富的方法却受人追捧。要提高学生的习作水平，如果说要多读多写，日积月累也许并没有人在意，但你要弄个作文宝典、高分速成却能让不少人去追捧。也许没有人留意过书店里书的折扣区别，教辅类书籍的价格远远高于一些较高文学价值的作品。谁说谬误没有吸引力呢，谁都希望奇迹在自己的身上成真。

正是因为这样，越来越多的人开始宣称自己发现了语文教育的秘密，发现了捷径，发现了本质。冠上一个好听的名字，一种教学思想就被打造出来，一种教学模式就成了一种创新。一位曾经参与相关评选的评委粗略列举了一下，一些被冠名的教学模式多不胜多，少教的、几环节的、几结合的、什么什么化的，等等，它们的名字尽管不同，但似乎都宣称自己找到了一种更快更好的方法，却从未听说有人宣称自己就是按照学生成长的自身规律来教学，把他们教成了他们本来的样子。当然，就像老子说的那样，这样的奏乐与美食，也许可以让人停留一下，但很快就会离去。

语文教育的思想流变自有其发展的规律，各种新思想也并非都是坏事，它们也是推动发展的重要因素。但同时，老子的提醒也不可不顾，不要不顾常识，不要追求什么效应，不是什么甘坐冷板凳，板凳本

---

① 王蒙：《老子的帮助》，华夏出版社 2010 年版，第 145 页。

来就那样，生活的本来面目就是平淡的、安宁的、和顺的。

也许，我们仍然需要给老子的坚守常识一个合理的定位，不要拒绝平淡的大道，却也需要鲲鹏展翅、搏击风浪的勇气。有的时候，异化也许是一种发展的必经之路，马克思提出的人的全面发展，就是在扬弃异化的基础上逐步实现的。人不从自然中异化出自己，不从自身异化出异己的力量，并在与之搏斗的过程中壮大自己，人何来自身的发展呢？这是一个忠告，也可能是一个无奈。

常还是一种虚静的心态。浮躁的社会不容易静下来。似乎各种走动、各种活动、各种能够造势的东西才具有旺盛的生命力。太安静了就会被人们遗忘。但是，有几个卓有成效的人是这样成功的？

静的状态不是不动，而是要冷静，要有准心，要理性，有思考，慎于决策，把思路理清楚，而不要随波浮动、急躁不安。在小学语文教育中，这种静，这种理性，还需要被更多的人重视。

常常会听到老师抱怨，这个文件这样规定，那个解读那样说，专家甲说要往东，专家乙说要往西，完全越搞越糊涂，于是专家就成了"砖家"，或者干脆排斥理论，啥也不听，或者非常迷糊，忽左忽右。这就是不静，环境不静，内心也不静。

任何的主张、任何的思想，都只是提供了一种资源、一种假设，完全没有必要跟着跑、假装信。冷静地思考，逐步地去验证，总会从纷繁的言说中，理出自己的心中的道理。而在迷惘的时候，静更是一种留有余地的策略，它至少让你保留了进一步改进的可能性。就像牟钟鉴先生所说，柔静之道能够开掘生命的深度，培养深沉持重的品格，加强人的韧性和灵活性，以便迎接各种困难险阻的挑战。①

---

① 牟钟鉴：《道家学说与流派述要》，载陈鼓应编：《道家文化研究》第一集，上海古籍出版社1992年版，第15页。

回到本初，坚守平淡的常识，虚静而理性地思考，这就是老子的告诫，知常曰明，要想明亮、开明、明洁，就不要忽视常态、常识，这也是大道的重要组成。

五、不着急

对效率的追求恐怕是现代社会区别于传统社会的重要特征之一。农业社会里强调的是不违农时，而现代社会则流行"赶时间"。但老子居然对速度也提出了警告，不得不让人承认，求快也是人的本性之一。生也有涯，只有快才能做得更多。

无论老子这样说有何当时指向，但现在看来，当下的指向意义却非常地明显。一个简单的事实就是，速度与效率没能被挡在校园之外、课堂之外，巨大的生存压力与社会心理早已将为学的闲适一扫而空，取而代之的是快、再快。

问题就出在这个快上。这可能是当前教育更为深层的问题之一。无论是贪多妄为，还是无度地做加法，其实只有一个目的，就是快，期望孩子更快地发展，更快地掌握知识，更快地达到并超过同龄人的水平，可是偏偏，教育就不是一个快得起来的过程。

"道法自然"（《二十五章》），这是老子乃至道家"思想脉络的主要特色"。[1] 大道的法则就是自然而然的运动，是"原来如此"与"法尔如是"的。[2] 放在教育中去解释的话，教育的根本节奏，就是孩子成长的自然规律，包括生理和心智的成长，这种过程性是无法跨越的。而如

---

① 陈鼓应：《老庄新论》，上海古籍出版社 1992 年版，第 63 页。
② 南怀瑾：《老子他说》，国际文化出版公司 1991 年版，第 244 页。

果试图去跨越，就是一种自欺。所以这种自然是"莫能使之然，亦莫能使之不然"。①

老子教诲说，"企者不立，跨者不行"（《二十四章》）。踮起脚跟来拔高，很难站得稳，跨越式的走路求快，很难用这种方式来赶路。老子的提醒接近于一种用恶狠狠的语气述说真理的感觉。因为似乎任何时候，总有过度膨胀的自信，坚持自己的一贯正确，正是这种过度的自信，导致了一种一往无前的"勇气"，可是自伐者无功，自以为是的人不可能光耀彰显，也得不到长久的尊敬。

那么，为什么不要着急呢？老子给出的答案有三点。

第一，"天地不仁"，"圣人不仁"（《五章》）。天地与圣人都是不讲仁爱的，不要自作多情地认为老天会眷顾自己，会眷顾勤奋的人，不恰当的勤奋一样背离大道，一样会毁了孩子。但这也不是坏事，天地不会刻意眷顾你，但也不会刻意憎恶你，他的不仁，就是不言之教，就是最大的任，让你自己去体会大道的规律。所以，正因为天地不可指望，人才要更加对自己的人生负责。

第二，对于个体来说，"物壮则老"（《五十五章》）。一个东西太强壮了，就必定还是衰老，违背了大道就会走向衰亡。基础教育尤其是这样。有一个比喻非常好，人生的赛跑是马拉松而不是百米赛，基础教育阶段犹如刚刚起跑，这时候没有人会以冲刺的速度往前飞奔，而是会积蓄力量，放在更长久的未来。所以，尤其是基础教育阶段的孩子，太过于强大，霸气十足，巅峰状态，未必是好事。就像前文提到的婴儿的状态，是一个道理。与其说基础教育是实现可能性的阶段，不如说它是培养可能性的时期。

第三，"反者道之动，弱者道之用"（《四十章》）。反也有返的意思。

---

① 詹剑锋：《老子其人其书及其道论》，湖北人民出版社1982年版，第204页。

大道的运行是相反相成的，返回本初的状态，走到自己的反面都是可能的，同时道又不是强硬凌厉的。我们以为，这是老子最为智慧的提醒之一。它其中包含了思维方式的转换。

一方面，运动的方向不是单向而是双向的。所以过度地求快，看起来以为会向好的方向发展，其实未必，它也可能埋下更多更大的隐患。社会发展也是这样，我们以牺牲自然牺牲健康的方式追求 GDP，到头来发现这样的方式最终会毁灭自己，于是要科学发展，要转变经济发展方式，要从中国制造到中国创造等，今天我们遇到的问题很多都是求快求多导致的，我们一厢情愿地想象快点到达理想的彼岸，但却事与愿违，背道而驰。所以，老子的提醒之一就是，不要图快，太快了反而到不了目的地。

另一方面，反还指返回。发展虽然是总体往前的，但并非是线性的轨迹，而是不停回到本初的循环式的前进。这点更为智慧。老子那时一定还没有提出什么非线性、复杂性的概念，但毫无疑问他有了这样的意识。这是对人的发展的一种认识。

人的发展不曾是也不可能是线性向前的。以培养学生的学习习惯为例，没有什么习惯的形成是老师说了，学生做了，就能说他形成了的。必然有反复，必然会回头，而经过几次这样的反复，一个行为模式才可能逐渐生根。学习知识也是一样。我们可以很熟悉地背出教育心理学中关于旧知识结构同化新知的相关理论，但是很少会去考虑，这个同化要花费多久的时间，而且在现实中不同的孩子花费的时间相差又是多么的大。而且，正是孩子在成长过程中不断地回到起点，知识才有融合创新的可能。

前面说着急地向前赶有过于自信的原因，其实也有不太自信的原因。老子有一句令人拍案的话叫"治大国，若烹小鲜"（《六十章》）。我们的着急正好相反，花费了治国的力气来弄教育，反而出了问题。越是重要的事，越要举重若轻，有气魄有闲心，教育孩子要有艺术的感觉，折腾、急躁、轻率、乱来，就一定违背人生成长的规律。

教育中不缺乏责任心、上进心、效率感，缺乏的就是一份遵从学生自然生长规律的闲适，精神的闲适就是一种虚空，一种无，而无才能生有，才能有创造。给教育留点空闲吧，给孩子留点创造的空间吧。

（此文发表于《人民教育》2013 年第 19 期）

附录三 守成与超越

——苏教版小学语文教材建设的回顾与展望

课改十年。基础教育领域有许多重大收获，教材建设的成果即是其中之一。纵览全国十余套通过国家审定的国标本小学语文教材，可谓百花齐放、各具特色。这些教材适应了新时期基础教育改革和发展的需要，为繁荣教材园地，提高母语教育的整体质量，发挥了自己应有的作用。本文拟对苏教版小学语文教材（以下简称苏教版教材）的建设与发展做一简要回顾与展望，以期梳理有益之经验，明晰发展之方向。

一

对于苏教版教材的回顾，拟从三方面展开：一是教材建设的价值取向；二是教材的特色追求；三是教材的创新与突破。

（一）教材的价值取向

1. 国家意志

做教材，即意味着一种担当——对国家意志和社会责任的担当。体现国家意志、体现社会的主流价值观，这并非从外部（如政治）强加给教材的东西，而恰恰是教材应有的价值追求。

首先，教育从来就不是单纯地发展个性的过程，而是一种个体／社会的张力结构。在人类数千年的发展过程中，我们可以清晰地看到教育的中心在两者之间的博弈与徘徊，所有制度化的教育概莫能外，尤其是作为一种文化存在的语文课程；其次，当一个国家政权代表着先进文化的发展方向时，国家意志往往就是民族精神的时代化身。比如当今社会倡导的"科学发展""小康社会""爱祖国、爱人民""孝敬父母"等，无不具有深厚的民族文化根基。可见，一个政治开明的时代，体现国家意志与传承民族文化精神具有高度的一致性；最后，语言蕴含了一个民族的全部特质，正如洪堡特所言，"语言仿佛是民族精神的外在表现；民族的语言即民族的精神，民族的精神即民族的语言，二者的同一程度超过了人们的任何想象。"[①] 因此，文化认同与民族归属的实现过程，就蕴藏在语文学习的过程与结果之中，语文教育必然肩负着这一国家民族的重任。

2. 儿童视角

教材是为孩子学习语文服务的，因此，它需要"符合学生的身心发展特点，适应学生的认知水平，密切联系学生的经验世界和想象世界"（"课程标准"）。这其中包含了三层意思。

一是顺应儿童已有的发展水平。孩子还是不成熟的读者，不成熟的学习者，教材编写（尤其小学母语教材）应注重联系孩子的经验世界，用孩子喜闻乐见的活泼多样的形式呈现，以引起孩子学习语文的兴趣，保持学习语文的热情。二是着眼于儿童可能的发展。教材的儿童视角，并非仅仅停留于顺应的层面，还必须有型塑的空间，这是教育的职

---

① ［德］威廉·冯·洪堡特：《论人类语言结构的差异及其对人类精神发展的影响》，姚小平译，商务印书馆 1999 年版，第 52 页。

责。语文教材要为孩子提供文质兼美、富有文化内涵的高质量文本。比如苏教版教材从中年段至高年段，逐步增加选文中经典篇目与名家名篇的比例，以此来帮助孩子逐步提升语文素养，形成健全人格。三是警惕"成人化的儿童视角"。人类的生长周期与心理发展阶段是不可逆的，成人充其量也只能尽量"假装"自己是儿童，而无法真正成为儿童。因此，在教材编写中要预防将复杂的成人世界强加给孩子幼小的心灵，要摒弃那种"伪儿童视角"的作品，它们往往穿上"儿童的外衣"而不易察觉，其实只是成人价值的一厢情愿。

3. 基础观念

小学语文是开蒙教育，是一项打基础的工程。因此，小学语文教材要守住底线，做好小学阶段该做的事情。①

基础的第一层意蕴是全面。苏教版教材主编张庆先生主张小学语文应念好"七字诀"：识（字）、写（字）、读（书）、背（诵）、（习）作、说（口语交际）、习（良好的学习习惯）。七件事朴素地诠释了小学语文教学的基础内涵。基础的第二层意蕴是坚实。上述的基础工程是唯有小学阶段才能做得好，比如写好字、读好书、养成良好的学习习惯等，这些都是一个人语文素养的重要标志，如果小学阶段不做或做不好，不仅往后的学习受影响，而且几乎无法弥补。基础不牢，大厦不稳。因此，我们的语文教材应将这些方面的训练一以贯之，持之以恒。基础的第三层意蕴是粗放。既为基础，就不必过于追求精致。基础是大厦的根基而非大厦本身，基础的粗放是为孩子的发展提供可能，而不是过早束缚孩子的创造力与想象力。我们常说中国孩子比美国孩子基础扎实，但又不得不承认美国孩子多有创新。这恰恰是由于我们的基础多是以死记硬

---

① 本部分对于"基础"的解读参考了杨启亮先生在《基础教育改造中几个基础性问题的解释》一文中的相关阐述，载《当代教育科学》2003 年第 7 期。

背、机械训练而得到的死的知识。① 这种知识过早、过精细地束缚了孩子的思维，使他们失去了反思批判的能力与独立思考的精神。因此，语文教材的基础意识还要求教材的编写要有所为，有所不为。为孩子打下具有活力与创新力的基础，而不是死板的无机物。

4. 开放意识

教材的开放意识，是指教材要为孩子提供的是一个语文学习的广阔天地。这一广阔天地的打开需要突破诸多的条条框框，比如重课内轻课外、重应试轻实践、重知识轻能力等，这些藩篱使得语文脱离生活，变得枯燥乏味，孩子学起来苦不堪言。

在"大语文观"的视野中，我们主张教材的开放意识大致有三层意蕴：第一，语文教材需要向课外延伸。比如它需要向孩子的课外阅读开放，不仅需要引导孩子阅读整本的书，还需要在读书的质量上有所提高；第二，语文教材要向生活开放。最为直接的体现是教材对应用文体的选择。语文课程需要让孩子具有一个未来公民的基本生活能力，如发出自己声音、讲述自己的故事、维护自己的权益等；第三，语文教材还要让孩子的人生向世界开放，向未来开放，让他们可以随时去迎接时代的冲击与挑战。比如对于信息社会、网络时代、多元文化等时代性、前瞻性、国际性的问题，语文教材都要积极应对。

从以上的讨论不难看出，编写教材不易！这四个价值取向，实在都是两难命题，就国家意志而言，不能泛政治化，也不能去中国化；就文化使命而言，不能抱残守缺，也不能全盘西化；就儿童视角而言，不能一味迁就，也不能盲目拔高；就基础而言，不宜精雕细刻，也不能粗制滥造。可以说这是教材编写的共性问题，但个性化的解答就形成了每

---

① 吴永军：《我们究竟需要什么样的基础——新课程理念下创新之基础新探》，《课程·教材·教法》2006 年第 5 期。

套教材的自身特色。

（二）教材的特色追求

民族化、现代化、简约化是苏教版教材孜孜以求的目标，也是在实践过程中形成的基本特色。

1. 民族化

任何一个民族的语言，都不仅仅是一种交流的工具，更是这个民族文化的重要组成。因为它与人的思维密不可分，"语言产生自人类的某种内在需要，而不仅仅是出自人类维持共同交往的外部需要"，它发生的真正原因"在于人类的本性之中"。① 正是在这个意义上，张志公先生说，语文是个民族性很强的学科。② 这不仅受一个民族语言文字特点的制约，而且还受这个民族文化传统以及心理特点的影响。语文课程是基础教育各门课程中民族性最强的。

苏教版教材民族化的追求着意体现在两个方面：一是让语文教材体现民族文化和民族精神。中华民族的生生不息与进步，有赖于我们伟大的民族精神、传统美德，有了这些，我们的民族才能在人类进步和社会变革中站稳脚跟，才能不断提升民族的综合实力。我们民族的价值观最基本的部分是包括爱国在内的中华传统美德。如仁爱孝悌、谦和好礼、诚信知报、精忠爱国、克己奉公、修己慎独、见利思义、勤俭廉正、笃实宽厚、勇毅力行等。③ 这些需要语文教材不遗余力地继承与弘扬。二是融会与吸纳传统语文教育的宝贵经验。随着汉字的简化、白话文的普

---

① ［德］威廉·冯·洪堡特：《论人类语言结构的差异及其对人类精神发展的影响》，姚小平译，商务印书馆 1999 年版，第 25—36 页。

② 张志公：《语文学科的现代化问题》，载《张志公语文教育论集》，人民教育出版社 1994 年版，第 214 页。

③ 张岱年、方克立：《中国文化概论》，北京师范大学出版社 1995 年版，第 281—290 页。

及、普通话的推广，今日之语文教育已经跃出了传统语文教育的思维框架。白话文在演变的过程中，不断吸收各种语言成分，包括文言文、方言、西语，甚至当下的网络语言，已经深深扎根于人们的日常生活，并且显示出强大的生命力。但是作为一个民族的母语，其本身的内在特征并没有本质的变化，依然具有鲜明的民族特征，比如灵活性、文化性、抒情性。而对于千百年所积累的语文教育经验，如重视识字写字，强调熟读、精思、博览，重感悟、积累、迁移等，更是历经岁月变迁而不衰。此外，汉语学习也赋予我们民族的思维方式，如整合的思维、折中的哲学、形象思维与顿悟的运用等。[1] 这一切理应很好地融入语文教材之中，指导我们的语文教学。

2. 现代化

邓小平同志提出，教育要面向现代化，面向世界，面向未来。语文课程现代化正是人类现代化尤其是文化现代化总体进程的组成部分。因此，小学语文教材应当主动适应新时期的需要，积极传递现代科技和世界文明建设的重要信息，与时俱进，致力于培养具有创新精神的一代新人。

一方面，语文教材要有反映时代风貌的"时文"。如有重大影响的新人新事，现代科技的新发明、新创造，以及一些当代的重大事件，这些时文镌刻着一个时代的印记，跳动着时代的脉搏。另一方面，教材内容的现代化更在于注入现代意识。教材的现代意识并不是简单通过时文来反映，我们认为，更为重要的是现代人的思想和理念，有了这种现代精神，便可以激活很多非现代的文本，从而古为今用、洋为中用。比如苏教版教材着重渗透尊重知识、尊重人才，强调合作与竞争，融入时代的生命观、价值观，并重视口语交际和搜集处理信息的能力培养等，而

---

[1] 详见崔峦：《我国小学语文教材编制的研究》，载洪宗礼等编：《母语教材研究》第九卷，江苏教育出版社 2007 年版。

诸如资源意识、环境保护意识、国防意识以及创新精神更是苏教版教材一贯的追求。

3. 简约化

吕叔湘先生说过，语文教学要轻装上阵，负担过重是导致老大难的重要原因。教材也是一样，必须删繁就简，返璞归真。苏教版教材强调基础性，运用"减法思维"，主张剪枝强干，简化头绪。语文学科的多种教育因素都蕴含在语文学习与实践过程之中，因而，必须把握住其中最根本最重要的部分，必须引导学生学语文、用语文，全面提高语文素养，前文所述的"七字诀"便是我们关注的主要目标。此为目标简；目标的集中决定内容的简约，小语教材的基础性要求它必须遵循最基本的规律，苏教版教材坚持"小语姓小"，注重抓好启蒙阶段的"保底工程"，排查知识序列，分散难点，降低起点，让学生练好童子功。此为内容简；语文学习最大的特征就是整体性与综合性，培养学生的语言能力的主要方法和根本途径不是分析讲解，而是朗读背诵、感悟体验、整体把握，即"熟读精思，虚心涵泳，切己体察"。因此，苏教版教材十二册都把朗读背诵放在最突出的位置，尤其是低年级，除了写字、朗读、背诵这些基础工程之外，很少有其他的花样。此为方法简。

综上所述，民族化是母语课程的灵魂，但是民族化只有放到现代化的历史坐标中，才能具有现实意义。同时，我们还要抓住根本，致力于科学化的实践，促使语文课程的目标、内容、方式都符合本民族学习掌握语言的规律。而这本身也是民族化的一种依归。

（三）教材的创新与突破

苏教版教材的突破与创新主要体现在以下四个方面。

1. 坚持编选结合的选文思路

课文是教材的主体，高质量的课文是优秀教材的最重要的条件。

苏教版教材选文的基本思路是"编选结合",即创编和遴选相结合。创编类课文包括原创课文与有所依据的改写篇目,这类课文体现了编者的匠心,名家名篇类课文的选入体现的是编者的眼光。两类课文,苏教版教材分别占了选文总量的 52.38% 和 47.62%。在整套教材的架构上,中低年级以创编类课文为主,高年级则选入了较多的名家名篇。总体上二者相互补充,相互支撑。

(1)追求高质量、高品位的文本

苏教版小语教材编选课文首先要求的是高质量、高品位的文本,即所谓"名家的手笔",也就是说作者并非必须是名家,但是文本语言当质量过硬,因此,我们在编选课文时一直不唯也不拒名家名篇。同时注意从课程的角度、教学的角度、学生的角度加以充分审视。①

(2)重视编者的发现与创造

重视首选(即首次将该文选入小学语文教材)就是强调编者的发现。苏教版教材坚持"人无我有,人有我新"的选文原则,我们选入的名家名篇占选文总量的 47.62%,而其中,有 76.97% 是首选篇目。重视首选,才能在教材的整体风格上形成属于自己的基调。

为儿童量身定做,尤其是原创篇目则是编者的创造。我们为孩子的语文学习有所依据地创编了一系列的课文。除了"词串识字""诗词故事"之外,还编写了一组指导语文学习的知识性短文《学会查"无字词典"》《养成读报的好习惯》《读书要有选择》等。

(3)强调合理的文化构成

语文教科书的文化构成,潜移默化地影响着学生对生活、社会的理解,影响着学生价值观的形成。苏教版教材在民族优秀文化、他民族

---

① 李亮:《谈教材选文的修改问题——一种基于课程与教学立场的思考》,载《江苏教育》2010 年第 10 期。

的文化精华以及古今中外的文化结构上，有着整体的考量。比如，爱国是中华民族的传统美德，一直被作为小学生最基本的道德要求之一，这在教材中约占 19.01%，而诸如仁爱、亲孝、谦虚、勤俭、助人等传统美德的篇目则超过 25%。我们同时注意吸收各民族的优秀文化，如《草原的早晨》《草原》反映蒙古族的日常生活与蒙汉情深；《拉萨的天空》《菩萨兵》展现藏族地区的景色特点以及红军与藏胞的深厚情谊；《欢乐的泼水节》则带来了傣族同胞的欢乐与喜庆等。在世界各国文化的选取上，涉及 4 大洲（亚洲、非洲、欧洲、北美洲），共 14 个国家。在时间维度上，我们则注意在古代、近现代及革命战争年代选取名人轶事，以多元文化丰富孩子的精神世界。①

（4）文体的多样化

除了前文所述的应用文，苏教版还为孩子创编了小议论文、剧本、说明文等应用型文体，尽管儿童文学或文学作品在语文教材中的作用巨大，但从工具性与实践性的角度来说，丰富多样的文体可以给孩子呈现更加完整的语文世界，也更有助于培养他们健全的语文素养。

2. 探索合乎规律的实践策略

秉承语文学习与语文教育的规律是语文课程科学化的题中之义，语文教材则需要遵循、体现这样的规律，并力求给教师以一定的方向性指引，以处理好教学中的诸种问题，比如忽视了不该忽视的基础，肢解了完整意境的文本，割裂了习作与生活的纽带等，对于这些问题，语文教材固然不能包打天下，但应当有自己的应对。

（1）拼音教学情景化、趣味化

对初入学的儿童来说，汉语拼音是他们学习道路上要跨越的第一个障碍。苏教版教材针对这一难点，创造性地设计了"情境图"和"语

---

① 朱家珑：《小学语文教科书文化价值的取向与构成》，《语文建设》2008 年第 11 期。

境歌",把拼音置于一定的情境和与其相应的语境歌之中,让每个字母都非常巧妙地出现在可视可感的情境之中,从而拉近了汉语拼音和学生生活的距离。比如一年级上册第 3 课的 b p m f,其情境图是:假日里,大家爬上山坡(p)看大佛(f),一位小朋友要用手去摸(m)大佛,于是爸爸告诉他,喇叭里正广播(b),大佛是文物,不能用手摸。借助这一情境图,不仅引出要学习的四个声母,还把拼音字母的学习寓于故事之中,化难为易,寓学于乐。在"情境图"的基础上,教材还辅以相应的语境歌:爸爸带我爬山坡(p),爬上山坡看大佛(f),大喇叭里正广播(b),爱护大佛不要摸(m)。这样,通过语境歌押韵合辙、节奏感强、朗朗上口的特点,既激发儿童的学习兴趣,又使所学的四个声母回归到具体的语言环境中,同时将爱护文物的教育渗透其中,一举数得。

(2)识字教材融合多种识字方法,继承中创新

苏教版教材集多种识字方式于一体,在汲取传统识字教学精华、学习国内识字教学成功经验、遵循儿童识字规律及汉字构造规律等方面做出了有益的探索。其中的"词串识字"则是成功的典型。

词串识字是对我国传统识字教学经验的继承与创新。它是围绕某一个中心构建的"词语韵文模块",它们联系紧密、语义相关、形式整齐、押韵合辙,具有整体性、形象性和可读性,一般包括韵语和情境图。如二年级上册《识字6》:"骏马 秋风 塞北 / 杏花 春雨 江南 / 椰树 骄阳 海岛 / 牦牛 冰雪 高原",学生看到插图,就会凭借自己已有的知识经验,展开想象,激活头脑中的相关意象,使已有的图像、语音、语义和将要认识的生字挂起钩来,从而在诵读词串的过程中学会生字。这种识字方式具有丰富的教育内涵,不仅有助于学生轻松识字,而且具有认知功能、审美功能和前阅读能力的培养价值。此外,"看图会意识字"则精选形义联系紧密的象形、会意、指事字,用生动

的图画显示字理，渗透汉字文化，为学生创设音、形、义、象一体的外部形式，同时提供具有相关语境的韵文。而"转转盘识字"利用形声字的构字规律，以字、词、韵文有机结合的形式呈现。它们共同构建了一个兼容并包、优势互补、相得益彰的识字教学体系。

（3）重视学习习惯培养，构建了独立而有序"习惯篇"

苏教版教材把良好学习习惯的培养直接纳入教材。在每册教材的"习惯篇"，编排了3至5页的彩图，形象直观地为学生展示了多种良好的学习习惯，较好地贯彻了"课标"关于"养成语文学习的自信心和良好习惯"的要求。纵观整套教材，习惯培养的内容从课内学习到课外实践、从识字到写字、从读书到开展语文实践活动、从观察事物到写日记等近30个项目，涉及语文学习的方方面面。

苏教版在"习惯篇"的编排序列上遵循了学生的身心发展规律，体现了"课标"的年段要求。第一学段培养的主要是常规性习惯，注重兴趣与态度的养成，如"正确的读写姿势""主动识字"等。第二学段的习惯培养则侧重于学生语文学习方法的指导，如"读书有选择""留心观察事物"等。如果说前两个学段侧重的是小学生外显性行为习惯的培养，那么，第三学段则把培养重点放在了内隐性思维习惯上，如"读书做笔记、随时使用工具书""自主修改作文"等。

（4）视"写字"为小学生的标志性语文能力

苏教版教材为了让教师与学生重视写字，并且行之有法，汲取了现代科研与传统教学的精华，构建了一套科学有效的练习方法。第一，以字帖的形式，标明了小学阶段写字练习的要求和标准；第二，通过大量的练习暗示写字教学应当遵循的基本程序。教材无论是课后习题还是单元练习，几乎全部设置了写字训练，描红仿影、临帖抄写。从一年级上册开始，教材还对所有生字的笔顺逐一展示，体现了由扶到放的编写思路；第三，教材以图片的方式提醒学生要重视良好写字习惯的养成。①

(5) 习作教学由扶到放，长短结合

苏教版为切实提高习作训练实效，将作文训练设计为独立的教学板块，使之成为与阅读训练并峙的一根"柱子"，同时将其定位在"小"上，以突显"习"字。表现在：①强调"我手写我口、我手写我心"。教材重视培养学生的习作兴趣和自信心，引导学生写自己想写的事，说自己想说的话。在此基础上再要求学生把话说明白，把句子写通顺。②重视由"仿"到"创"。儿童作文，需要经历一个由扶到放的过程。因此，中年级的习作大都安排了"例文"。"例文"多来自小学生，用的是孩子的语气，写的是孩子的生活，抒发的是孩子的感情，且篇幅短小、格调清新，使学生读了备感亲切。而到了高年级，学生的习作逐渐由"仿"到"创"，一般就不再呈现例文。③注意"读写结合"。巧妙地采取了"长短结合"的编写策略。即一方面要致力于长期积累，不急于求成，以单元设计习作内容为长线安排，另一方面也因"课"制宜，在相关课文的课后练习中设计一些模仿迁移性的小练笔训练。"长线"贯穿始终，"短线"相机渗透。

3. 建构便教利学的练习系统

练习系统包括课后练习与单元练习两部分。就课后练习而言，如前文述，它的便教利学主要体现在两个方面：一是目标集中，削枝强干。即我们的课后练习拒绝繁琐的训练，抓住主要目标，集中精力打基础，如读书、背诵、写字等；二是对于这些基础的核心的训练持之以恒，小学六年一以贯之。

单元综合练习意在通过各种形式的练习，复习巩固所学知识，拓展运用书本知识，全方位提高语文能力。苏教版单元练习的设计编排既

① 朱家珑、高万同：《小学语文新视角》，江苏教育出版社 2004 年版，第 154—160 页。

自成体系，又与本单元所学课文有一定的联系。每篇单元练习大体包括"学用字词句""读读背背""口语交际""综合性学习"等几个板块。"学用字词句"将小学阶段的语文基础知识穿插其中，不再是过去的组词、填空一类的机械练习，而是注重综合性和实践性，激发孩子的学习兴趣。"读读背背"的安排意在丰富学生的积累，增强学生的文化底蕴，主要包括：一是熟记成语，将成语按照一定的内在联系编写为成语歌，让学生记诵；二是积累典型的语言材料，如格言警句、古今诗文、谚语对联、知识小品等。"口语交际"则强调交际活动的情境性和互动性，关注语文与生活的融合，选取了大量贴近生活的话题。"综合性学习"的设置，突出了语文知识的综合运用、听说读写能力的整体发展、语文与其他学科的沟通、书本与实践活动的紧密结合，让学生在具体的生活情境中获得生动活泼、丰富有趣的语言实践。

4.追寻高品质的审美境界

教材的美不是仅仅指一种视觉效果（当然也包含在内），而是一种整体的、由精神实质到外在形式的全方位的美感，这种美感在潜移默化中传递给孩子，也在不经意之间提升学生的审美能力。

苏教版教材强调"亲切、质朴、大气"的语言风格，我们相信，有亲切感的语言才能贴近孩子的生活世界，质朴的语言往往才真正经得起时间和历史的检验，而亲切而质朴的文字必然给人以大气之美感；苏教版教材重视教材的插图和装帧设计，把插图视为课文的有机组成部分，力求让打开的文本洋溢着书卷气，饱含着童真童趣，也充满着艺术之美；苏教版教材还注重人文关怀，主编们始终坚持教材的字号"要尽可能大一些"，这是基于保护孩子视力及身心发展的考虑。孩子的健康成长是一个民族明日之希望，也是教育者的良心。为了将美好的语文世界献给孩子，我们一直在努力！

二

今后，教材建设将何去何从？苏教版教材将如何修改、完善和发展？

在前文阐述"价值取向"时笔者曾提出，教材的编写需要面对诸多两难的选择，如何选择显然不是一个简单的，或者说有着终结性答案的问题，它一定是一个开放的、不断需要创新思路的问题。我以为，思考和研究以下几个二律背反的概念也许具有某种启示意义。

（一）变与不变

"唯一永恒的事物是变化。这一悖论正是对于20世纪时代思想——不论是在哲学领域、科学领域还是美学领域——的确切而真实的写照。"① 教材编写亦然。教材需要不断地改变。这种改变的动因大致来自两个方面：一是外界的推动（外因），比如时代的要求，一个时代的教材必定是这个时代的产物，时代在前进，教材不能故步自封，否则必定被淘汰；二是自我的否定（内因），教材的编写必须是一个开放的系统，而不是作茧自缚，单向度的维护无益于教材的发展，因此，教材的建设必须是肯定与否定、赞扬与批判、建构与解构的双向过程。

但是，变化中我们又必须坚持一些规律性的东西（不变）。比如教材要符合孩子学习语文的规律、符合身心发展的特点、符合语文教育的规律等，这些规律本身也许在不断演进，但符合规律的要求却一如既

---

① 杨启亮：《困惑与抉择——20世纪的新教学论》，山东教育出版社1996年版，第3页。

往，不可动摇。这就是《易经》中的智慧"变通"与"趣时"，即一方面"变"是不可避免的，天地万物以阴阳之道生生不息，变化无穷；另一方面变化又是有规律可循的，因此仅仅变是不够的，还需要"变通"，即要顺应事物发展变化的规律，机警灵活，不拘常规地运用规律，使自己永远处于一种恰当有利的位置，正所谓"变通者，趣时者也。"其根本精神就在于追求一种既适应时代发展趋势，又适得事理之宜的理想境界。[①] 因此，教材的建设只有守住传统母语教育的优势，守住自身的特点，同时敢于否定、超越自己，才能与时俱进。

（二）加法与减法

教材的编写可以说是一种加法运算，它需要将各种元素融合构建成一个系统（当然不是各要素的简单叠加）。比如从文化构成角度看，古今中外的文化都需要；从教材系统的角度看，课文系统、导学 / 助学系统、插图系统缺一不可，还有古代的、现当代的文学作品等，无一不在语文教材编写的视野内。

但是，仅仅做加法还不够，有时往往还有害。当今的教育领域充斥着"落后恐惧症"，什么都唯恐落后，也就什么都提前，"提前识字热""国学经典热"，不管孩子愿不愿意，内容适不适合，就简单粗暴地添加到小学语文中来。这种急功近利是成人社会的"利他性退场，利己性走向极端"，导致了家长、教师甚至整个成人社会形成了"逼迫"儿童学习的场域。[②] 对此，我们认为教材的编写还需要冷静地做减法，尽量为孩子减少不必要的负担，孩子为什么要在一二年级就掌握 3000 个常用字？为什么要在小学语文中钻研诸多文言文？相比之下，我们似乎

---

① 程钺：《〈易经〉之智：变通·趣时·知几》，《光明日报》2010 年 3 月 29 日。
② 吴康宁：《谁是"迫害者"——儿童"受逼"学习的成因追询》，《教育研究与实验》2002 年第 4 期。

更应该还给孩子一个童年，一个自然的教育生态："我，坐在斜阳浅照的石阶上，望着这个眼睛清亮的小孩专心地做一件事；是的，我愿意等上一辈子的时间，让他从从容容地把这个蝴蝶结扎好，用他五岁的手指，孩子慢慢来，慢慢来"（语出龙应台《孩子你慢慢来》）。

教育，是慢的艺术，尤其是小学语文教育，它更像是农业文明，而不是工业文明。因此，语文教材应当削枝强干，简化头绪，加强整合，处理好加与减的关系。

（三）有为与无为

教材编写必须有所作为。比如选文必须有所编创而不能全部"文选"，需要建构起合适的单元组合、练习系统等，让各要素整合成一个协同作用的整体。但是，教材又不能越俎代庖，不可一心"有为"，事事都为，还需要"无为"。这是一对古老的命题，老子说，"圣人处无为之事，行不言之教。"这是一种警醒，我们必须看到多为、过为、急为、盲目为、愚蠢为的害处，即在有所为的同时还必须有所不为，以求达到"为无为，则无不治"的境地。

因此，虽然教材需要从孩子的学习出发，甚至要向学材转化，但是，它毕竟不同于完全自学意义上的材料，课堂教学过程也完全不同于教育心理学中的程序教学，所以，导学/助学系统的建构，并不是越多越好，越全越好，越复杂越好，越具有"可操作性"越好，因为愈是这样，教师的创造性就愈容易被抹杀，这还是其一。其二，这种过度的"有为"也不利于孩子的学习，毕竟教科书的编写只能是面向儿童群体的抽象，真正了解一时一地孩子的只能是教师本人，隐没了教师创造力的教学一定不是好的教学。因此，教材的有所不为是为了教师的多有所为、有所新为，这种留白是一种具有教学艺术的张力结构。如果说教材的有为体现出了教育的科学性，那么，教材的有所不为，就体现了教育的艺术性。

基于以上几点的考虑，我们认为苏教版小语教材在未来的发展中还需要不断有所突破，大致有这样三个方面：一是总结规律，开门编书。教材编写需要总结自己的经验与特点，找到正确的方向，明确要坚持什么、改造什么。同时需要有开放的心态，认真地"东张西望"，去学习人家的长处，注意倾听基层老师们的意见，也要蹲下来听听孩子的意见，尤其是新修订的课文，更要广开言路，不断提高质量。二是要树立更高的标杆。已有的成绩只是点滴，不可满足于"不错"或者"很好"，应该以"更高质量、更具特色、更受欢迎、更大贡献"来要求自己。更高质量，总体上使我们的教材质量上一个台阶；更具特色，原来的特色不仅没有消失，而且要强化，要有新的发展；更受欢迎，即受到小学生、广大老师包括家长的欢迎，同时也要为中国的母语教育做出更大贡献。三是坚守基础，加强应用性。基础性是小学语文的角色定位，基础包含了很多东西，其中就有应用性。在语文的实践活动、实践能力培养方面，教材还可以做些思考，在应用性上继续加强。

三

十年磨一剑！苏教版小语教材从启动编写至今已跨过了快二十个年头，冷暖自知，甘苦自知，损益自知。改革开放三十多年来，我国正经历着一场史无前例的全面深刻的社会转型。转型期的社会发展"具有一种模糊性和弥散性"，"许多事物都是在不断探索中逐渐清晰起来的，可以说不确定性大于确定性。"① 在这样的背景中，语文教材的多样发展

---

① 郑金洲：《多元文化激荡中的教育变革》，《学术月刊》2005 年第 10 期。

无疑为语文教育改革提供了有利于发展的现实基础。世界的本质是多而不是一，多元共生正是发展的活力之源。在一纲多本的大环境下，在各版本教材努力提高自身品质、铸造自身特色的前提下，语文教育也必将迎来崭新的春天！

附录四　我们要选择怎样的教材内容

——兼谈苏教版小学《语文》教材的新一轮修订

新世纪初，国家启动了新一轮课程改革，历经十年，语文教材也在百花齐放中获得了丰富与发展。《义务教育语文课程标准（2011年版）》颁布以后，各版本语文教材都展开了修订工作。这种修订既包含对既有内容的继承，也定然会出现各种视角的创新与尝试。在这样的关口，思考教材内容的选择问题，有助于明确教材未来的发展方向。

笔者参与了苏教版小学语文教材的修订工作，在本次修订之后，教材也逐步呈现出一些新气象，新面貌。

修订教材各版块的基本内容及变化

一、学习习惯

苏教版小语教材历来重视培养学生良好的语文学习习惯。为了更好地贯彻"课标"提出的"初步掌握学习语文的基本方法，养成良好的学习习惯"要求，本次修订在教材开篇保留了"培养良好的学习习惯"板块（以下简称"习惯篇"），但对内容作了提炼，版面作了更新。

修订后的"习惯篇"具体包括：保持正确的读写姿势、认真写字、善于倾听乐于表达、爱惜学习用品、勤于朗读背诵、乐于课外阅读、勤查字典、主动识字、写好钢笔字、认真完成作业、自主预习复习、读书有选择、读书做记号、坚持写日记、爱护图书、自主修改习作、多种渠道学语文、在实践中运用语文等。这些主题的选取，主要依据"课标"的学段教学目标与要求，努力体现修订版"课标"所重点强调的教学新理念，比如"重视书写""强调读书""突出自主""关注实践"等。全套教材"习惯篇"力求自成体系，既聚焦语文学科又循序渐进，并与学生日常语文学习有机融合。

二、汉语拼音

汉语拼音的修订延续了原有编写框架，但在情境和语境的整体设计上有所加强，以通过情境和语境的创设增强学生学习汉语拼音的兴趣，降低学习难度。

本次修订，继续沿用"双线并进"的策略，即学拼音和学认字交叉进行，既有效缓解学期初学习拼音的单调，又有利于促进汉语拼音学习与识字教学的有机融合，凸显汉语拼音的辅助识字功能。"认一认"是穿插在拼音教学中的识字版块，原教材的"认一认"，仅限于看图识字形式，如给"父、母、儿、女"等字分别配上相应的图画。修订后的教材更加注重整体性与文化性，对这类识字作了情景化、整体化的设计，如为"父、母、儿、女"四个字绘制了一幅牛郎携儿女与织女鹊桥相会的配图，不仅体现了汉字代表的人物和关系，使之组成一个整体的故事情境，还渗透了中华民族传统文化的因素；又如用一幅站台上乘客排队有序上下公共汽车的画面，将"上下来去、坐立行走"整体呈现出来，这样不仅清楚地表明八个字相应的动作，还渗透了对公共秩序与社会文明的教育。

三、识字写字

识字写字的编排延续了原教材"多认少写"的编写思路,并依照"课标"适当降低要求,低年级将要求会写的生字由 980 个减少到 807 个,但"会认"的生字则从 1525 个调整为 1562 个,在减轻写字负担的同时,适当提高"会认"的生字数量。中高年级也作了相应调整。

在具体编排上,此次修订依照"课标"的"识字、写字教学基本字表",力求将 300 个基本字全部编入低年级教材中。同时,4 册教材共安排的 1562 个生字都在"课标"的"义务教育语文课程常用字表"中。这种编排不仅降低了难度,也便于学生掌握汉字的构字规律,增强了识字科学性,提高了识字效率。

全套教材的识字教学系统采用"集中识字"与"随课文分散识字"两种方式安排,集中识字篇目已受到实验区师生广泛认同,尤其是"词串识字"更是师生喜闻乐见的一种识字教学方式。此次修订对"词串识字"的篇目作了更新,同时加强了字理识字,用字源识字配合韵文识字。除了已有的"看图会意识字""转转盘识字""形声字归类"以外,还新创编了"偏旁带字识字"等识字形式的篇目,增强了识字教材的趣味性、文化性,也凸显了汉字构字的规律。

此次修订更加重视写字教学,不仅保留了原教材课后练习和单元练习中的按笔顺描红练习,还在单元中编入"写字有方"的专项练习,用形象的插图和凝练的短句,揭示基本笔画与偏旁的书写规律。比如指导捺画的书写就编入了一幅滑梯的图片,配有提示语"小平台,滑滑梯,顿一顿,到平地",形象可感,便于理解。这里的提示语注重童趣又力求科学、准确,并与插图相配合,使学生更好地把握笔画、偏旁及汉字的书写规律。这部分的编写吸收了广大写字、书法特色学校,在长期写字书法教学实践中提炼总结的宝贵成果,以期提高教材的实践引领价值。

四、课文

修订后的教材课文，力求体现以下特点和思路：

体现国家意志。新入选的课文，着力增强维护国家主权、领土完整意识，体现社会主义核心价值观，加强爱国主义和革命传统教育，注重维护民族团结，努力弘扬中华优秀文化。

建构合理有序的课文系统。本次修订在课文篇目的安排上，着意打造几个有连续性的系列课文，形成有创意的课文架构。具体包括：一是"议论文"系列。如《珍惜自己》《滴水穿石的启示》《诚信无小事》《学与问》《学会合作》等。这类文章多为有所依据的编创，为学生量身定做。意在帮助学生提高语言表达能力，特别是用形象的语词、典型的事例表达思想、说明事理的能力。同时进行价值观的正确引导，将社会主义核心价值观合理地融入其中。二是"诗词故事"系列。如《每逢佳节倍思亲》《苏轼与西湖》《〈庐山真容》等。这次修订，延续了本套教材将古诗词故事编入课文的方式，并在原有基础上有所突破。例如，增加了两首诗对比阅读、赏析的课文。这样编写，意在改变传统的将古诗词孤零零植入教材的单一表现形式，为古诗词教学提供了更多的视角和"脚手架"。三是"学语文、用语文"课文系列。三至六年级教材中，安排了两类自读课文，其中一类就是引导学生学语文、用语文的系列课文。如《学会查"无字词典"》《煮书》《春联》《读书莫放"拦路虎"》等。这类课文有的是介绍名家读书的方法，（如钱伟长讲"我的读书方法"，季羡林谈"藏书与读书"）有的是指导学生如何读书，倡导既读文字的书，又读生活的书，引导学生掌握正确的语文学习方法。四是"古今贤文"系列。编写组从中国传统文化宝库中，搜寻各种具有现实价值的古今名言警句，按主题组合成"古今贤文"（类似"增广贤文"）系列。其主题包括爱国、立志、诚信、友善、节约、合作、环保等等。这些安排，旨在一方面让学生感受"古今贤文"所富含的中华优秀传统文化，另一方面也让学生学习一些独特的语言形式。

坚持"编选结合"的选文机制。一方面以儿童为本位，密切联系儿童经验世界和想象世界，依据儿童的发展规律和语文教学的实际需要，着力为儿童量身订做了一批语言规范、平实的课文；另一方面致力于从现当代作家作品中精选、改编一批高品位的课文。在安排上，第二学段注重有所依据地创编，第三学段适当增加现当代作家作品，让"名家名篇"占有一定比重，并重视"首选"。

五、习作

本次修订，依据"课标"倡导的习作教学要"减少束缚、解放心灵"的主张，对习作教材作了较大幅度的调整与改进。调整后的习作教材，体系更加完备，思路更加清晰，目标更加适切，主题更加开放、鲜活，习作指导也更加简洁而易于操作。

在具体安排上，第二学段采用读写结合、说写结合、活动（体验）作文等多种形式，着力培养学生的习作兴趣。每单元的习作与该单元课文及主题情境有机联系，话题贴近学生的需要和生活经验，以伙伴（学生）例文引发表达欲望，并从选材、构思、加工等环节给予必要的习作提示，让学生易于动笔，乐于表达。第三学段习作话题在第二学段的基础上进一步拓宽，强调创设真实的习作交往情境，让学生在自我表达和与人交流中增强习作的自信心。注重习作的过程设计，以"做后写""忆后写""看后写""尝后写""访后写""研后写"等多种形式启迪思路，适时给予过程与方法指导。

修订后的习作部分，主要有以下特点：第一，读写结合、说写结合。整套教材的设计中，习作（写话）、阅读和口语交际按其各自的系统序列，通过组元整合于单元情境中，形成有机的言语实践设计，从而使听说读写诸能力相辅相成、协同发展。第二，例文引路。在习作起步阶段，教材设计了例文引路，以伙伴（学生）例文引发学生表达欲望，开拓思路，将范例引导与观察、选材指导相结合。到高年级学生自主写作能力逐步提升后，例文逐渐减少，避免给学生形成框框，束缚学生的习作思维。第三，话题设计贴近生活。习作的话题设计，坚持以儿童为本位，内容贴近学生的生活，使学生有话可说，表达真实的生活和内心。从中年级到高年级，习作话题由学生身边的人事、景物向广阔世界逐步开放延展。每册的话题组合中，按照对现实生活的记叙、描摹，对客观世界的探究、发现，以及对想象世界的展现等方面内容，均衡分布，分层推进。第四，重视交往情境的创设。习作的情境设计，与单元课文内容及主题巧妙契合，并充分调动学生的生活经验和交往需要，让学生在明确"为什么写""为谁写"后再动笔，写好后读给他人听听，再根据他人的反应和意见进行修改。第五，重视写作过程的指导。在习作指导环节，通过活动、体验、比较、发现等多种途径，对观察、选材、构思、修改、拟题等方面，设计了有梯度的过程指导。

六、练习

练习设计分为课后练习及单元练习两部分。

课后练习。本次修订在课后练习的设计上，秉持"削枝强干、突出重点"的理念，按练习指向分为"临红描写""积累运用""理解表达"三个部分。"描红临写"，指向本课的生字。旨在通过适量的练习，使学生更好地认读生字，并能规范、端正、整洁地书写生字。"积累运用"，指向本课的词句。旨在通过词语归类、体会关键词句的意思、遣词造句等练习形式，培养学生积累和运用词句的能力。"理解表达"，主要指向课文的篇章。旨在通过一定的读写训练，培养学生的理解和表达能力。第二学段着重引导学生初步把握文章主要内容，体会课文思想感情，关心课文中人物的命运和喜怒哀乐；第三学段着重通过语言文字，品味课文的深层意涵，并初步了解文章的表达顺序，领悟文章的基本表达方法。

单元练习。单元练习延续原有设计理念，不搞繁琐的练习，注重在"综合"与"实践"上着力，意在引导学生在读写实践中，学习语言文字的运用。主要包括"学和用"（即原教材"处处留心"和"语文与生活"）、读读背背、写字有方、学写应用文、口语交际等练习类型。"学和用"增补了新的内容，内在序列更为明晰。如第二学段将查字典词典的自主学习习惯、标点符号的运用、词语的综合运用形成系列，按由易到难的顺序逐步落实；第三学段，将与单元课文相联系的修辞手法、句子的表达效果、篇章结构的学习做了有序安排。"读读背背"主要安排了适量的"成语歌"和古诗词。成语歌是将相相关的成语分类编排，形成"语串"，合辙押韵、朗朗上口，便于记诵。并与单元主题形成一定的联系。古诗词安排了 23 首，连同课文中安排的 41 首，三至六年级共安排 64 首，全套教材共安排 85 首，在覆盖"课标"要求的 75首基础上略有提高。使教材古诗文比例显著增加。"写字有方"是对原教材"写好钢笔字"板块的优化升级。修订后的"写字有方"栏目，注重整体规划，强调书写练习的科学性、针对性，体现各学段之间的连续性、渐进性。在一二年级安排笔画和偏旁书写的基础上，三至六年级的"写字有方"安排的内容依次为：三年级安排常见结构 16 次（如左右结构、上下结构、包围结构），四年级安排汉字结字规律 14 次（如穿插、避让、收放等），五年级安排难写字指导 14 次（如母、我、风等），六年级安排书写提速 7 次（如连带、减省等），行款布局 7 次（如疏密有致、首字领篇等）。

"口语交际"也对原有话题设定的语境做了改进，原话题中反面例子均改为正面例子，强调积极正面的引导。新增话题围绕学生生活，兼顾校园、家庭、社会诸多方面，强化语境感与交互性，注重话题的交际互动功能，让学生在课堂上可以讨论、交流，练习说话，并能顺利应用到实际的生活中去。修订后的"口语交际"，第二学段侧重倾听、理解、转述、讲述，第三学段侧重参与话题的讨论、辩论、演讲、发表见解等，整体安排力求更加合理，也更符合学生年段特征。

"学写应用文"是本次修订增加的练习内容，意在指导学生学写日常生活中常见的应用文，如学写"留言条""请假条""祝福语""感谢信""通知"等等。体现了语文与生活联系、在生活实践中运用、为现实生活服务的课程观念。

修订教材对原教材的突破与发展

本次教材修订，既延续了以往的总体特征，也依照当前对于教材建设的新要求、高要求，着力在以下几个方面有所突破与发展。

一、价值取向更加鲜明

今天的语文教材，应当有更加鲜明、集中的价值取向。一是要以社会主义核心价值观为主轴的教材价值体系。社会主义核心价值观是现阶段教材修订的重要依据，需努力从不同的角度，将它们相机渗透到语文教材之中。这种渗透既可以从已有的文本中精挑细选，比如选择用童话的形式去阐述友善、和谐的理念；用张海迪等名人的事例、观点引导学生理解"祖国"的涵义。教材还应当根据社会主义核心价值观的基本要义，创编一批选文，以反映祖国新时期的建设成就，或对"诚信"等价值观进行说明性的介绍，便于孩子接受。苏教版教材借鉴《增广贤文》的语言形式写的《古今贤文》系列，如"友善篇""诚信篇""爱国篇"等等。

二是增强国家主权和领土完整意识。未来的公民必然要面对一个崛起的中国同周边国家在主权和领土问题上的诸多纷争。所以即使在和平时期，也需要有非常鲜明的主权意识。当下，在面对复杂的钓鱼岛问题、南沙岛礁问题上，教材需要有明确的价值引导。因此，本次修订教材也特别增选了此篇目，以突显领土意识。

三是渗透民族团结教育。民族间的融合是国家安定发展的保障，作为多民族的国家，需要让孩子从小就有民族团结，各民族融为一体、共同发展的意识。所以教材应充分反映民族间的包容与交往，强化民族间的体认与共识。

四是强化革命传统教育。应对目前的国内国际形势，语文教材中的革命传统教育需要不断加强与发展。比如反映革命精神、革命伟人事迹、抗日英雄人物等。在选取这类课文的时候，苏教版特别注重革命传统教育与当今时代的契合，以期传达让革命精神的火种在新的历史时期薪火相传的美好诉求。

五是注意体现尚武精神，体现军旅文化。我们的教育太过于强调顺从，语文教材应强化尚武精神、军旅文化，这有助于民族精神的振奋与坚毅品质的养成。

二、文化气息更加浓厚

作为基础教育的母语教材，小学语文课本在文化启蒙、文化传播以及培养下一代民族文化认同、文化自信等方面，担负着神圣而不可替代的使命。教材修订过程中，我们加强了学习和研究，注重了教材的文化建构，力求让新教材的文化内涵和文化气韵都有所提升。

第一，注重母语文化的启蒙。汉字、汉语是民族文化的根，文化认同、文化自信首先是对祖国语言文字的认同与自信。新修订的教材有两个突出的目标指向：一是让学生热爱汉字，喜欢汉字的书写；二是让学生热爱母语，乐于阅读，乐于积累，乐于表达。

这次的教材修订特别重视汉字及汉字书写，教材很多地方都相机渗透了汉字起源、汉字演变、汉字的造字规律等汉字文化的内容。为了实现"让每一个孩子写好汉字"的目标，每篇课文的课后均安排了描红临写生字的练习，我们还聘请了国内一流的硬笔书法家书写生字范例。单元练习中安排的"写字有方"，也是专门组织书法家、书法教育专家精心设计而成。从汉字的结构、结体规律到复杂字的书写技巧，从单字的书写到成句成段书写的布局，从楷书到行楷，教材均有系统的考量。

如何选择和呈现语言材料？如何面对母语中的传统文化经典？这是教材编写绕不开的问题。对此，教材做了如下尝试：第一，加强古诗词教学。古诗词是最适合小学生学习的母语文化经典。修订后的教材共安排古诗词85首，在覆盖"课标"要求的75首古诗词的基础上略有增加。呈现方式尽可能多样化。有以"古诗（词）二首"图文合一直接呈现的，有以诗词故事、诗词赏析样式出现的，有在练习中"读读背背"的。呈现方式不同，教学要求也有所区别，以免学生学习负担过重。第二，继续编写"成语歌"。成语是汉语的精粹，也是中华文化的瑰宝。修订教材在单元练习中继续安排"成语歌"，供学生记诵积累。如四上练习7的"初出茅庐　才华横溢／料事如神　胆大心细／鞠躬尽瘁　死而后已／独木难支　回天无力"这样的"成语歌"，将一组成语按类编排，诠释了诸葛亮的一生，与本单元课文《三顾茅庐》相呼应，并且读起来合仄押韵、朗朗上口。颇受师生欢迎。第三，尝试编写"古今贤文"。修订教材的中高年级每册安排一篇（二则），以自读课文的形式呈现，供学生读读背背，不要求作深入的分析讲解。比如四下《古今贤文

(友善篇)》："将心比心，以心换心。己所不欲，勿施于人。己善，亦乐人之善；己能，亦乐人之能。……"这些《古今贤文》收录的都是母语文化传统中沉淀下来的名言警句（名人名言、谚语、典故、谚语等），饱含了古往今来中我国劳动人民的生活智慧，一听就明白，一读就记住，细细思考又很有深意。

第二，传统文化精神的渗透。中华民族优秀传统文化的伟大，不仅在于她浩瀚的典籍，也不止在于她悠久的历史，更在于她的精神传承与思想创新。古代典籍、历史典故中记载的文化是有形的，而文化精神则是融会在有形之中的无形，是由无数仁人志士可歌可泣的事迹凝结而成的民族精神，也是活生生地存在于当下日常生活中的民族文化。

修订教材从历史人物切入，选取了一大批民族英雄、民族脊梁，介绍他们的生平，演绎他们的故事，让学生从故事中启智启德。比如孔子、司马迁、诸葛亮、苏轼、郑和、林则徐、詹天佑、郑成功、孙中山、毛泽东、邓小平、钱学森等等，他们的故事中所折射出来的品格，都已沉淀到我们民族的血液之中，对学生的影响深远。

新时期所倡导的传统价值观是新编教材的又一个切入点。比如课文《第一次抱母亲》从儿子对病中母亲的照料看母亲操持家庭的艰辛，《师恩难忘》中回忆感激自己的老师，《宋庆龄故居的樟树》以树喻人的品格高洁，等等。这次修订在这一方面也有所加强。这些课文可以看作是文化传统在现代生活中延续和发展，集中体现了中华民族和谐、孝顺、尊师重教、友善待人的精神风貌。

还有一些切入点，如经典的神话故事：《开天辟地》《普罗米修斯盗火》《九色鹿》《嫦娥奔月》《牛郎织女》，这其中是以中国语境的神话传说为主，兼顾多样文化中的精品。神话诞生于每个民族文化的童年期，小学生具有天然的亲近感，选取优秀的神话故事，是文化精神启蒙的必需。此外，还有一些课文体现了中国民间文化的风貌，它们文字隽永、内蕴丰厚，散发着浓郁的民族文化气息。

第三，传统与现代的结合。传统文化只有与现代社会生活相结合，才能焕发应有的生命力。因此，修订教材也编选了一些具有时代特点的，体现现代生活中必备文化素养的主题。如教育学生珍爱健康、懂得自我保护的《珍惜自己》，倡导尊重知识、尊重人才的《三顾茅庐》，倡导清廉为官的《公仪休拒收礼物》，倡导节约的《这不仅仅是个人修养》，倡导合作的《谈合作》，倡导诚信的《诚信无小事》，倡导奉献与服务的《志愿者之歌》《做一片美的叶子》，倡导勇于展示自己的《毛遂自荐的故事》，倡导寻求机遇抓住机遇的《金子》，鼓励保护环境的《走，我们去植树》，培养科学精神的《第一朵杏花》，人与自然与动物和谐相处的《珍珠鸟》《田园诗情》《沙漠中的绿洲》等等。

第四，用儿童的视角诠释文化。除了加强传统文化的分量，我们也力求更好地体现儿童文化。教材是为学生的语文学习服务的，需要尊重儿童的身心发展规律，关心儿童的文化世界。所以在编选课文时，非常注重符合儿童建构自身文化世界的需要。

比如用兔子、雪人和小鸟的童话故事，帮助学生理解"友善""和谐"的内涵；用种子和石头的相处，来体会"宽容"；用"小伞兵"和"小刺猬"种子传播的故事，来感受"友情"；用孩子乘车经过杭州湾跨海大桥的体验，来展现祖国的建设成就。

对自然科学的介绍注重童趣，用孩子喜闻乐见的方式，激发他们对自然、对科学的强烈好奇心与求知欲。比如《河狸建筑师》《地球的两顶"白帽子"》《溪流》《"兔子"的月球梦》等，在保障科学性的基础上，采用童话等方式，让文本富含童趣，让孩子喜欢读，越读越有兴趣。

三、坚守小学语文教材的基础性特征

小学阶段是儿童学习的起步阶段，教材应眼睛向下，起点放低，夯实基础，培植后劲。此次修订更加突出基础性，主要体现在几个方面：一是重视习惯。按照"课标"的相关要求，每册开篇编入 3 页习惯篇目，图文结合，自成序列。二是重视写字。课后的描红和仿影，单元练习的"写字有方"，为汉字书写实践提供充足的空间，坚守了小学语文的基础任务。三是重视积累。课后练习和单元练习都设计了词语、成语、句子的积累与运用练习。教材中还强化了古诗文、"古今贤文""成语歌"等体现中华优秀传统文化的内容，供学生积累记诵，凸显了教材的语文教育元素。四是重视读书。教材有课内课外相结合的取向。"作家卡片""名著便览"，以及综合练习中阅读引导，体现了教材"得法于课内，得益于课外"的开放、融合的教学理念。

四、强化语文综合性学习，突出语言文字的运用

本次修订无论课后练习还是单元综合练习，都非常突出语文学习的综合性与实践性，强调语文知识的综合运用、听说读写能力的整体发展、语文课程与其他课程的沟通、书本学习与生活实践的紧密结合，倡导自主、合作、探究的学习方式，在实践运用中培养学生的语文能力。

修订后的教材第二学段安排了"有趣的汉字""探究恐龙世界""说名道姓""身边的地名"等四次专题性学习，专题紧贴学生生活，内容有趣，探究性强；第三学段安排了"网络面面观""中华武术魂""戏剧与剧本""回首与展望"等专题，引导学生参与社会，参与主题活动，增强问题意识，并积极主动解决问题。

五、强化教材对教学的指导性，力求便教利学

本次教材的修订吸收了一线的成功教学经验，期望为语文课堂教学提供更好的抓手。以课后练习为例，原本简约的设计是针对当时繁琐分析与过度练习的弊端，但随着教学实践的日益调整，已经抛弃了诸多不宜的做法，因此有必要在课后提供更有利于教师引领学生学习课文的实践练习。词语的积累、拓展、运用、体会正是这一学段的重点，经过恰当的编排融入其中，可以帮助教师更好地理解文本，并进行有针对性的训练。单元练习也是如此，"写字有方"这一新编入的板块可以非常便利地帮助教师指导学生提高书写能力，相关提示语不仅来自于教学实践，也经过了书法家的指点与修正，力求精准，不说废话。如此修订，就是为了达到便教利学的效果。

六、注重教材审美品质的提升

本次修订注意在教材的版式设计、图片选用制作上很下功夫。我们继续请著名画家为教材绘制插图，与教材的意境贴合，有助于学生加深对课文的理解。教材继续邀请书法家为教材的生字书写范字，从一到五年级的正楷字到六年级的行楷字，都经过精心筛选和制作，力求规范美观，具有示范性。让学生一看就喜欢汉字，喜欢汉字书写。此外，由于开本增大了，所以，修订教材还放大了字号，以节省学生的目力，避免加重学生的阅读负担等。

此次修订，苏教版小学《语文》教材追求编写更高质量、更具特色、更受欢迎的教材，在价值引领、语言积累、言语实践、综合运用等方面做了更进一步的努力，以求更好地促进学生语文素养的发展。

参考文献

一、著作

曹明海：《本体与阐释：语文教育的文化建构观》，山东教育出版社 2011 年版。

陈丹青：《笑谈大先生》，广西师范大学出版社 2011 年版。

陈鼓应、白奚：《老子评传》，南京大学出版社 2001 年版。

陈鹤琴：《陈鹤琴全集》第 4 卷，江苏教育出版社 1991 年版。

辞海编辑委员会编：《辞海》，上海辞书出版社 1989 年版。

樊洪业、张久春编：《科学救国之梦：任鸿隽文存》，上海科技教育出版社 2002 年版。

范兆雄：《课程文化发展论》，广东高等教育出版社 2005 年版。

冯契编：《哲学大辞典》，上海辞书出版社 1992 年版。

冯之浚：《科学与文化》，中国青年出版社 1990 年版。

顾明远：《民族文化传统与教育现代化》，北京师范大学出版社 2004 年版。

顾明远：《中国教育的文化基础》，山西教育出版社 2004 年版。

郝德永：《课程与文化：一个后现代的检视》，教育科学出版社 2002 年版。

洪宗礼等编：《母语教材研究》第二卷，江苏教育出版社 2007 年版。

洪宗礼等编：《母语教材研究》第九卷，江苏教育出版社 2007 年版。

侯外庐等：《中国思想通史》第一卷，人民出版社 1957 年版。

胡定荣：《课程改革的文化研究》，教育科学出版社 2005 年版。

胡伟希等：《十字街头与塔——中国近代自由主义思潮研究》，上海人民出版社 1991 年版。

姜朝晖：《民国时期教育独立思潮研究》，中国社会科学出版社 2008 年版。

李秉德：《教学论》，人民教育出版社 2002 年版。

李如密：《教学风格论》，人民教育出版社 2002 年版。

李如密：《教学美的价值及其创造》，广东高等教育出版社 2007 年版。

李泽厚：《论语今读》，生活·读书·新知三联书店 2011 年版。

李泽厚：《中国古代思想史论》，生活·读书·新知三联书店 2012 年版。

廖哲勋：《课程学》，华中师范大学出版社 1992 年版。

林语堂：《中国人》，郝志东、沈益洪译，学林出版社 2008 年版。

刘小川：《品中国文人（下）》，上海文艺出版社 2008 年版。

陆志平：《母语特点与母语教育》，译林出版社 2010 年版。

毛礼锐、沈灌群编：《中国教育通史》第 4 卷，山东教育出版社 2005 年版。

毛礼锐等编：《中国古代教育史》，人民教育出版社 1983 年版。

倪梁康：《现象学及其效应》，生活·读书·新知三联书店 1994 年版。

钱理群：《做教师真难，真好》，华东师范大学出版社 2010 年版。

钱穆：《中国文化史导论（修订本）》，商务印书馆 1994 年版。

全国十二所重点师范大学联合编：《课程论》，教育科学出版社 2011 年版。

邵瑞珍：《教育心理学》，上海教育出版社 2003 年版。

石中英：《知识转型与教育改革》，教育科学出版社 2001 年版。

孙培青编：《中国教育史》，华东师范大学出版社 2013 年版。

田培林：《教育与文化》，台北五南图书出版公司 1970 年版。

王策三：《教学论稿》，人民教育出版社 2005 年版。

王道俊、王汉澜：《教育学》，人民教育出版社 1989 年版。

王宁、薛晓源主编：《全球化与后殖民批评》，中央编译出版社 1998 年版。

王天一等编：《外国教育史（上册）》，北京师范大学出版社 1984 年版。

吴非：《不跪着教书》，华东师范大学出版社 2004 年版。

吴非：《致青年教师》，教育科学出版社 2010 年版。

吴康宁：《假如大师在今天当老师》，广西教育出版社 2009 年版。

吴康宁：《教育社会学》，人民教育出版社 1998 年版。

吴永军：《课程社会学》，南京师范大学出版社 1999 年版。

徐长福：《理论思维与工程思维——两种思维方式的僭越与划界》，上海人民出版社 2002 年版。

许广平：《鲁迅回忆录（手稿本）》，长江文艺出版社 2010 年版。

[清] 颜元：《颜元集》，中华书局 1987 年版。

杨伯峻：《论语译注》，中华书局 1980 年版。

衣俊卿：《文化哲学十五讲》，北京大学出版社 2009 年版。

曾天山：《教材论》，江西教育出版社 1997 年版。

张华：《课程与教学论》，上海教育出版社 2003 年版。

赵林：《中西文化分野的历史反思》，武汉大学出版社 2004 年版。

赵汀阳：《坏世界研究——作为第一哲学的政治哲学》，中国人民大学出版社 2009 年版。

赵汀阳：《一个或所有问题》，江西教育出版社 1998 年版。

赵汀阳：《赵汀阳自选集》，广西师范大学出版社 2000 年版。

郑金洲：《教育文化学》，人民教育出版社 2000 年版。

中国大百科全书出版社编辑部编：《中国大百科全书·教育卷》，中国大百科全书出版社 1985 年版。

中国大百科全书出版社编辑部编：《中国大百科全书·哲学卷 (II)》，中国大百科全书出版社 1987 年版。

钟启泉：《现代课程论》，上海教育出版社 1980 年版。

周国平：《尼采与形而上学》，新世界出版社 2008 年版。

朱光潜:《文艺心理学》,复旦大学出版社 2011 年版。

庄锡昌等编:《多维视野中的文化理论》,浙江人民出版社 1987 年版。

邹广文:《人类文化的流变与整合》,吉林人民出版社 1998 年版。

《管子》

《国语》

《韩非子》

《汉书》

《老子》

《礼记》

《论语》

《吕氏春秋》

《孟子》

《墨子》

《尚书》

《庄子》

《左传》

[德] 阿尔弗雷德·许茨:《社会实在问题》,霍桂桓,索昕译,华夏出版社 2001 年版。

[德] 赫尔巴特:《赫尔巴特文集 3》,李其龙、郭官义等译,浙江教育出版社 2002 年版。

[德] 黑格尔:《法哲学原理》,范扬等译,商务印书馆 1996 年版。

[德] 黑格尔:《历史哲学》,王造时译,上海书店出版社 1999 年版。

[德] 胡塞尔:《欧洲科学的危机与超越论的现象学》,王炳文译,商务印书馆 2001 年版。

[德] 胡塞尔:《生活世界现象学》,倪梁康,张廷国译,上海译文出版社 2002 年版。

[德] 加达默尔（Gadamer，H. G.）：《哲学解释学》，夏镇平等译，上海译文出版社 2004 年版。

[德] 卡尔·施米特（Schmitt，C）：《政治的概念》，刘宗坤等译，上海人民出版社 2004 年版。

[法] 埃德加·莫兰：《复杂性理论与教育问题》，陈一壮译，北京大学出版社 2006 年版。

[法] 卢梭：《爱弥儿》，李平沤译，商务印书馆 1978 年版。

[法] 涂尔干：《教育思想的演进》，李康译，上海人民出版社 2006 年版。

[加] 英格丽德·约翰斯顿：《重构语文世界》，郭洋生等译，教育科学出版社 2007 年版。

[美] S. 鲍尔斯，H. 金蒂斯：《美国：经济生活与教育改革》，王佩雄译，上海教育出版社 1990 年版。

[美] 布迪厄：《文化资本与社会炼金术》，包亚明译，上海人民出版社 1997 年版。

[美] 布鲁纳：《教育过程》，邵瑞珍译，文化教育出版社 1982 年版。

[美] 丹尼尔·贝尔：《资本主义文化矛盾》，赵一凡等译，生活·读书·新知三联书店 1992 年版。

[美] 杰罗姆·布鲁纳：《布鲁纳教育文化观》，宋文里、黄小鹏译，首都师范大学出版社 2011 年版。

[美] 露丝·本尼迪克特：《文化模式》，王炜等译，生活·读书·新知三联书店 1992 年版。

[美] 威廉·奥格本：《社会变迁：关于文化和先天的本质》，浙江人民出版社 1989 年版。

[美] 威廉姆·E. 多尔：《后现代课程观》，王红宇译，教育科学出版社 2000 年版。

[美] 温特（Wendt，A.）：《国际政治的社会理论》，秦亚青译，上海人民出版

社 2008 年版。

[美] 小约瑟夫·奈、[加] 戴维·韦尔奇：《理解全球冲突与合作：理论与历史》，张小明译，上海人民出版社 2005 年版。

[美] 约翰·杜威：《民主主义与教育》，王承绪译，人民教育出版社 1990 年版。

[美] 约翰·杜威：《我们怎样思维·经验与教育》，姜文闵译，人民教育出版社 2004 年版。

[美] 詹姆斯·洛温：《老师的谎言》，马万利译，中央编译出版社 2009 年版。

[英] 赫伯特·斯宾塞：《斯宾塞教育论著选》，人民教育出版社 1997 年版。

Clifford Geertz, *Interpretation of Cultures*, New York：Basic Books, 1973.

Jerome Bruner, *The Culture of Education*, Harvard University Press, 1996.

Zumwalt, K. K., *Beginning Professional Teachers*：*The Need for A Curricular Vision of Teaching*, in Knowledge Base for the Beginning Teacher, edited by Maynard C.Reynolds, Oxford, England：Pergamon, 1989.

二、论文

蔡宝来：《课堂教学文化：理论诉求及实践重构》，《教育研究》2008 年第 4 期。

曹明海、史岩：《语文教育与文化精神的建构》，《山东师范大学学报（人文社会科学版）》，2003 年第 6 期。

曹明海：《论语文教育的文化特性与情致》，《山东师范大学学报（人文社会科学版）》2005 年第 1 期。

曹明海：《语文：文化的构成》，《语文教学通讯》2004 年 Z3 期。

曹明海：《语文教育的文化过程特征》，《文学教育（下）》2008 年第 8 期。

曹胜高：《文化自觉的前提批判》，《吉林大学社会科学学报》2012 年第 1 期。

陈桂生：《新课程改革对教育学的呼唤》，《全球教育展望》2005 年第 7 期。

陈时见、朱利霞：《一元与多元：论课程的两难文化选择》，《广西师范大学学报（哲社版）》2000 年第 2 期。

陈侠：《课程研究引论》，《课程·教材·教法》1981 年第 3 期。

陈新岗：《"公地悲剧"与"反公地悲剧"理论在中国的应用研究》，《山东社会科学》2005 年第 3 期。

程红兵：《于漪语文课堂教学风格总体倾向管窥》，《语文教学通讯》1997 年第 9 期。

程天君：《课程："私人事件"还是"法定知识"？——基于社会学的课程概念重申》，《教育科学研究》2006 第 6 期。

褚宏启：《论杜威课程理论中的"经验"概念》，《课程·教材·教法》1999 年第 1 期。

邓晓芒：《中国当代的第三次启蒙》，《粤海风》2013 年第 4 期。

刁培萼、吴也显：《人类教育文化的生成与发展前景》，《教育文化论坛》2011 年第 5 期。

丁钢：《价值取向：课程文化的观点》，《北京大学教育评论》2003 年第 1 期。

范兆雄：《课程文化研究框架分析》，《教育理论与实践》2005 年第 9 期。

冯青来：《从教育的过程到教育的文化》，《全球教育展望》2007 年第 2 期。

高兆明：《论习惯》，《哲学研究》2011 年第 5 期。

龚孟伟、李如密：《试论当代教学文化的形态与功能》，《课程·教材·教法》2011 年第 4 期。

郭华：《新课改与"穿新鞋走老路"》，《课程·教材·教法》2010 年第 1 期。

郭晓明、蒋红斌：《论知识在教材中的存在方式》，《课程·教材·教法》2004 年第 4 期。

郭元祥：《论"生活世界"的教育》，《教育研究与实验》2000 年第 5 期。

郝德永：《文化性的缺失——论课程的文化锁定机制》，《教育学报》2003 年第 10 期。

郝德永：《新课程改革中的文化学研究》，《课程·教材·教法》2004 年第 11 期。

何中华：《科学与人文：保持必要的张力》，《文史哲》2000 年第 3 期。

胡德海：《论教育的功能问题》，《西北师大学报（社会科学版）》1999 年第 2 期。

靳玉乐、陈妙娥：《新课程改革的文化哲学探讨》，《教育研究》2003 第 3 期。

乐黛云：《文化自觉与文明冲突》，《文史哲》2003 年第 3 期。

李亮、周彦：《书法教育的时代挑战与现实应对》，《课程·教材·教法》2012 年第 11 期。

李亮：《教学风度：教育力量蕴藏其中——兼论教学风度与教学风格的结构互补》，《江苏教育研究》2013 年第 19 期。

李亮：《习作教学忧思》，《江苏教育》2011 年第 4 期。

李年终：《关于课堂教学民主性的思考》，《广西社会科学》2002 年第 2 期。

李如密：《教学风格的内涵及载体》，《上海教育科研》2002 年第 4 期。

刘庆昌：《教学文化：内涵与构成》，《教育研究》2008 年第 4 期。

鲁洁：《再论"品德与生活"、"品德与社会"向生活世界的回归》，《教育研究与实验》2004 年第 4 期。

吕映：《语文课程的文化变迁与价值重构》，《江西教育科研》2007 年第 10 期。

吕映：《语文课程的文化研究：一种新的视角与方法》，《教育理论与实践》2007 年第 16 期。

孟祥英、王娟：《论语文课程的文化内涵》，《山东教育学院学报》2006 年第 3 期。

母小勇：《论课程的文化逻辑》，《教育研究》2005 年第 11 期。

倪文锦：《中国百年语文教材的文化选择》，《中学语文教学》2008 年第 8 期。

潘冠海：《语文课程文化建构审视》，《教育评论》2008 年第 3 期。

庞大镶：《关于课堂教学民主的思考》，《人民教育》2000 年第 9 期。

庞朴：《文化传统与传统文化》，《科学中国人》2003 年第 4 期。

裴娣娜：《多元文化与基础教育课程文化建设的几点思考》，《教育发展研究》2002 年第 4 期。

邱福明：《论语文课程文化的本土化生成》，《山东师范大学学报（人文社会科学版）》2010 年第 2 期。

容中逵：《抵制、规避还是适应、胜任？——论新基础教育课程改革实施中的教师问题》，《教育理论与实践》2006 年第 15 期。

沈巧明：《后现代视阈下语文新课程的文化品质建构》，《教育探索》2007 年第 4 期。

石兰荣：《百年语文课程文化的价值诉求》，《中国教育学刊》2012 年第 6 期。

石伟平：《M. 杨的社会课程论概述》，《外国教育资料》1999 年第 3 期。

宋志臣：《教育文化论》，《教育研究》2012 年第 10 期。

孙正聿：《前提批判的哲学理论——一种哲学研究范式的自我阐释》，《社会科学辑刊》2008 年第 1 期。

汤一介：《"文明的冲突"与"文明的共存"》，《北京大学学报（哲学社会科学版）》2004 年第 6 期。

屠莉娅：《从"他者"到"自我"：试谈语文课程的文化转型》，《全球教育展望》2007 第 12 期。

王策三：《认真对待"轻视知识"的教育思潮——再评由"应试教育"向素质教育转轨提法的讨论》，《北京大学教育评论》2004 年第 3 期。

王辉云：《纪念哥伦布引发的争议》，《读书》2011 年第 3 期。

王艳霞、陈慧中：《课程文化选择问题的探讨和思考》，《教育发展研究》2007 年第 20 期。

吴国盛：《科学与人文》，《中国社会科学》2001 年第 4 期。

吴康宁：《教师是"社会代表者"吗——作为教师的"我"的困惑》，《教育研究与实验》2002 年第 2 期。

吴康宁：《课程社会学的研究对象》，《上海教育科研》2002 年第 9 期。

吴康宁：《中国教育改革为什么会这么难》，《华东师范大学学报（教育科学版）》2010 年第 4 期。

吴永军：《关于语文新课程实施中若干问题的思考》，《语文建设》2002 年第

12 期。

吴永军：《我们究竟需要什么样的语文基础——从语文课程实质的争论谈起》，《中学语文教学》2009 第 1 期。

吴永军：《中国大陆、香港九年义务教育初中语文教科书价值取向的比较研究》，《教育理论与实践》1999 第 11 期。

项贤明：《"生活世界"的教育与"科学世界"的教育》，《教育研究与实验》1999 年第 4 期。

肖正德：《教学习惯的意蕴、特质与改变路向：教学文化变革的视角》，《华东师范大学学报（教育科学版）》2012 年第 3 期。

熊贤君：《私塾教学方法的现代价值》，《课程·教材·教法》1999 年第 9 期。

徐继存：《教学文化：一种体验教学总体问题的方式》，《教育研究》2008 年第 4 期。

许海霞：《新课程语文课堂教学文化构建的探索》，《教育理论与实践》2008 年第 11 期。

薛法根：《教育的闲适》，《江苏教育研究》2009 年第 8 期。

杨晋夫、范蔚：《新课程背景下语文课堂教学文化的重塑》，《教育理论与实践》2010 年第 6 期。

杨丽等：《怀特海的认识论及其对中国教育学发展的启示》，《教育研究》2013 年第 8 期。

杨启亮：《困惑的语文：一种回归本体的教学期待》，《语文教学通讯》2005 年第 27 期。

杨启亮：《评古典儒学的人本主义教育观——兼与西方人本主义教育观比较》，《中国社会科学》1990 年第 4 期。

杨泉良：《试论语文课程的文化内涵及实施策略》，《教育导刊》2007 年第 11 期。

叶澜：《试论当代中国学校文化建设》，《教育发展研究》2006 年第 15 期。

尹弘飚、李子建：《论课程改革中的教师改变》，《教育研究》2007 年第 3 期。

余小茅：《究竟是什么导致了新课改中的"穿新鞋走老路"》，《课程·教材·教法》2011 年第 3 期。

张国民、周春爱：《浅析民主教学》，《教学与管理》2003 年第 3 期。

赵林：《近世中国文化启蒙历程之反思》，《社会科学战线》2013 第 5 期。

赵汀阳：《从国家、国际到世界：三种政治的问题变化》，《哲学研究》2009 第 1 期。

赵汀阳：《二元性和二元论》，《社会科学战线》2000 年第 1 期。

赵汀阳：《共在存在论：人际与心际》，《哲学研究》2009 年第 8 期。

赵汀阳：《再论"自由的困境"》，《学术月刊》2006 年第 3 期。

赵汀阳：《作为产品和作为方法的个人》，《江海学刊》2012 年第 2 期。

郑信军：《课程的文化建构和文化关注》，《教育评论》2002 年第 6 期。

钟启泉：《"学校知识"与课程标准》，《教育研究》2000 年第 11 期。

钟启泉：《研究性学习："课程文化"的革命》，《教育研究》2003 年第 5 期。

钟启泉：《中国课程改革：挑战与反思》，《比较教育研究》2005 年第 12 期。

［法］埃德加·莫兰：《论复杂性思维》，陈一壮译，《江南大学学报（人文社会科学版)》2006 年第 5 期。

［英］丹尼斯·劳顿（Denis Lawton）：《课程设置的两大类理论》，吴棠摘译，《外国教育资料》1982 年第 4 期。

三、学位论文与报刊

傅建明：《我国小学语文教科书价值取向研究》，博士学位论文，华东师范大学教育系，2002 年。

黄忠敬：《知识·权力·控制——基础教育课程文化研究》，博士学位论文，华东师范大学教育系，2002 年。

任桂平：《文化视野中的语文课程》，博士学位论文，华东师范大学教育系，2006 年。

王荣生：《语文科课程论建构》，博士学位论文，华东师范大学教育系，2003 年。

郑家福：《新中国基础教育课程改革的文化检讨》，博士学位论文，西南师范大学教育系，2003 年。

何兆武：《中学西学之争下的近代化道路》，《中国教育报》2006 年 12 月 12 日。

苏长和：《中国拿什么贡献给世界》，《文汇报》2010 年 5 月 5 日。

赵汀阳：《全球价值体系，中国贡献什么》，《环球时报》2009 年 3 月 5 日。

后　记

　　从南京晓庄师范毕业已经很多年了，但是晓师校园里的那尊女教师的雕塑，我还常常想起，也许因为那是曾经对教师职业的梦想，也许因为那是求学时期的记忆。那时我还是学生，总梦想着早日成为一名老师。工作后，从语文教师到教研员，从教书到编书，从上课到听课，生活为我安排的角色越来越多，静下心来学习的时间却越来越少。

　　2011年考入了南京师范大学，能够再次成为学生，尤其是在年近天命、几番争取之后跨进校门，感受颇为别样，原来做老师久了，也会梦想着要做学生。"施教"与"为学"的意识此消彼长，似乎也是一种"教学相长"。

　　三年的学习对于很多富含学院书生气质的同学来说，似乎如鱼得水。而我对于理论色彩较浓的文字，一直感觉有距离。幸好我的导师吴永军教授总是不断地鼓励我在理论和诗意之间寻找属于自己的文字空间。我努力着，但显然距离他的期望还远。从阅读书目的开具到学习过程的点拨，从论题的选择到开题的把握，从写作到修改，吴老师总是给出中肯的意见，重要的部分甚至逐句、逐字地指导。在我举步维艰、几欲放弃的时候，吴老师的鼓励总是支撑我坚持下来的力量……

　　三年里很多老师给予了我各种帮助：杨启亮、吴康宁、李如密、张乐天……老师们各具特点的授课使我受益匪浅，也触发了我对于本研究的许多遐思和灵感。我很享受每一次在诸位老师指导下学习或研讨的过程，偶尔因为不得已的原因缺一次课，总会为错失精彩的教学内容而郁闷、后悔很长一段时间。

学习中，江苏省教研室的领导和同事给予了我特别的关心和支持。杨九俊先生及其教导不仅是我放弃自卑、参加博士生考试最直接的动因，也是我三年学习过程中的又一位导师；鞠文灿、董洪亮、何锋等领导对我的多方面关照，使我在工作与学习之间能够勉强应对。

我在书稿中屡次提到了张庆、朱家珑两位先生的名字，他们是苏教版小学语文教材的两位主编，也是我人生道路上最引以为豪的良师益友。他们对我的学习、研究所给予的影响和帮助自不必赘言，以他们的名字为表征的苏教版小学语文教材，还是我这项研究最直接、最宝贵的资源和依靠。

以上，一并表达我发自心底的感谢与敬意！

2015 年 5 月于金陵

责任编辑:宰艳红

封面设计:姚　菲

图书在版编目(CIP)数据

课程内容的文化选择/李亮 著. —北京:人民出版社,2016.10

ISBN 978－7－01－016185－3

Ⅰ.①课… Ⅱ.①李… Ⅲ.①课程-教学研究 Ⅳ.①G423

中国版本图书馆 CIP 数据核字(2016)第 095193 号

课程内容的文化选择

KECHENG NEIRONG DE WENHUA XUANZE

李亮　著

人 民 出 版 社 出版发行

(100706　北京市东城区隆福寺街 99 号)

北京汇林印务有限公司印刷　　新华书店经销

2016 年 10 月第 1 版　　2016 年 10 月北京第 1 次印刷

开本:710 毫米×1000 毫米 1/16　印张:21

字数:270 千字

ISBN 978－7－01－016185－3　定价:52.00 元

邮购地址 100706　北京市东城区隆福寺街 99 号

人民东方图书销售中心　电话 (010)65250042　65289539